权威·前沿·原创

皮书系列为
"十二五""十三五"国家重点图书出版规划项目

BLUE BOOK

智库成果出版与传播平台

河南省社会科学院哲学社会科学创新工程试点项目

河南蓝皮书

BLUE BOOK OF HENAN

河南法治发展报告（2022）

ANNUAL REPORT ON RULE OF LAW DEVELOPMENT OF HENAN (2022)

依法治省与法治化营商环境

主　编／王承哲
执行主编／李宏伟　王运慧

社会科学文献出版社
SOCIAL SCIENCES ACADEMIC PRESS (CHINA)

图书在版编目(CIP)数据

河南法治发展报告.2022:依法治省与法治化营商环境/王承哲主编.--北京:社会科学文献出版社,2021.12
(河南蓝皮书)
ISBN 978-7-5201-9564-5

Ⅰ.①河… Ⅱ.①王… Ⅲ.①社会主义法制-研究报告-河南-2022 Ⅳ.①D927.61

中国版本图书馆CIP数据核字(2021)第270778号

河南蓝皮书
河南法治发展报告(2022)
——依法治省与法治化营商环境

主　　编 / 王承哲
执行主编 / 李宏伟　王运慧

出 版 人 / 王利民
组稿编辑 / 任文武
责任编辑 / 杨　雪
文稿编辑 / 王　娇
责任印制 / 王京美

出　　版 / 社会科学文献出版社·城市和绿色发展分社 (010) 59367143
　　　　　地址:北京市北三环中路甲29号院华龙大厦　邮编:100029
　　　　　网址:www.ssap.com.cn
发　　行 / 市场营销中心 (010) 59367081　59367083
印　　装 / 天津千鹤文化传播有限公司

规　　格 / 开　本:787mm×1092mm　1/16
　　　　　印　张:23　字　数:343千字
版　　次 / 2021年12月第1版　2021年12月第1次印刷
书　　号 / ISBN 978-7-5201-9564-5
定　　价 / 128.00元

本书如有印装质量问题,请与读者服务中心 (010-59367028) 联系

▲ 版权所有 翻印必究

河南蓝皮书系列编委会

主　　任　阮金泉
副 主 任　王承哲　李同新
委　　员　(以姓氏笔画为序)
　　　　　万银峰　王宏源　王建国　王承哲　王玲杰
　　　　　毛　兵　任晓莉　阮金泉　闫德亮　李太淼
　　　　　李立新　李同新　李宏伟　完世伟　张富禄
　　　　　张新斌　陈东辉　陈明星　曹　明　潘世杰

主要编撰者简介

王承哲 河南省社会科学院党委委员、副院长、研究员，河南省法学会副会长。马克思主义理论研究和建设工程重大项目首席专家，河南省和郑州市国家级领军人才，博士生导师。主持马克思主义理论研究和建设工程重大项目以及国家社会科学基金重大项目（"网络意识形态工作研究""新时代条件下农村社会治理问题研究"）两项、一般项目一项。出版《意识形态与网络综合治理体系建设》等多部专著。主持省委、省政府重要政策的制定工作，主持起草了《华夏历史文明传承创新区建设方案》《河南省建设文化强省规划纲要（2005—2020年)》等多份重要文件。参加庆祝建党100周年大会、纪念马克思诞辰200周年大会中央领导讲话起草工作及中宣部《习近平新时代中国特色社会主义思想学习纲要》编写工作等，受到中宣部嘉奖。获得省部级一、二等奖奖励多项。

李宏伟 河南省社会科学院法学研究所副所长、研究员、硕士生导师，中国社会科学院法学研究所法治指数（河南）协同创新基地办公室执行主任。郑州市委、市政府民商事专家咨询委员，郑州市政府行政复议专家库成员，中共孟津区委专家咨询委员，中共登封市委法律顾问，郑州市管城区人民法院民商事案件专家咨询委员，河南省法学会破产法学研究会常务副会长，河南省法学会商法学研究会副会长，河南省法学会航空港区政策法律研究会副会长。近年来，公开发表论文40余篇，主持或参与完成省部级及以上课题14项，出版著作10余部，获省级三等奖以上奖项6项。主要从事公司法学、破产法学和区域法治建设研究。

王运慧 河南省社会科学院法学研究所副研究员，民商法学硕士，农业与农村法治研究中心主任。中国法学会立法学研究会会员，河南省法学会理事、民法学研究会常务理事。主要从事民商法学、区域法治建设研究。独立公开发表论文 40 余篇；合著 10 余部著作；参与完成国家及省部级课题多项；参与或独自撰写的对策建议多次得到省领导的批示、肯定；获河南社科优秀成果二等奖 2 项，获河南省政府发展研究奖三等奖以上奖励 2 项。

摘 要

2021年,既是充满荣光、砥砺奋进的一年,也是充满挑战、风险叠加的一年。这一年,在习近平法治思想引领下,河南的法治建设紧扣时代脉搏,聚焦和护航"高质量建设现代化河南,高水平实现现代化河南",在科学立法、严格执法、公正司法、全民守法方面系统推进,全面依法治省取得重大进展,地方治理体系和治理能力现代化水平在法治轨道上得到有效提升。

习近平总书记多次强调,法治是最好的营商环境。在开启全面建设社会主义现代化国家新征程的关键阶段,河南省高度重视法治化营商环境优化工作,《河南省国民经济和社会发展第十四个五年规划和二〇三五年远景目标纲要》和《法治河南建设规划(2021—2025年)》均提出要持续优化法治化营商环境,开启了以法治规划引领营商环境法治化建设的新征程。因此,《河南蓝皮书:河南法治发展报告(2022)》主题确定为"依法治省与法治化营商环境",以此总结有效经验,剖析问题和不足,为2022年河南各地各部门积极作为、探索创新、积极推动全省法治化营商环境优化提供借鉴和参考。

《河南蓝皮书:河南法治发展报告(2022)》共分为5个部分(含25篇报告),即总报告、理论篇、实践篇、专题篇和综合篇。除总报告外,其他4个部分均由6篇报告组成。总报告,以《河南持续优化法治化营商环境的总结与探索》为题,总结了近年来河南法治化营商环境建设在多方努力下取得的显著成效,分析了成绩背后的一系列相关问题,并提出进一步优化法治化营商环境的对策建议。理论篇，主要包括习近平法治思想对优化法治化营商环境的理论支撑以及刑法、行政法等方面有关法治化营商环境的理论链接。实践篇，主要介绍了河南省在重大行政决策程序立法、加强知识产权保护和优化营商环境以及地市开展破产审判等方面的实践与探索。专题篇，主要是从指标评价角度介绍河南在"办理破产"指标、"保护中小投资者"指标、"执行合同"指标方面的经验以及对预重整制度与规则的对比分析等。综合篇，除了发布2021年河南十大法治热点外，还介绍了河南法院和检察院系统在优化法治化营商环境方面的综合性探索等。

征途漫漫，唯有奋斗。"十四五"时期是河南省开启全面建设社会主义现代化河南新征程、谱写新时代中原更加出彩绚丽篇章的关键时期，而2022年是河南践行"十四五"发展使命的关键一年。面对新的机遇和挑战，唯有矢志不渝地建设更高水平的平安河南、法治河南，坚持把法治作为优化营商环境的核心和关键，才能形成高质量建设现代化河南的强大动力，才能为确保高水平实现现代化河南奠定法治基础。

关键词： 现代化河南　法治河南　法治化营商环境　治理现代化

目 录

Ⅰ 总报告

B.1 河南持续优化法治化营商环境的总结与探索
………………………………… 河南省社会科学院课题组 / 001
    一 2021年河南推进全面依法治省的总体状况……………… / 002
    二 河南优化法治化营商环境取得的成效 ……………………… / 006
    三 河南法治化营商环境存在的主要问题 ……………………… / 011
    四 河南持续优化法治化营商环境的对策建议 ………………… / 012

Ⅱ 理论篇

B.2 习近平法治思想中的法治化营商环境理论…… 王圭宇 闫 海 / 018

B.3 世界银行营商环境评价司法指标内容剖析与我国指标改进建议
………………………………………………………… 刘 旭 / 036

B.4 法治规划引领河南优化营商环境的逻辑、经验与前瞻
……………………………………………… 陈胜强 王月婷 / 048

B.5 优化营商环境与非法经营罪兜底条款的适用……………… 赵新河 / 061
B.6 以习近平法治思想为指导推进法治化营商环境建设的路径思考
　　……………………………………………… 王运慧　闫　海 / 069
B.7 河南行政处罚执法规范化研究…………………… 祁雪瑞 / 082

Ⅲ　实践篇

B.8 河南省重大行政决策程序立法的问题与对策研究
　　……………………………………………… 魏小雨　李梦琳 / 097
B.9 焦作市构建常态化府院联动机制的实践探索
　　……………………………………………… 李志强　汤艳飞 / 114
B.10 河南加强知识产权保护和优化营商环境的实践与探索
　　………………………………… 李丹颖　涂先明　李建伟 / 125
B.11 河南民营经济高质量发展的法治保障研究………… 周欣宇 / 141
B.12 开封市办理破产案件的经验总结和优化建议
　　……………………………………………… 宋自学　张燕喃 / 153
B.13 新乡法院开展破产审判的司法实践与探索
　　……………………………………………… 尚志东　王　抗 / 163

Ⅳ　专题篇

B.14 河南法院提升"办理破产"指标质效助推营商环境优化报告
　　………………………………… 李红芬　王文科　秦　权 / 178
B.15 郑州市"保护中小投资者"指标建设的经验与思考
　　………………………… 郑州市中级人民法院优化营商环境课题组 / 195

目 录

B.16 郑州法院"办理破产"指标经验总结与对策建议
　　　　　　　　　　郑州市中级人民法院优化营商环境课题组 / 206

B.17 我国预重整制度现状和相关规则对比分析报告 ……… 刘　英 / 216

B.18 郑州法院"执行合同"指标创新举措与实践探索
　　　　　　　　　　郑州市中级人民法院优化营商环境课题组 / 231

B.19 强省建设背景下完善知识产权运营服务体系对策研究
　　　　　　　　　　　　　　　　　　　　　　　　　曾心怡 / 241

Ⅴ 综合篇

B.20 河南法治化营商环境优化路径研究 ………… 李浩东　高　玉 / 254

B.21 "四大检察"视野下优化法治化营商环境的思考与建议
　　　　　　　　　　　　　　　　　　　　　　　　　张俊涛 / 264

B.22 信阳市优化营商环境的实践与探索 ……………… 李宏伟 / 279

B.23 新乡法院服务保障优化营商环境的实践与探索
　　　　　　　　　　　　　　　新乡市中级人民法院课题组 / 293

B.24 开封市人民检察院优化法治化营商环境的思考与建议
　　　　　　　　　　　　　　　　　　　　　王晓明　张　鸿 / 305

B.25 2021年河南十大法治热点 ………… 河南省社会科学院课题组 / 314

Abstract …………………………………………………………… / 327
Contents …………………………………………………………… / 330

总报告

General Report

B.1 河南持续优化法治化营商环境的总结与探索

河南省社会科学院课题组*

摘 要： 近年来，河南的法治化营商环境建设在多方努力下取得显著成效。这些成效改变了营商环境面貌，为下一步持续优化法治化营商环境提供了强大的动力。同时，成绩背后也存在一系列相关问题，需要在总结和固化已有经验的基础上，以市场需求为导向，坚持用法治思维和法治方式清理障碍、补齐短板，积极探索进一步优化法治化营商环境的路径。

关键词： 法治化营商环境 全面依法治省 法治河南

---

* 课题组由河南省社会科学院法学研究所科研人员组成。组长：李宏伟，河南省社会科学院法学研究所副所长、研究员。执笔：李宏伟；王运慧，河南省社会科学院法学研究所副研究员。

2021年是充满荣光、砥砺奋进的一年，中国共产党历经风雨洗礼，迎来百年华诞；2021年是充满挑战、风险叠加的一年，河南经历了洪灾和疫情，在多重困难面前越挫越勇。这一年，在习近平法治思想引领下，河南的法治建设紧扣时代脉搏，聚焦和护航"高质量建设现代化河南，高水平实现现代化河南"，全面依法治省取得重大进展。其中，河南的法治化营商环境也在持续优化，执法、司法质效得到提升，"万人助万企"活动为企业提供了全方位、跟进式法律服务，但对标世界银行营商环境评价指标体系，与河南经济社会协同发展的需求相比，河南的法治化营商环境还存在一些不足，尤其是在制度建设、执法规范等方面亟待发展和完善。

一 2021年河南推进全面依法治省的总体状况

2021年，河南在科学立法、严格执法、公正司法、全民守法方面系统推进，地方治理体系和治理能力现代化水平在法治轨道上得到有效提升。

（一）加强重点领域立法，用法治力量传承"红色基因"

2021年是中国共产党建党100周年，在这个特殊的历史节点上，河南把对红色资源的立法保护提上重要日程。作为大别山革命老区的核心区域，信阳境内遗存革命历史类旧址达709处之多，革命文物数占河南省的80%以上。为了保护这些不可再生的红色资源，7月30日，《信阳市红色资源保护条例》经河南省第十三届人民代表大会常务委员会第二十六次会议审查批准通过，自2021年10月1日起施行。其中，该条例规定了要"建立红色资源名录管理制度，明确区域内红色资源实施名录管理，并实施动态管理"。值得一提的是，该条例还规定了"推进红色资源与乡村振兴融合发展""鼓励和支持社会资本参与红色资源的保护和利用"等内容，体现了地方立法落实"巩固拓展脱贫攻坚成果、有效衔接乡村振兴战略"的部署安排。

同时，《河南省革命老区振兴发展促进条例》经河南省第十三届人民代表大会常务委员会第二十六次会议审议通过，自2021年10月1日起正式施行。该条例在制定过程中,积极践行全过程人民民主,始终坚持科学立法、民主立法、依法立法,广泛听取人民群众的意见建议,通过书面、网络形式充分征求社会意见,组织人员多次赴大别山、太行重点革命老区和永城、商城、林州等基层立法联系点开展实地调研,与革命老区的干部群众面对面研究起草具体条文,为推动解决革命老区振兴发展的短板问题集聚人民智慧。

(二)深入推进依法行政,加快建设法治政府

2021年,中共中央、国务院印发了《法治政府建设实施纲要(2021—2025年)》(以下简称《纲要》),确立了此后5年我国法治政府建设的总体目标。《纲要》的出台,有助于更好地发挥法治政府建设在法治国家、法治社会建设中的示范带动作用,为河南加快建设高质量法治政府指明了方向。

2021年,河南进一步完善政府立法体制机制,加强重点领域立法。坚持党对立法工作的领导,落实重大立法事项向同级党委请示报告制度,继续做好政府立法计划、重点立法项目提请同级党委研究有关工作。同时,按照科学立法、民主立法、依法立法的要求,进一步推广实施"1543"立法机制,细化"四合"审查标准,完善"三会两评"工作机制,加强对设区市立法工作的指导,提升全省各级政府立法质量。在科学高效的政府立法体制机制保障下,河南坚持问题导向,不断加强重点领域立法。围绕黄河流域生态保护和高质量发展、生态文明建设、民生保障和社会治理等,聚焦人民群众关切,积极开展立法调研和审查,扎实做好相关领域立法工作。加快"河南省黄河流域生态保护和高质量发展条例""河南省绿色建筑条例""河南省乡村振兴促进条例""河南省节约用水管理条例"等法规、规章的立法进程,做到立法和改革相衔接、相促进,用高质量立法保障和促进高质量发展。

创新行政执法方式,推进行政执法规范化建设。行政执法是政府实施法律法规、履行法定职能、管理经济社会事务的主要方式。2021年,河南为进一步规范执法,探索建立行政调解告知引导制度,告知当事人在行政机关作出重大行政执法决定、开展日常监管执法、受理投诉举报时有申请行政调

解的权利和途径。如洛阳市指导新安县在公安、生态环境、市场监管、社会保障等行政调解任务较重的部门配备2名以上业务骨干作为专、兼职行政调解人员，为行政调解工作配备场所、标牌、调解文书、登记台账，以及建立工作制度等。据统计，新安县投诉举报案件中，95%以上发生在市场监管领域，该领域通过行政调解解决的矛盾纠纷比例超过90%，高于全市市场监管领域投诉举报调解成功率62%的水平，由此可见行政调解告知引导制度已初见成效。①

（三）坚持公正司法，提升人民群众司法获得感和满意度

2021年，河南省高级人民法院进一步深化司法制度改革，推进公正司法，通过不断加强审判执行能力，提升人民群众的司法获得感和满意度。

第一，继续完善省内黄河流域环境资源案件集中管辖机制。自2020年9月1日起，河南省高级人民法院将省内黄河流域10市44县（市、区）、7个开发区的环境资源案件交由郑州铁路运输两级法院（以下简称"铁路两级法院"）集中管辖。铁路两级法院依法履行审判职责，共受理黄河流域环境资源案件870件，审结707件，结案率81.3%。其中刑事案件176件、民事案件48件、行政案件622件，各类案件服判息诉率81.9%。案件涉及水污染、非法捕捞水产品、非法狩猎野生动物、非法采砂采矿、非法养殖、空气和噪声污染、引黄工程、湿地保护、林地植被保护等具体的环境资源领域，分布于黄河流域各市、县（市、区）。铁路两级法院采取多种便民举措：一是大力推行远程立案，即网上立案、邮寄立案和通过当事人所在地法院进行的跨域立案，让群众足不出户或者通过当地法院就可以在铁路两级法院立上案，远程立案率达93.9%；二是广泛开展网上提审、网上开庭、网上调解工作，其中网上开庭63件，占案件总数的7.2%；三是认真落实巡回审判制度，把庭开到黄河岸边、开到田间地头、开到案发现场，不仅方便了当事人诉讼，

---

① 《我市探索建立行政调解告知引导制度》，洛阳市人民政府网站，2021年9月6日，http://www.ly.gov.cn/html/1/2/10/65/66/10946985.html。

还便于当地机关干部、人大代表、政协委员和群众旁听，起到了很好的生态环境法治宣传作用。①

第二，继续深化一站式多元解纷和诉讼服务体系建设。河南省高级人民法院依托智慧诉讼服务模式，深化一站式多元解纷和诉讼服务体系建设，极大提高了办案办事效率。同时，坚持问题导向，针对老年人、残疾人等特殊群体提供电话预约上门诉讼服务，切实有效解决特殊群体实际困难。为律师开设专门通道，提供律师"一码通"服务，依托智慧身份验证系统，为律师办理各类诉讼事务提供方便快捷的服务。2021年1~6月，全省法院网上立案82.2万件，网上立案率达88.5%，实现法院和人民法庭跨域立案服务全覆盖，让群众有了实实在在的司法获得感。②

第三，继续贯彻宽严相济刑事政策，保护企业经营者合法权益。2021年，全省各级法院、检察机关在办理涉企业刑事犯罪中，坚持各类企业法律面前一律平等，严格划分经济犯罪与经济纠纷、企业财产与个人财产、合同诈骗与民事欺诈、非法集资与正当融资等行为的界限。检察机关对民营企业负责人涉经营类犯罪的，依法能不批准逮捕的不批准逮捕、能进行不起诉处理的进行不起诉处理；各级法院对被羁押企业经营者依法变更强制措施，对不应认定为犯罪的企业经营者宣告无罪，坚决防止将民事责任变为刑事责任，确保无罪企业经营者不受刑事追究。

（四）法治德治相结合，推动诚信守法环境明显改善

2021年5月，《河南省法治社会建设实施方案（2021—2025年）》出台，绘就了河南省"十四五"时期法治社会建设的"时间表"和"施工图"。其中强调，要"加强政务诚信建设，重点治理政府失信行为"，提出

---

① 《河南高院召开黄河流域生态保护和高质量发展司法保护专题新闻发布会》，河南省高级人民法院网站，2021年9月26日，http://www.hncourt.gov.cn/public/detail.php?id=188657。
② 《好事办实、实事办好——河南法院开展"我为群众办实事"实践活动纪实》，《人民法院报》2021年8月28日。

"对不履行行政承诺和合同协议的政府部门及有关负责人建立政务失信记录,杜绝'新官不理旧账'问题,持续规范行政执法权限、依据和程序,严惩违法或不当行政执法行为"。[1] 同时,全省大力培育和践行社会主义核心价值观,传承中华传统美德,弘扬时代新风,普及信用知识,打造"诚信河南"品牌。开展"诚信让河南更出彩""诚信建设万里行""6·14信用记录日""诚信兴商宣传月""诚信河南人""最美河南人""河南好人榜"等系列宣传活动,弘扬诚信文化。以法律和道德的有机结合,实现法治与德治相得益彰,共同推动全省诚信守法环境明显改善,为法治化营商环境的持续优化奠定基础。

二 河南优化法治化营商环境取得的成效

2018年,河南出台《河南省优化营商环境三年行动方案(2018—2020年)》,按照这一方案要求,全省各地各部门深入贯彻落实省委、省政府决策部署,扎实推进相关工作,推动全省营商环境不断优化,法治化营商环境建设也取得了显著成效。

(一)审执质效得以全面提升

全面加强审判管理方面,全省法院及时开展超审限案件、超期移送案卷专项清理行动,切实整改随意延长扣除审限、隐性超审限、案件超期移转、随意发回重审等问题。2018~2020年,经过全省法院不懈努力,1年以上未结案件由4147件下降到1473件,河南成为全国长期未结案件数量较少的省份之一。[2] 积极推进智慧法院建设方面,全省185家法院全部实现网上立

---

[1] 《中共河南省委印发〈法治河南建设规划(2021—2025年)〉〈河南省法治社会建设实施方案(2021—2025年)〉》,河南省人民政府网站,2021年5月19日,https://www.henan.gov.cn/2021/05-19/2147289.html。
[2] 《河南法院信息化工作4集体和5个人受到最高法院通报表扬!工作经验在全国法院会议上介绍!》,河南法院诉讼服务网,2020年12月8日,http://ssfw.hncourt.gov.cn/app.jspx?id=785。

案、网上调解、网上开庭、网上交退费等功能。郑州市中级人民法院开创破产审判新模式，建立中原破产智慧管理平台。该平台采用人脸识别（确保身份安全）、人工智能（辅助办案）、区块链（存证防篡改）等多项最先进的信息技术，实现全流程信息公开、全流程线上办案。平台运行以来，郑州法院破产案件数量大幅增加，审判效率极大提升，在降低成本的同时，助力破产案件办理阳光化、公开化。① 2019 年，全市法院审结破产案件 79 件；2020 年，审结破产案件 137 件；2021 年 1～8 月，审结破产案件 86 件。2019～2021 年，案均审理天数缩短了 81.1%，办理效率大幅提高。着力提升办案质量方面，河南全省法院树牢"一审中心主义"理念，抓住一审阶段纠纷发生时间短、矛盾调和空间大的有利时机，努力提升一审案件办理质量，把案件一次性优质办结。强化对下监督指导，通过审判执行视频调度、开展条线业务培训、组织庭审观摩、评选优秀文书等方式，加强对下业务指导；密切关注全省法院审判运行态势，对一审服判息诉率较低的中级、基层法院通报、约谈，督促其提升办案质量。2021 年 1～7 月，全省法院共审执结案件 111 万余件，法定审限内结案率达 96.37%，平均审理天数同比缩短 8.12 天，一审案件服判息诉率比全国均值高 0.52 个百分点，一审案件改判、发回重审率比全国均值低 0.19 个百分点，同比下降 0.27 个百分点，一、二审案件间的移转天数同比缩短 1.22 天，审判质效进一步提升。② 努力提高执行效率方面，2020 年 11 月 28 日，河南省第十三届人民代表大会常务委员会第二十一次会议通过了《关于新形势下加强人民法院执行工作的决定》，明确要求公安、民政、人力资源和社会保障、自然资源、住房和城乡建设、交通运输、农业农村、市场监管、税务、金融监管、通信管理等部门加强与人民法院的执行联动和信息共享，依法提供人民法院执行工作所

---

① 《全流程线上办案、全流程信息公开，郑州中院推出中原破产智慧管理平台开创破产审判新模式》，郑州市中级人民法院网站，2021 年 9 月 26 日，http://zzfy.hncourt.gov.cn/public/detail.php?id=27335。
② 《网上立案 82.2 万件，立案率达 88.5% 河南这家法院是如何做到的?》，《人民法院报》2021 年 8 月 30 日。

需的信息数据,支持、配合人民法院建立健全覆盖本地区被执行人财产和身份信息的网络执行查控系统,在人民法院办理查询、查封、扣押、冻结、划拨等手续以及查询相关档案时,及时履行法定协助执行义务。该决定吸纳了信用惩戒、联动协作、协同执行等河南近些年探索出来的好经验、好做法,以立法形式固化了"基本解决执行难"等多项成果,极大地推动了河南各级人民法院执行工作的开展。①

(二)破产案件办理水平得以有效提升

2018~2020年,全省法院破产案件申请数、受理数分别为2002件、1584件,较2015~2017年分别增长438.2%和385.9%。② 共审结纳入省政府国有"僵尸企业"处置名册的企业破产案件458件,使446家企业有序出清、1家企业重整新生(驳回或撤回破产申请11件),有力保障了全省国企改革攻坚工作如期完成。通过处置"僵尸企业"共清理债务277亿元,其中金融债务74.5亿元,处置资产变现21.8亿元,释放土地9196亩、房屋13.5万平方米,清偿各类债权16.95亿元,其中职工债权12.8亿元、金融债权3.6亿元,安置职工近8万人。灵活运用预重整、引进战略投资人、出售式重整等方式提高重整成功率,帮助新飞电器、省建设集团、大港置业等30家市场前景较好的企业脱困重生;规范破产费用支出,有效控制破产成本。根据省发改委委托第三方开展的营商环境评价报告,全省"办理破产"指标平均得分由2018年的38.95分提高至2020年的66.24分,全省破产案件的平均债权回收率由2018年的5.6%提升至2020年的30.31%,全省已结破产案件平均办理时间由2018年的2219天缩短至2021年1~9月的409天。③

---

① 《河南省人民代表大会常务委员会关于新形势下加强人民法院执行工作的决定》,大河网,2020年12月29日,https://news.dahe.cn/2020/12-29/780523.html。
② 《河南省高级人民法院发布全省法院破产审判工作情况通报及典型案例》,河南省高级人民法院网站,2021年3月1日,http://www.hncourt.gov.cn/public/detail.php?id=184212。
③ 数据根据河南省高级人民法院破产审判庭研究报告整理获得。

（三）中小投资者合法权益得到切实保护

一是政策体系持续完善。为进一步优化河南营商环境，全面深化"放管服"改革，切实保护中小投资者合法权益，中国证券监督管理委员会河南监管局、河南省高级人民法院、河南省地方金融监督管理局、河南省市场监督管理局联合印发了《关于优化营商环境保护中小投资者合法权益专项工作方案》，从公司治理、重大事项监管、信息披露、风险处置、纠纷化解、投资者教育与保护等方面明确了各方在保护中小投资者合法权益方面的职责分工和目标任务。二是公司治理得到持续完善。2021年4月，《河南省人民政府关于进一步提高上市公司质量的实施意见》出台，有效督促公司完善基础制度，指导上市公司对照相关规则全面梳理自查公司章程并把握年度股东大会等时机及时完善。[1] 同时开展"诚实守信、做受尊敬的上市公司"投资者保护专项行动，强化公司治理整体提升。三是依法平等保护各类市场主体合法权益。依法准确适用财产保全措施，对涉案企业正在投入生产运营和正在用于科技创新、产品研发的设备、资金、技术资料等，遵循"必要限度"和"保护使用"原则，严禁明显超标的查封、扣押、冻结财产，对40余件明显超标的查封、错误执行企业财产案件依法纠正，其中确认9件违法，并予以国家赔偿。[2] 对于被控轻罪、再犯风险小，以及取保候审、监视居住不影响刑事诉讼顺利进行的企业主，及时解除羁押措施，并依法裁量轻缓刑罚。

（四）知识产权保护得到加强

一是知识产权保护及运用质量显著提升。持续推进执法维权专项行动，不断加大对侵犯知识产权和制售假冒专利商品的打击力度。截至2020年10月底，全省"十三五"期间累计查处各类商标侵权违法案件5277件，案值

---

[1] 《河南省人民政府关于进一步提高上市公司质量的实施意见》，河南省人民政府网站，2021年5月6日，https://www.henan.gov.cn/2021/05-06/2139168.htm。

[2] 赵红旗：《河南省人大常委会听取法检两院专项工作报告　把优化营商环境融入司法办案全过程》，《法治日报》2020年9月29日。

超4000万元，累计办理专利侵权假冒案件9894件。① 2018～2020年，先后开展了以打击专利侵权为主的执法维权"雷霆""护航"等专项行动和打击商标侵权溯源行动、打击使用未注册商标违反《中华人民共和国商标法》禁用条款行为"净化"专项行动。2019年，省市场监管局印发了《关于加强2019年秋季地理标志保护工作的通知》（豫市监明电〔2019〕117号），开展了知识产权执法"铁拳"专项行动，涵盖专利、商标、地理标志领域。2020年，全省累计办理专利执法案件847件，其中专利纠纷案件661件，查处各类商标侵权违法案件1265件，进一步加强了对地理标志专用标志的监督管理，在全省形成了严格保护知识产权的态势，促进全省营商环境优化。同时，大力推进国家专利质押融资试点地区建设，健全知识产权质押融资服务机制，推进专利质押融资工作。中国（新乡）知识产权保护中心于2020年顺利通过国家知识产权局验收并于6月正式启动运行，国家知识产权运营公共服务平台交易运营（郑州）试点平台各项申建工作稳步推进。

二是加强知识产权案件审限管理。探索符合知识产权案件特点的案件繁简划分标准，破解知识产权维权"周期长"问题。2020年，全省法院共受理各类知识产权案件13696件。其中一审12511件，占比91.3%；二审1185件，占比8.7%。共审结各类知识产权案件13593件，结案率99.2%，取得了良好的法律效果与社会效果。②

三是加大对知识产权侵权行为的惩治力度。加大民事侵权赔偿力度，提高损害赔偿数额计算的科学性和合理性。对于侵权事实清楚、能够认定侵权成立的案件，先行判决停止侵权；对故意侵害他人知识产权情节严重的，依法实施惩罚性赔偿，破解知识产权侵权"赔偿低"问题。加大依职权调查取证力度，适时运用举证责任转移规则，着力破解"举证难"问题。

---

① 《河南"十三五"期间共申请专利108万件》，《郑州日报》2020年12月7日。
② 《省法院发布关于全面加强知识产权司法保护的二十项措施和白皮书及典型案例》，河南省高级人民法院网站，2021年4月23日，http：//www.hncourt.gov.cn/public/detail.php?id=185741。

四是加大刑事打击力度。对主要以侵犯知识产权为业、在特定期间假冒抢险救灾和防疫物资等商品的注册商标以及因侵犯知识产权受到行政处罚后再次侵犯知识产权构成犯罪的情形，依法从严惩处，一般不适用缓刑；用足用好财产刑，在依法严格追缴违法所得的基础上，加强罚金刑的适用，剥夺犯罪分子再次侵犯知识产权的能力和条件。

三　河南法治化营商环境存在的主要问题

总体而言，近几年河南法治化营商环境建设取得了显著进步。《中国省份营商环境研究报告2020》显示，河南省营商环境在全国排第11位（见图1），处偏上水平，但法律政策环境排名却落到第14位，可见，与国内先进省份相比，与河南经济社会高质量发展需求和市场主体期待相比，河南营商环境的法治化水平还有很大的上升空间。尤其是其中的制度建设、社会信用、执法规范、权益救济等方面，与国内外法治化营商环境先进地区相比还有差距。一是制度建设还不够完善，国家出台优化营商环境的法律法规之后，河南相关法规政策文件未能及时同步更新，一些增加企业负担、减损企业权益的政策规定尚未清理完毕；同时，有些扶持政策在一定程度上存在向重点领域、重点行业和本土企业倾斜现象，相对其他市场主体有失公平，有碍统一市场建设。二是社会信用建设需要进一步强化。《河南省社会信用条例》已经颁布实施，但实施效果有待加强。尤其是在落实企业信息公示制度，推动企业在注册登记、经贸交易、税费缴纳、劳动关系、破产清算、人员安置等方面信息归集共享和失信联合惩戒上还需要加强监管。三是行政执法不规范现象依然存在。企业经营过程中依然面临检查多、检查乱，以及行政执法不规范、监督不到位等情况，"多头执法""任性执法""重复执法"尚未有效杜绝，对企业监管"一刀切"、执法不作为问题仍未根本解决。四是涉企案件的司法救济还需完善。涉企案件办理中，还存在罪与非罪界限不清，把民事案件作为刑事案件处理，对民营企业家滥用限制人身自由等强制措施，对民营企业财产乱扣押、乱查封、乱冻结等现象。

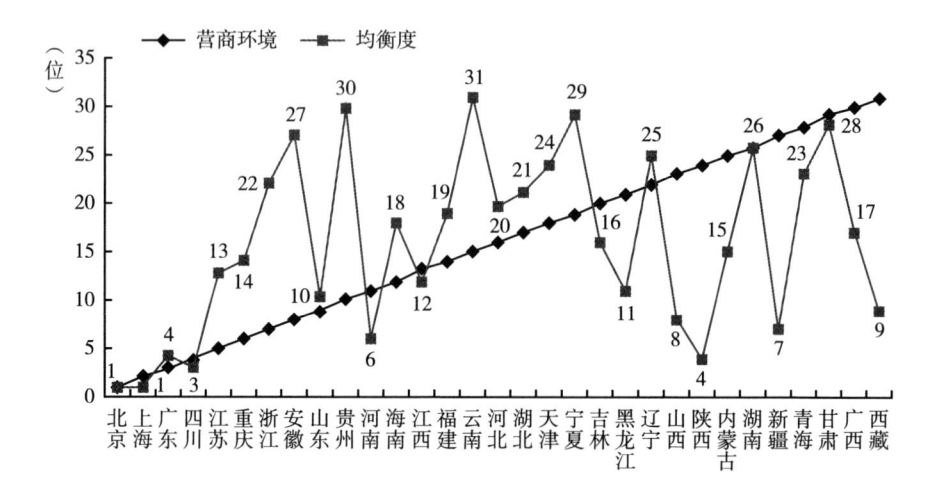

图1　2020年中国31个省区市营商环境及均衡度排名

说明：不含港、澳、台地区。
资料来源：北京大学光华管理学院管理创新交叉学科横向发展平台。

四　河南持续优化法治化营商环境的对策建议

《中共河南省委关于制定河南省国民经济和社会发展第十四个五年规划和二〇三五年远景目标的建议》明确提出，"十四五"营商环境显著优化，2035年营商环境进入全国先进行列。2021年是"十四五"开局之年，河南全省上下积极应对各种风险和挑战，以市场主体需求为导向、以转变政府职能为核心、以提升服务质量为抓手，努力打好一系列"组合拳"，推动法治化营商环境持续优化。2022年，河南将把"优环境"作为提升发展核心竞争力的综合抓手，进一步增强使命感和紧迫感，着力打造一流法治化营商环境，真正用法治为优化营商环境保驾护航，推动河南实现更高水平、更高质量的发展。

（一）进一步完善优化法治化营商环境的基础保障

一是完善法规制度体系。在深入贯彻《中华人民共和国外商投资法》《优化营商环境条例》，落实《河南省社会信用条例》《河南省优化营商环境条例》的基础上，加强营商环境立法规划，针对目前河南营商环境立法相对滞后、缺乏系统立法规划的状况，尽快科学编制营商环境立法整体规划和年度立法计划，突出重点领域法规制度建设。在拟定立法规划后，对时机成熟和条件具备的，及时开展立法，成熟一项推进一项，最终形成一套有利于优化营商环境的地方性法规制度体系。

二是完善府院联动机制。破产案件高效处置是优化法治化营商环境的重要环节，它既是一项专业性很强的法律事务，又是综合性很强的社会工作，需要协调事项和利益主体多且关系复杂。因此，必须加快构建全方位、多领域、多层级的府院联动机制，由法院主导破产工作，由政府协调社会管理公共服务。健全府院联席会议制度和长效化府院沟通协调机制，加强各级政府和人民法院的信息共享、工作会商，推动相关政策制度改革，让司法权监督行政权运作，实现社会资源优化配置。统筹协调解决案件审判、执行中的难点问题，加大联动机制落地的监督协调力度，推动形成行政与司法顺畅沟通、良性互动的良好局面，以平衡相关各方利益，加快"僵尸企业"处置，维护社会和谐稳定。

三是严格规范公正文明执法。积极落实并严格按照新修订的《中华人民共和国行政处罚法》，合理运用地方行政处罚设定权限，做到行政处罚轻重得当、过罚相当。健全行政执法自由裁量基准制度，进一步明确行政裁量种类，细化行政裁量标准，避免行政处罚畸轻畸重。加大重点领域执法力度，提高违法成本。严格落实行政执法"三项制度"，切实保障人民群众合法权益。强化数字监管平台功能，加强落实情况自查评估，实现行政执法信息及时准确公示、行政执法全过程留痕和可回溯管理、重大行政执法决定法制审核全覆盖。

四是健全司法大数据分析平台功能。加强对商业纠纷案件资源的深度挖掘分析，提高审判效率，降低成本。进一步推进智慧法院建设，借鉴郑州中院建设中原破产智慧管理平台经验，尽快建立金融审判大数据管理和服务平台，加强法院和各金融机构的信息共享，为金融审判提供数据支持，强化金融领域司法保障。通过司法大数据的公开，定期向社会公开与案件处置时

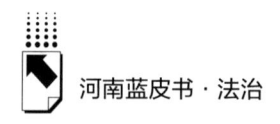

间、结案率等司法绩效相关的数据,保障当事人的知情权,提升社会公众对法治化营商环境的满意度。定期通过司法大数据分析、发出司法建议等各种形式,帮助政府及其职能部门填补市场调节、行政监管的漏洞,助力监管规范化建设。

(二)进一步提升解决商业纠纷效率和水平

一是畅通审判执行案件立案渠道。立案阶段,开辟商事纠纷案件绿色通道。如新乡中院出台《关于推进繁简分流 加强动态分案 提升审判质效的实施意见》,对涉企商事案件进行繁简分流,实现"简案快审、难案精审",并加强速裁团队建设,制定《关于速裁团队建设规范的实施办法》《关于简化速裁快审案件诉讼程序规范的实施方案》,对大量简单商业纠纷案件快审快结。

二是构建集中送达新模式。构建智能、集约、高效、便捷的送达新模式,进一步完善"河南法院集中送达平台",构建以电子送达为基础、以直接送达为辅助、以邮政送达为补充、以公告送达兜底的全流程闭环送达体系,切实解决"送达难"问题。实践中,要不断更新送达理念,充分发挥电子送达的优势;不断提高电子送达的安全系数,建立专门的安全系统,进一步填补安全漏洞,采用特殊加密技术,使集中送达平台免受网络攻击,最大限度保证电子送达的安全性。同时,要尽快建立恶意阻挠民事送达信用惩戒机制,推行送达地址诉前确认制度,建立法院送达地址库,加强府院联动。

三是加大合同案件执行力度。进一步提高法院审判执行质效,把长期未结案件清理实效作为院领导落实审判管理职责的硬指标,并在部门及员额法官的考核中设定相关考评项。有财产可供执行的案件,要尽快执结,无可供执行财产的案件,符合终本条件的,要严格依法依规以"终结本次执行"等方式结案,压缩执行案件的办理周期。

(三)进一步推动市场主体退出改革

一是畅通企业破产渠道。加大破产法律制度宣传力度,改善破产制度污名化现象，引导债权人、债务人对符合破产条件的企业及时申请破产；健全执行转破产移送审查机制，明确移送标准和程序，扩大破产案件入口；依法积极受理破产案件，不以任何非法定条件和"隐形门槛"干扰、阻碍破产案件受理，确保符合破产条件的企业及时进入破产程序。

二是加强破产案件审限管理。严格落实简单、普通、复杂案件不同结案时限，加大快速审理机制适用力度，在送达、评估、债权人会议、拍卖等各个环节充分运用信息化手段，提高审判效率，缩短审理周期。加大对长期未结破产案件的清理力度，加强对重点案件的指导，找准问题，精准靶向施策，推动长期未结案件和督办案件高质高效办结。

三是支持市场主体破产和解。识别并引导有挽救价值和可能的市场主体申请破产重整，灵活运用债务重组、引进战略投资人、出售式重整、预重整等模式；依法支持破产企业保住稀缺性行业资质和生产经营许可，加大对破产重整企业贷款、融资等方面的支持力度，扫除破产重整企业在信用修复、账户管理等方面面临的障碍，帮助重整企业甩掉包袱、重焕生机；将战略投资人招募纳入招商引资范围，利用招商引资资源、市场和优惠政策，帮助市场主体盘活脱困。

（四）强化知识产权保护

一是加大知识产权执法力度。健全商业标志权益、商业秘密、著作权、地理标志、植物新品种等方面的地方保护制度。加强民事、刑事司法保护，依法严惩恶意侵权、重复侵权及其他严重侵权行为。针对关键领域、重点环节、重点市场对知名企业和品牌的侵权行为进行专项援助与支持，针对中小企业可以提供必要的知识产权维权法律援助。加强执法协作，健全行政执法部门之间知识产权线索通报、案件协办、联合执法、定期会商等制度，发现犯罪线索的，及时移交司法部门处理。集中办理大案要案，形成社会威慑效应，提升知识产权保护效能。

二是健全知识产权多元化纠纷解决机制。加强知识产权纠纷仲裁机构和人民调解组织建设，充分发挥"12315"投诉热线作用，依托现有消费者权益保护渠道、知识产权民间团体（协会、学会、研究会等）和商标维权工作站，有效调动社会力量和中介组织参与知识产权纠纷解决，完善知识产权仲裁、调解工作机制，逐步实现全省各地非诉机构全覆盖。指导行业性、专业性调解组织开展调解工作，健全知识产权行业调解组织和非诉调解协议的司法确认机制。充分发挥中国（新乡）知识产权保护中心、中国（郑州）创意产业快速维权中心的作用，积极履行调解职能，提供快速审查、快速确权、快速维权"一站式"服务。推广利用调解方式快速解决纠纷，高效对接行政执法、司法保护、仲裁等保护渠道和环节。

三是加强知识产权司法保护。推动建立符合知识产权特点的诉讼证据规则，形成以补偿为主、惩罚为辅的侵权损害司法认定机制，健全侵权损害赔偿制度，完善知识产权失信违法信用惩戒机制。加强知识产权审判机构建设，设立更多知识产权巡回审判法庭和诉讼服务中心。同时，在司法保护基础上，应当加强知识产权综合保护能力，形成行政确权、公证和仲裁、调解、行政诉讼复议裁决、行政诉讼仲裁执法、司法诉讼保护之间的有效衔接，形成覆盖行政诉讼授权确权、行政复议裁决诉讼执法、司法权益保护诉讼裁判、维权诉讼法律援助、社会诚信及民事纠纷调解等与行政诉讼仲裁相互促进的知识产权保护工作治理机制，完善覆盖知识产权授权、用权、维权等多个社会关键环节的保护工作链条，构建协调、顺畅、高效的知识产权综合保护新格局。

征途漫漫，唯有奋斗。"十四五"时期是河南省开启全面建设社会主义现代化河南新征程、谱写新时代中原更加出彩绚丽篇章的关键一年，而2022年是河南践行"十四五"发展使命的关键时期，河南的发展基础将更加坚实，营商环境也将发生复杂变化。面对这些新的机遇和挑战，唯有矢志不渝地建设更高水平的平安河南、法治河南，坚持把法治作为优化营商环境的核心和关键，才能形成高质量建设现代化河南的强大动力，才能为确保高水平实现现代化河南奠定法治基础。

参考文献

《习近平法治思想概论》，高等教育出版社，2021。
习近平：《论坚持全面依法治国》，中央文献出版社，2020。
《优化营商环境条例》，中国政府网，2019年10月23日，http://www.gov.cn/zhengce/content/2019-10/23/content_5443963.htm。
《河南省优化营商环境条例》，鹤壁市人民政府网站，2021年2月23日，http://www.hebi.gov.cn/hbskfq/3375285/3375431/3667658/index.html。
《河南省国民经济和社会发展第十四个五年规划和二〇三五年远景目标纲要》，河南日报网，2021年4月13日，https://www.henandaily.cn/content/2021/0413/290960.html。
李宏伟：《以法治评估助推法治中国建设》，《中国社会科学报》2021年4月21日。
李宏伟：《着力营造法治化的营商环境》，《经济日报》2020年10月14日。
王运慧：《用法治定规矩提高政府效能》，《河南日报》2020年12月2日。
王运慧：《法治化营商环境如何打造》，《河南日报》2021年7月26日。

理 论 篇
Theoretical Reports

B.2 习近平法治思想中的法治化营商环境理论

王圭宇 闫 海*

摘　要： 法治是最好的营商环境。通过法治化建设达到优化营商环境的目的，越来越成为一种共识，并受到更多的重视。习近平法治思想中的法治化营商环境理论立足于本国实际，回应实践需求，坚持走符合中国发展实际的法治化营商环境建设道路。习近平法治思想中的法治化营商环境理论主要包括法治化营商环境建设的主体论、范围论、对象论、方式论、依据论等诸项内容，并要求在法治化营商环境建设中坚持法治思维、系统思维、辩证思维和底线思维等科学思维方法。

关键词： 习近平法治思想　法治思维　法治化营商环境

---

* 王圭宇，法学博士，郑州大学法学院宪法学与行政法学教研室主任；闫海，郑州大学法学院宪法学与行政法学专业硕士研究生。

习近平法治思想中的法治化营商环境理论

2020年11月,中央全面依法治国工作会议在北京召开,其主要成果就是首次正式提出了"习近平法治思想"。[①] 该思想是新时代全面推进依法治国的思想旗帜、基本遵循和行动指南。习近平法治思想中直接或间接地包含法治化营商环境建设的内容。通常而言,营商环境可以从广义和狭义两个层面理解。广义的营商环境既包含市场主体参与生产、经营等商事活动所要求的自然因素,如自然资源、地理位置、交通设施等,也涉及影响市场主体在市场经济中活动的体制机制因素和条件,如税收政策、行政执法等;[②] 而狭义的营商环境仅包含后者。从本源上讲,营商环境是市场环境和法治环境的有机统一。本报告立足于法学视角,以狭义的营商环境为研究对象。法治化营商环境理论作为习近平法治思想中的重要内容也在不断深化发展,为新时代法治化营商环境建设提供了有力的理论指导。本报告旨在通过系统梳理习近平总书记关于法治化营商环境建设的重要论述,深刻揭示习近平法治思想中法治化营商环境理论的时代背景、主要内容和基本遵循,并在此基础上提出法治化营商环境建设的具体实现路径,以期对法治化营商环境理论研究的深化和法治中国建设目标的实现有所助益。

一 法治化营商环境理论提出的时代背景

党的十八大以来,习近平总书记着眼于中华民族伟大复兴的战略全局和世界百年未有之大变局,围绕法治化营商环境建设发表了一系列重要论述,形成了一套系统完备的法治化营商环境理论。这是习近平法治思想的重要组成部分,也是习近平法治思想在营商环境领域的具体展开和生动体现。习近平法治思想中法治化营商环境理论的提出,主要基于以下几个方面的时代背景。

[①] 《坚持习近平法治思想——论学习贯彻习近平总书记在中央全面依法治国工作会议上重要讲话》,《人民日报》2020年11月20日。
[②] 郭富青:《营商环境市场化法治化的中国思路》,《学术论坛》2021年第1期。

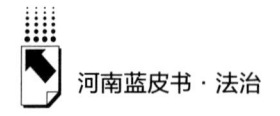

（一）全面依法治国的题中之义

习近平法治思想中的"第七个坚持"，就是"坚持法治国家、法治政府和法治社会一体化建设"。[①] 法治社会就是营造法治化的社会环境，形成尊法守法学法用法的社会氛围，为全面依法治国奠定社会基础。营商环境也是法治社会建设当中的一项重要内容。党的十九大报告明确提出，到2035年基本完成法治国家、法治政府和法治社会一体化建设的远景目标。[②] 营商环境作为社会治理的重要内容，政府有责任对其指导和管理。换言之，营商环境的法治化进程影响法治社会和法治政府的建设成果，进而影响法治中国建设目标的实现。2019年2月，习近平总书记在中央全面依法治国委员会第二次会议中强调："法治是最好的营商环境。"[③] 这是对"法治"和"营商环境"之间关系的最佳诠释，深刻揭示了营商环境最重要的评价标准是法治。在此背景下，通过法治建设优化营商环境、推进法治化营商环境建设便成为全面依法治国的题中之义。

从法学意义上讲，营商环境不是某一部门法调整的具体法律关系，无法通过现有的法律修改或创设新的法律法规加以直接具体的规范和调整。并且，营商环境也不是简单意义上的独立存在。它与立法、执法、司法等诸多领域都有密切的关联。为应对此种情况，2019年10月国务院制定并公布了《优化营商环境条例》。该条例的大部分内容是原则性、指导性和方向性的规定，并没有对优化营商环境作出具体且刚性的规范。其目的是促进国务院各部（委）和地方各级政府加强有关领域法规文件的修改，规范市场主体行为，降低商事活动的成本，达到优化营商环境的效果。同时，这也有助于

[①] 习近平：《坚定不移走中国特色社会主义法治道路　为全面建设社会主义现代化国家提供有力法治保障》，《求是》2021年第5期。

[②] 《习近平：决胜全面建成小康社会　夺取新时代中国特色社会主义伟大胜利——在中国共产党第十九次全国代表大会上的报告》，中国政府网，2017年10月27日，http://www.gov.cn/zhuanti/2017-10/27/content_5234876.htm。

[③] 习近平：《完善法治建设规划　提高立法工作质量效率　为推进改革发展稳定工作营造良好法治环境》，《人民日报》2019年2月26日。

其充分发挥自身的优势，有的放矢地制定适宜的法规文件，将优化营商环境的举措落到实处。

（二）全面深化改革的内在需要

事实上，"法治化营商环境"这个理论概念是近几年由习近平总书记提出，并融入习近平法治思想之中。习近平法治思想包含丰富的历史逻辑，其中的法治化营商环境理论同样是在社会主义法治建设的历史进程中逐渐丰盈起来的。在这个意义上，法治化营商环境建设自改革开放之初就已逐步摸索着前进，至今已经走过了40多年的发展历程。2013年11月，党的十八届三中全会审议通过的《中共中央关于全面深化改革若干重大问题的决定》指出："推进国内贸易流通体制改革，建设法治化营商环境。"① 这是习近平总书记对法治化营商环境问题最早的论述，深刻地提出了市场在资源配置中起决定性的作用有赖于法治化营商环境的重大论断。同时，该决定还阐明了法治化营商环境建设是全面深化改革进入深水区和攻坚期需要完成的重点任务。

习近平总书记指出："改革开放越深入越要强调法治，发展环境越复杂越要强调法治。"② 全面深化改革的持续推进，意味着法治化营商环境建设面临的情况错综复杂，需要解决的"硬骨头"问题较多，主要有以下两个现实难题。第一，目前的法律法规体系对于不同市场主体依然存在不平等的规定。虽然我国宪法和法律明确规定要支持非公有制经济的发展，但在实践中仍然存在对非公有制主体和公有制主体的差别对待。因此，"努力创造各类企业平等竞争、健康发展的市场环境"③ 仍然有较长的路要走。第二，"放管服"改革过程中出现法律的缺位或阻碍等问题。主要表现在改革的相关法律依据不明确，改革的标准不统一、不协调，改革措施执行的不确定性

---

① 《中共中央关于全面深化改革若干重大问题的决定》（二〇一三年十一月十二日中国共产党第十八届中央委员会第三次全体会议通过），《人民日报》2013年11月16日。
② 习近平：《论坚持全面依法治国》，中央文献出版社，2020，第253页。
③ 《中共中央召开党外人士座谈会》，《人民日报》2016年7月27日。

较强等方面。这些都是法治化营商环境理论需要重点关注的现实问题，也是其需要回应的"时代之问"。

（三）社会主义市场经济发展的逻辑必然

当前，我国已成为"世界第二大经济体"[1]，拥有产业完备、市场规模大等有利因素和条件，但因地域发展差异大、经济大而不强、部分行业存在技术"卡脖子"等问题，我国经济的发展仍然面临很大的挑战和不确定性。面对严峻复杂的国内外形势，我国经济理应稳健发展，实现产业转型升级，完成经济的"软着陆"。2020年9月，党中央根据国内外的经济形势作出研判，确立了"加快形成以国内大循环为主体、国内国际双循环相互促进的新发展格局"[2]。社会主义市场经济发展必然要注重发挥市场的决定性作用，注重市场因素在经济发展中的重要作用。这就需要通过法治建设，营造具备市场主体平等、产权保护可靠、社会信用体系完善等特点的市场环境。简言之，良好的法治化营商环境，能够吸引各类有利于发展的经济要素汇聚其中，提高投资回报率，促进经济高质量发展。[3] 不仅如此，习近平总书记还提出："以营造良好营商环境推动经济转型发展。"[4] 良好的营商环境作为社会主义市场经济稳健运行和发展的基础性设施，必然要通过法治建设营造自由、平等、公平的交易环境，为市场经济的发展提供保障。

根据社会主义市场经济发展的需要，法治化营商环境建设应重点关注以下三个议题。第一，服务本土经济的发展。只有本土经济稳定发展，才能提供源源不断的发展动力，吸引外来投资，形成经济发展的良性循环。第二，保护和鼓励外商投资，平等对待外商市场主体。外商投资作为中国经济发展

---

[1] 《新中国经济社会建设的伟大成就与深刻启示（人民要论）》，《人民日报》2021年9月29日。
[2] 《推动更深层次改革 实行更高水平开放 为构建新发展格局提供强大动力》，《人民日报》2020年9月2日。
[3] 郑继汤：《习近平关于构建法治化营商环境重要论述的逻辑理路》，《中共福建省委党校学报》2019年第6期。
[4] 《扎扎实实做好改革发展稳定各项工作 为党的十九大胜利召开营造良好环境》，《人民日报》2017年6月24日。

的又一助力,需要加以保护和支持。政府部门应审慎制定"负面清单","放宽市场准入,持续优化营商环境"。①第三,为对外投资提供规范和安全的营商环境。对外投资作为社会主义市场经济发展中的新生力量,正在不断发展壮大。但现有的涉外法律规范体系,对于对外投资的规范和保护还存在不少不足之处,使得我国一部分对外投资遭受无端的损失,例如,中国企业并购马达西奇公司失败等事件。

(四)推进国家治理体系和治理能力现代化的客观要求

在推进国家治理现代化的背景下,优化营商环境是构建新发展格局、把制度优势转变为治理效能的重要抓手。对法治化营商环境建设而言,推进国家治理体系和治理能力现代化的目的是提高交易的效率,促使市场主体在法律规定的范围内从事市场经济活动,以较小的成本获得尽可能大的收益。

在以往的营商环境中,市场主体应主动接受法律的约束和政府的管理。现在根据《优化营商环境条例》和全面深化改革的要求,国家机关要转变观念,针对法治建设的薄弱点,主动采取措施优化法治化营商环境,为市场主体的生产经营活动提供更便利的条件,促进经济的健康发展。第一,要完善与营商环境相配套的法律体系。治理体系实际上就是制度体系。法律则是制度的载体。推进治理体系的现代化离不开完善的法律体系。与营商环境相配套的法律体系是法治化营商环境建设的开端,必须从源头上把好"质量关"。第二,提高国家机关的治理效能。办事时间过长、程序烦琐、材料过多等问题一直是政府服务办事难的"顽疾",为市场主体从事生产经营活动增加了不必要的成本,也阻碍了市场交易活动的便利进行。因此,国家机关要在法律体系的框架内,灵活优化办事流程,将制度优势切实转化为治理效

---

① 《习近平出席二十国集团领导人应对新冠肺炎特别峰会并发表重要讲话》,《人民日报》2020年3月27日。

能。例如，政府要"提高行政效能，建设人民满意的服务型政府"[1]。第三，正确处理好推进国家治理体系和治理能力现代化与法治中国建设之间的关系。二者都能影响法治化营商环境建设的进程，应相辅相成，互相促进。因此，在法治化营商环境建设的过程中，需要协调二者之间的关系，注重二者的衔接与配合，更好地服务于法治化营商环境的构建。

（五）缩小区域差距、实现共同富裕的必由之路

党的十九大报告指出："我国社会主要矛盾已经转化为人民日益增长的美好生活需要和不平衡不充分的发展之间的矛盾。"[2] 当前，地区之间发展不平衡、贫富之间差距较大、生育率逐年降低、部分地区社保费用压力大等众多影响社会民生的重大问题已初见端倪。如果不能尽早地解决，这些问题必然会对经济的健康发展产生巨大而深远的负面影响。现阶段，党和国家正在探索并着手解决此类问题，并于2021年5月份通过《中共中央 国务院关于支持浙江高质量发展建设共同富裕示范区的意见》，以浙江实践作为今后谋划政策的重要参考，也为其他地区的发展提供有益经验。[3] 但对各个地方而言，受经济发展、人口、文化等不同因素的影响，缩小区域差异、实现共同富裕的具体实施方案各不相同。"等、靠、要"这种"照抄作业式"的拿来主义思想不可取，在具体实践中更是行不通。归根结底，还是要立足实际，走适合本地情况的发展道路。而法治化营商环境建设作为优化营商环境、发展经济的重要依托，是其必然路径。从一个地区来看，营商环境的优化，能够增强市场经济的活力，吸引投资，进而带动一个地方经济的发展，有利于实现地区的平衡。从全国整体来看，营商环境的优化，有利于实现统

---

[1] 《中共中央关于坚持和完善中国特色社会主义制度 推进国家治理体系和治理能力现代化若干重大问题的决定》，《人民日报》2019年11月6日。

[2] 《习近平：决胜全面建成小康社会 夺取新时代中国特色社会主义伟大胜利——在中国共产党第十九次全国代表大会上的报告》，中国政府网，2017年10月27日，http：//www.gov.cn/zhuanti/2017－10/27/content_5234876.htm。

[3] 《中共中央 国务院关于支持浙江高质量发展建设共同富裕示范区的意见》，《今日浙江》2021年第11期。

一的市场,促进全部地区协同发展,实现共同富裕。我国要实现的共同富裕是广大人民群众最终达到的富裕,不是"同步富裕""同时富裕",也不是绝对平均主义意义上的"共同富裕"。因此,唯有经济发展,才能逐步缩小区域差距,实现共同富裕,而经济的健康发展又离不开法治化营商环境的重要作用。

二 法治化营商环境理论的主要内容

习近平总书记关于法治化营商环境建设的一系列重要论述,构成了习近平法治思想中法治化营商环境理论的基础,系统回答了法治化营商环境建设"谁来干""干什么""如何干"等一系列理论和实践问题,为新时代法治化营商环境建设指明了方向、明确了思路、注入了动力。归结起来,习近平法治思想中的法治化营商环境理论,主要包括以下几个方面的核心要义。

(一)主体论:法治化营商环境建设的主要力量

法治化营商环境建设是一项系统性、整体性工程,涉及党委、行政机关、司法机关、市场主体等众多参与主体。毫无疑问,只有这些主体共同参与、协力配合,才能完成法治化营商环境建设的目标。习近平法治思想中的"第一个坚持",就是"坚持党对全面依法治国的领导"。[1] 这就明确了中国特色社会主义法治的领导力量和发展方向。因此,在整个法治化营商环境建设的过程中,要始终坚持党的领导地位,由其负责法治化营商环境建设的顶层设计和政策制定。

在具体实践中,大多数地区呈现出以"行政权为主导,立法权与司法权配合"的模式来推进法治化营商环境建设。[2] 这种模式表明政府的职权涉

---

[1] 习近平:《坚定不移走中国特色社会主义法治道路 为全面建设社会主义现代化国家提供有力法治保障》,《求是》2021年第5期。
[2] 许中缘、范沁宁:《法治营商环境的区域特征、差距缘由与优化对策》,《武汉大学学报》(哲学社会科学版)2021年第4期。

及市场经营的各个环节。其行为更多地直接影响市场主体的生产经营活动，对营商环境的影响最大。并且，政府在法治化营商环境建设过程中的主导地位已获得法律的授权和有力支撑。根据《优化营商环境条例》第7条的规定，各级政府负责优化营商环境的组织工作，完善优化营商环境的政策措施，进而推进营商环境的法治化建设。各级政府通过"放管服"改革，向服务型政府转变，解决好"一抓就死、一放就乱"的改革难题，让市场在资源配置中起到决定性的作用。例如，为满足深化改革的需要，2020年11月河南省人大常委会根据《优化营商环境条例》，结合河南省自身的实际情况，制定了《河南省优化营商环境条例》。该部地方性法规赋予了省内各级政府较大的自主权，使之能够根据本地区的实际情况，采取多种措施，灵活处理法治化营商环境建设过程中遇到的难题。并且，依据《河南省优化营商环境三年行动方案（2018—2020年）》《河南省人民政府办公厅关于印发进一步优化营商环境更好服务市场主体实施方案的通知》等政策要求，河南省通过制定任务清单的方式，稳扎稳打地推进优化法治化营商环境的进程。目前，虽然河南省内各地区政府采取的措施各具特色、略有差异，但都取得了良好的法治营商效果。

（二）范围论：法治化营商环境建设的主要领域

法治化营商环境建设涉及市场交易、行政执法、司法保障等诸多领域。从区域来看，各地区法治化营商环境建设的定位和标准不同，范围也不尽相同。因我国地域辽阔、经济发展程度差异较大等，在实践中各地区会因地制宜地建设相应的法治化营商环境。例如，海南省建立自贸区需要按照《海南自由贸易港法》等独有的法律法规，优化营商环境；而河北省雄安新区按照《河北雄安新区规划纲要》等政策文件，推进法治化营商环境建设。

从部门法的角度看，法治化营商环境建设涉及民商法、经济法、行政法、刑法等诸多法律。第一，民商法为营商环境建立的基础性制度。民商法通过设立产权保护制度、社会信用体系等为市场主体的准入、生产经营、退出等经济活动的进行奠定了基础。并且，市场主体的大多数活动与民商法相关。可以说，法治化营商环境建设依据的法律主要是民商法领域的法律，例如《民法典》《票据法》《破产法》等。第二，经济法保障健康的营商环境。通常而言，经济法从宏观的角度来规范市场经济的运行，重点"推进反垄断、反不正当竞争执法"[1]，营造充满活力且公平竞争的市场环境。例如，政府通过《反垄断法》对美团强制餐饮企业在不同外卖平台之间"二选一"的涉嫌垄断行为进行立案调查，促使美团及其他企业进行整改，从而改善外卖行业恶性竞争的营商环境。第三，行政法营造可靠的营商环境。相较于民商法而言，行政法规范市场主体的行为较少，却更为重要。因其一般从公共利益的角度出发，规范市场主体的行为，营造可靠的营商环境。例如，通过公布并施行《食品安全法》和《行政处罚法》保护公众"舌尖上的安全"。第四，刑法维护安全的营商环境。刑法通过打击犯罪、惩戒危害市场主体合法利益的行为，维护安全的营商环境。例如，2021年以来，河南省检察机关为保护知识产权，着力打击侵犯知识产权的犯罪行为，维护了保护创新的营商环境。

（三）对象论：法治化营商环境建设的要素构成

营商环境主要是指市场主体在生产经营等市场经济活动中涉及的市场环境、法治环境、政务环境等外部因素的有机统一体。习近平总书记强调："要改善投资和市场环境……营造稳定公平透明、可预期的营商环境。"[2] 因此，法治化营商环境建设也要求按照稳定、公平、透明、可预期的标准来推进。具体地说，法治化营商环境建设要求在法治的框架下形成稳定有序的市场环境、公平正义的法治环境、透明高效的政务环境。首先，稳定有序的市场环境要求在合法的范围内，实现市场主体的健康有序发展，避免出现一些虽然是轻微违法但严重阻碍经济发展的恶性事件。例如，"青岛大虾"事件

---

[1] 《习近平在民营企业座谈会上的讲话（全文）》，"人民日报"百家号，2018年11月1日，https://baijiahao.baidu.com/s?id=1615942190474762197&wfr=spider&for=pc。

[2] 《营造稳定公平透明的营商环境　加快建设开放型经济新体制》，《人民日报》2017年7月18日。

一经爆出，立即对青岛市旅游业造成了不良影响。尽管青岛市在事后及时处理了该事件，还出台了一系列应对举措，但其"宰客"的城市形象影响深远。其次，公平正义的法治环境不仅要求法治要有力度，还要求法治要有温度，在合法的前提下，灵活运用法律，服务于经济的发展。例如，河南省洛阳市市区通过采取违停告知单开出后15分钟内，驾驶人赶到现场可申请免罚的违停"15分钟"柔性执法机制，既达到了执法的目的，又减轻了行政相对人的负担。① 最后，透明高效的政务环境有两方面的内容。一是要求政府做好信息公开工作，提高透明度，避免暗箱操作。二是要求政府优化审批流程，提高办事效率，"深化'最多跑一次'改革，为人民群众带来更好的政务服务体验"②。例如，河南省郑州市开发的"郑好办"App，既有效地进行了信息公开，又通过网上办理有关业务，提高了办事效率。

（四）方式论：法治化营商环境建设的主要途径

"社会主义市场经济本质上是法治经济"③，我国经济的发展离不开法治的保障。究其根本，法治化营商环境建设是法治建设的一部分，要纳入法治中国建设这个更宏大的法治体系中。习近平法治思想中的"第八个坚持"，就是"坚持科学立法、严格执法、公正司法、全民守法"，④ 也被称为"新十六字方针"。法治化营商环境建设中依然要遵循这四种方式开展法治建设。第一，在立法方面，要坚持科学合理的原则，综合考虑企业需要和现实难题，经过广泛征求意见，制定适宜本地区经济发展的法律文件。例如，《河南省优化营商环境条例》特别提到了黄河文化、古都文化等独具河南特色的优势资源。第二，在执法方面，行政机关应严格依据法律的规定对市场主体的不法行为进行处理，维护法律的权威，保障公平公正的市场竞争环境

---

① 《洛阳市机动车违停"15分钟到场"免处罚》，《河南日报》2021年8月23日。
② 《把区块链作为核心技术自主创新重要突破口 加快推动区块链技术和产业创新发展》，《人民日报》2019年10月26日。
③ 习近平：《论坚持全面依法治国》，中央文献出版社，2020，第129页。
④ 习近平：《坚定不移走中国特色社会主义法治道路 为全面建设社会主义现代化国家提供有力法治保障》，《求是》2021年第5期。

和交易秩序。此外,行政机关在保证执法目的达成的同时,要让执法行为有温度,尽可能地采取较温和的执法措施,避免对市场产生较大的负面影响。例如,河南信阳推进服务型行政执法建设,适用包容审慎的监管方式,让执法既有力度又有温度。第三,在司法方面,在保证司法公正的同时,司法机关要提供便利的法律服务,解决涉诉企业纠纷,完善生效法律文书执行方式,保护企业和企业家的合法利益。例如,《最高人民法院关于为改善营商环境提供司法保障的若干意见》在平等保护各类市场主体、准确把握市场准入标准、加强破产制度机制建设等方面均作了相应的规定,以改善营商环境。① 此外,司法机关还应严格运用刑事法律手段,依法打击黑恶违法犯罪活动,为市场经济的发展保驾护航,提高市场主体的安全感。第四,在守法方面,要加强普法宣传教育,落实国家机关"谁执法谁普法"的普法责任机制,不断提高社会公众的法律知识水平和法治素养,逐步形成全面尊法守法的社会氛围。

(五)依据论:法治化营商环境建设的主要依凭

国家政权掌握在执政党手中,其政策主张,例如基础理论、基本路线等,深刻影响着法律制度和法治体系。② 习近平总书记指出:"党的政策是国家法律的先导和指引,是立法的依据和执法司法的重要指导。"③《中共中央关于全面推进依法治国若干重大问题的决定》④、习近平总书记关于法治化营商环境建设的重要论述等,都是党中央立足于国际国内的现实情况,对法治化营商环境建设作出的科学研判和宏观指导。法律则是党的政策上升为国家意志的表现形式。在推进法治化营商环境建设的过程中,"要进一步推进党的领导入法入规,善于使党的主张通过法定程序成为国家意志、转化为

---

① 《最高人民法院关于为改善营商环境提供司法保障的若干意见》(法发〔2017〕23号),《人民法院报》2017年8月17日。
② 《习近平法治思想概论》,高等教育出版社,2021。
③ 习近平:《论坚持全面依法治国》,中央文献出版社,2020,第43页。
④ 《中共中央关于全面推进依法治国若干重大问题的决定》,《人民日报》2014年10月29日。

法律法规"①，作为法治化营商环境建设的主要依据，应实现党的领导和依法执政的有机统一。例如，根据党的政策和国家法律，河南省制定了《河南省优化营商环境条例》《郑洛新国家自主创新示范区条例》《郑州航空港经济综合实验区条例》等法规文件。

综上所言，习近平法治思想中的法治化营商环境理论是一个系统完备的理论体系，不仅限于以上几个方面，还包括其他诸多领域诸多方面的内容。但毫无疑问，以上几个方面是习近平法治思想中法治化营商环境理论的核心要义，把握好这几个方面，有利于新时代法治化营商环境建设向纵深发展。

三 法治化营商环境建设的基本遵循

习近平法治思想中的法治化营商环境理论，既是新时代法治化营商环境建设的指导思想，又是推进法治化营商环境建设的科学方法。归结起来，法治化营商环境建设必须坚持法治思维、系统思维、辩证思维和底线思维。

（一）在法治化营商环境建设中坚持法治思维

"法治是人类政治文明的重要成果"②，法治化营商环境建设在全面依法治国的宏观背景下进行，必须融入法治中国建设之中。法治是基础，为营商环境提供司法保障。法治思维就是以法治作为逻辑起点，把法治的精神、法治的理念贯穿其中，运用法律规定和法律逻辑对所要解决的问题进行分析、判断、推理和作出决定的思维活动过程。因而，法治思维在法治建设中起引领作用。这就要求法治化营商环境建设也必须坚持法治思维。首先，坚持法治思维要求形成完备的法律体系。完备的法律体系是建设中国特色社会主义法治体系的重点任务，也是正确运用法治思维解决法律问题的前提。其次，坚持法治思维要求国家机关和公职人员摒弃人治思维和

---

① 习近平：《论坚持全面依法治国》，中央文献出版社，2020，第273页。
② 习近平：《论坚持全面依法治国》，中央文献出版社，2020，第183页。

特权思想，运用法治思维和法治方式解决问题。在法治秩序中，国家机关和公职人员守法用法是法治建设的起点。因此，法治思维应当成为国家公职人员的必备素质。最后，坚持法治思维应当抓住领导干部这个"关键少数"。习近平总书记强调："领导干部具体行使党的执政权和国家立法权、行政权、监察权、司法权，是全面依法治国的关键。"[1] 在很大程度上，领导干部决定着法治建设的方向和进度。在法治化营商环境建设的过程中，应当抓住领导干部这个"关键少数"，提升其法治思维能力，并对法治化营商环境建设起到"火车头"的引领作用。例如，河南省郑州市、商丘市、漯河市等多地专门举办领导干部法治专题讲座，提高领导干部的法治思维能力和法律素养。

（二）在法治化营商环境建设中坚持系统思维

法治化营商环境建设是一项系统性、整体性的宏大工程。并且，其不是孤立存在的，而是与全面依法治国、全面深化改革、全面建设社会主义现代化国家等重大国家战略有着紧密的关系。这就要求在法治化营商环境建设的过程中，既要协调内部各主体之间的关系，又要将其放在整体性、全局性的层面进行考虑。因此，推进法治化营商环境建设，必须坚持系统思维，"加强前瞻性思考、全局性谋划、战略性布局、整体性推进"[2]，不仅要统筹内部各主体、发挥协同作用，还要与全面依法治国等外部因素相衔接。在法治化营商环境建设的过程中坚持系统思维，需要从以下两点着手。第一，从法治化营商环境建设的内部整体来看，要处理好市场主体、立法机关、行政机关、司法机关等之间的关系。一方面，企业等市场主体在生产经营时，应当注意立法机关、行政机关等国家机关行使职权的程序和条件发生的变化，并根据这些变化调整自身的经营活动，使之符合法律的要求，减少矛盾的产生，更好地从事市场经济活动。另一方面，国家机关要从法治化营商环境建

---

[1] 习近平：《加强党对全面依法治国的领导》，《求是》2019年第4期。
[2] 习近平：《把握新发展阶段，贯彻新发展理念，构建新发展格局》，《求是》2021年第9期。

设全局的角度出发适当地行使职权。国家机关应当及时关注市场发展的现状，对于阻碍市场经济健康发展的法律规定，要从立法、执法和司法三个维度作出调整，使制度优势切实转化为治理效能，推进法治化营商环境建设。另外，还要做好立法、执法和司法环节的连贯一致和协调统一。以上三个环节之间的不协调，不仅会导致立法机关、行政机关和司法机关之间矛盾冲突的发生、增加沟通协调的成本，也会使市场主体无法根据已有的法律规定对自身的行为作出调整。因此，国家机关在推进法治化营商环境建设时应加强沟通交流，保证立法、执法和司法的法律标准的统一和协调。例如，河南省焦作市通过建立政府和法院之间协作联动的常态化工作机制，推动多元矛盾化解，优化营商环境。第二，从国家整体的角度来看，要处理好法治化营商环境建设与全面依法治国、全面深化改革、全面建设社会主义现代化国家等重大国家战略之间的关系。法治化营商环境建设作为法治建设的一部分，应当融入全面依法治国这个更宏大的法治体系中。全面深化改革在法治化营商环境建设中发挥重要作用，应注重与其的协调和配合。全面建设社会主义现代化国家有助于推进法治化营商环境建设，而法治化营商环境建设又是全面建设社会主义现代化国家的组成部分。二者相辅相成，应当注重发挥二者的协同作用。

（三）在法治化营商环境建设中坚持辩证思维

习近平总书记强调："我们的事业越是向纵深发展，就越要不断增强辩证思维能力。"[1] 面对"两个大局"的世情国情，现实情况迅速变化，呈现出复杂多样的特点。营商环境的影响因素也愈加繁多。而辩证思维作为运用辩证唯物主义进行理性思考、分析、得出结论的一种科学思维方法，主张运用发展的眼光观察分析，不仅着眼于现有的问题，还关注未来的发展。这就决定了必须用辩证思维来分析并解决法治化营商环境建设过程中出现的各种

---

[1] 习近平：《坚持运用辩证唯物主义世界观方法论 提高解决我国改革发展基本问题本领》，《人民日报》2015年1月25日。

难题。在法治化营商环境建设的过程中,坚持辩证思维主要体现为两点。第一,在法治的框架内,各地方政府可以实施原创性、差异化的优化营商环境措施。这一点已获得《优化营商环境条例》的法律授权。在现阶段,各地方政府已经没有太多的国内外经验可以借鉴,只能一步步地"摸着石头过河",探索优化营商环境的新措施。并且,由于我国地域辽阔,地区之间经济发展差异较大等,很难通过统一的措施使各地区达到优化营商环境的效果。甚至,将在一部分地区达到较好效果的措施"移植"到其他地区使用,还会出现"橘生淮南则为橘,生于淮北则为枳"的水土不服的情况,破坏原有运行良好的营商环境。例如,河南省郑州航空港区全面打造国际化营商环境的措施就不适用于河南其他地区。第二,"营商环境只有更好,没有最好"①,这是习近平总书记在许多重大会议和讲话中提到并强调的内容,意味着法治化营商环境建设"只有进行时,没有完成时"。不仅法治化营商环境欠缺的地方政府需要采取措施补齐短板,法治化营商环境良好的地方政府也需要继续推进法治化营商环境建设,不断在法治轨道上优化营商环境。

(四)在法治化营商环境建设中坚持底线思维

当前,我国营商环境面临严峻的挑战,不仅有国家整体转型升级的"阵痛期"、经济发展速度放缓带来的社会难题等错综复杂的国内局面,还有云谲波诡的国际政治格局、疫情影响下的国际经济震荡等外部条件的影响。这些都对中国驾驭底线的能力提出了更高的要求。② 为应对此种严峻且复杂的局面,习近平总书记强调,要坚持底线思维,增强忧患意识,做好准备工作,着力防范化解重大风险。③ 因此,在法治化营商环境建设的过程中,"要把坚持底线思维、坚持问题导向贯穿工作始终,做到见微知著、防

---

① 《共建创新包容的开放型世界经济——在首届中国国际进口博览会开幕式上的主旨演讲》,《人民日报》2018年11月6日。
② 古荒:《底线思维之方法论探析——学习习近平总书记关于底线思维的重要论述》,《学术研究》2018年第11期。
③ 《坚持底线思维,增强忧患意识——论学习贯彻习近平总书记在省部级专题研讨班上重要讲话》,《人民日报》2019年1月22日。

患于未然"①。

底线思维是一种居安思危、主动作为、防范化解重大风险的科学思维。在法治化营商环境建设的过程中，坚持底线思维主要体现为以下两点。第一，底线意识。底线是划分不同事物或事物不同阶段的临界线，一般属于质的区分标准。对于法治化营商环境建设而言，底线就是法律要求的最低标准，即不触犯法律。无论是市场主体，还是国家机关，都要守住底线，不踩法律的红线，依法经营或依法行使职权。第二，主动意识。底线思维虽然要求坚守底线，但并非消极地应对风险隐患。相反，它要求具备主动意识，积极作为，做好充分的准备。在推进法治化营商环境建设的同时，市场主体和国家机关应警惕可能存在的风险隐患，在其未爆发造成损失之前，做好平时的检查工作，自觉主动地查找潜在的问题。此外，还要做到积极作为，科学谋划，掌握主动权，尽可能地将损失降到最低。在此基础上，客观分析风险的二重性，将不利因素转化为有利因素，促进法治化营商环境建设。例如，河南省安阳市市场监督管理局通过实行法律风险防控制度，主动以法律培训、提醒告知等方式对行政相对人进行指导，最大限度地减少行政相对人的违法风险，提高了执法的效益。

综上所言，法治思维、系统思维、辩证思维、底线思维作为法治化营商环境建设在实践中的经验总结，是指导法治化营商环境建设的科学方法论，具有强大的实践活力。法治化营商环境建设是一项长期、艰苦的重大工程，只有坚持正确的科学思维方法，才能不断向纵深推进，起到事半功倍的效果。

四 结语

当前，推进"一带一路"倡议、签署《区域全面经济伙伴关系协定》

---

① 《加强政治建设提高政治能力坚守人民情怀　不断提高政治判断力政治领悟力政治执行力》，《人民日报》2020年12月26日。

(RCEP)协议等重大举措表明我国已经深入参与到国际经济活动中。我国作为"世界第二大经济体",必然需要在国际经济中掌握更大的话语权,才能保障本国经济的发展,做好全球经济发展的压舱石和推进器。在经济全球化的时代浪潮下,国与国之间的竞争表现为经济发展领域的竞争,而这在很大程度上又体现为营商环境的竞争。"社会主义市场经济是信用经济、法治经济。"[①] 没有良好的法治环境,没有市场交易所需要的信用机制,就无法健全完善市场经济体制。因此,要想在国际经济中取得竞争优势,就必须营造一流的法治化营商环境。

在现阶段,面对世界百年未有之大变局和中华民族伟大复兴的战略全局,习近平法治思想中的法治化营商环境理论为应对现实挑战、满足时代需要而生。其秉持"与时转""与世宜"的理念,立足于本国现实经济状况,处理好优化营商环境过程中法治化、市场化和国际化三者之间的关系。法治化营商环境建设"只有进行时,没有完成时"。法治化营商环境理论也随之不断发展深化,为法治化营商环境建设过程中遇到的难题提供解决方案。例如,进一步加强法律对平等市场主体的保护,限制行政机关对市场经济活动的不正当干预,规范市场交易,营造公平有序的营商环境;加强涉外法治人才培养和完善涉外法律体系,保护对外投资,为外商投资经营提供便利有序的营商环境,服务于中国经济的发展;等等。在全面建设社会主义现代化国家的新征程中,要以习近平法治思想为指导,不断推进法治化营商环境建设,从而为经济发展营造良好的法治环境,为社会主义法治建设奠定坚实的社会基础,以有利于国家治理体系和治理能力的现代化,助力法治中国的实现。

[①] 习近平:《论坚持全面依法治国》,中央文献出版社,2020,第29页。

B.3
世界银行营商环境评价司法指标内容剖析与我国指标改进建议

刘 旭[*]

摘　要： 近年来，伴随我国司法领域改革的深化，我国司法在世界银行营商环境评价中的评分不断提升。世界银行营商环境评价，对司法解决纠纷的质量和效率予以反映和测度，并体现于"执行合同"和"办理破产"的专门指标内容，以及"保护少数投资者"的指标分支部分中。其中，通过司法解决商业纠纷及办理破产的时间和成本，以及相关司法程序的质量是指标考量和检测的主要内容。未来，我们要发现并反思营商环境制度建设中的问题和不足，采取对照指标、逐项分析、精细改进等方法，不断推进纠纷化解指标的应用和完善，以及推进执行、送达、鉴定等短板的补齐和难点指标的实践改进。

关键词： 世界银行　营商环境评价　司法指标

对接世界银行营商环境评价是我国多年来主动扩大对外开放、加强与外部制度交流的重要体现。我国借助于外部评价不断深化各领域体制机制改革和加快开放进程，不断解决经济发展中暴露出的突出矛盾，在弥补营商环境制度不足和纠正实践偏差的同时，促进了我国经济社会的稳定健康发展。未

---

[*] 刘旭，法学博士，河南省社会科学院法学研究所副研究员。

世界银行营商环境评价司法指标内容剖析与我国指标改进建议

来、跟进、反馈世界银行营商环境评价对我们进一步优化营商环境仍有重要的意义,要通过研读世界银行营商环境评价的指标内容、构成及实施,分析并把握其合理及有益的成分,进而使之转化为监测、调控、改进我国国家治理体系的有效工具。

一 我国司法在世界银行营商环境 评价中的进展

近年来,我国在世界银行营商环境评价中的排名不断提升,营商环境中司法部门的表现尤其抢眼。中国营商环境在世界银行《全球营商环境报告2020》中居全球190个经济体的第31位,较2019年提升15个位次。2020年,中国在"执行合同"指标上的得分是80.9分,列全球第5位,在各指标排名中最靠前,且连续5年位列全球前十。其中,"司法程序质量"的得分提高幅度最大,指标位列全球第一。上海法院凭借商业纠纷化解平均耗时485天、费用消耗占索赔金额15.1%的成绩,为中国营商环境"司法程序质量"的提升作出明显贡献。

我国在世界银行营商环境评价多个指标测评中的位次提升较快且较为靠前,"执行合同"指标的进展彰显了我国司法体制改革的深化,但"办理破产""保护少数投资者"两项指标的排名依然靠后,其中与司法制度和司法运行相关的内容也有进一步提升的空间。我国2018年"保护少数投资者"指标的得分仅为48.33分,排第119位,低于亚太平均水平。其中,"董事责任指数""所有权和管理控制指数""股东权利指数"三项指标得分分别仅为1分、2分和3分,明显偏低。[①] 2020年,我国"办理破产"指标尽管提高了10个位次,但仍居世界经济体第61位,表明相关指

---

① 薛峰、罗培新:《关于世界银行全球营商环境评估的几个问题》,中国市场监管报网站,2018年5月9日,http://www.cmrnn.com.cn/flfg/content/2018-05/09/content_106733.html。

标所关系的法律及其实施仍需不断改进。世界银行营商环境评价在中国的应用过程，也反映出我国在法律规则系统、制度体系建设以及营商环境治理等方面存在缺漏和不足，想解决出现的问题和困难，就要立足于我国法院职能的改革与调整，围绕多层级法院职能及其相互关系的完善，推行进一步优化营商环境的有力举措。

二 世界银行营商环境评价司法指标内容构成分析

司法指标内容关系到整体营商环境的改善，在世界银行营商环境评价指标体系中占据重要地位。司法作为国家和社会正义的最后防线，扼守着整个经济运行流程的最后关口，对产权、交易、流通等诸多环节发生的纠纷进行处理，这一处理的及时性、适当性和效率性就关系到整体营商环境的状态。世界银行营商环境评价指标中涉及司法的内容主要分布在"执行合同""办理破产"两大部分中，在"保护少数投资者"指标分支中也有涉及。其中，"执行合同"指标从商业纠纷获得解决的时间、成本以及相关司法程序的质量来衡量，"办理破产"指标从企业办理破产的时间、成本、结果、回收率以及破产制度框架来衡量，而"保护少数投资者"指标则涵盖了用以测度股东对企业自我交易活动提起诉讼及发起问责的"董事责任指数"，以及用以测度股东诉讼中获取证据便利化程度和法律费用分担情况的"股东诉讼便利度指数"等。

（一）"执行合同"指标内容分析

"执行合同"的一级指标之下，包括了"商业纠纷解决时间""商业纠纷解决成本""司法程序的质量"三项子指标。"商业纠纷解决时间"子指标是指纠纷从提起到得到执行的一连串流程所花费的时间，其中，又区分为立案申请和送达、审理和判决、判决执行三大阶段。诉讼提起阶段为申请立案所进行的准备时间，诸如聘请律师撰写文书及收集文件、开展诉前认证或公证、起诉提交法院及到达受诉人等花费的时间；而在审判阶段，相关时间指标的衡量细分为审前程序、庭审过程、举证质证以及上诉所花费的时间；而后，在执行阶段，时间指数主要表现为发现、处置、变现、拍卖被执行财产所消耗的时间。"执行合同"的成本指数体现为聘请律师、交纳诉讼费以及执行费方面花费的金钱，它还包括了当事人申请鉴定的花费以及变现被执行资产的花费等。"司法程序的质量"子指标反映着多个领域和层次的司法制度发展状况，它又细分为法院组织结构和诉讼程序、司法案件管理、法院自动化程度和替代性纠纷解决渠道四大方面。法院组织结构和诉讼程序从有无专门化商事审判部门、有无小额纠纷快速审理程序、有无诉前财产保全、有无随机自动分案以及男女证词是否具有同等效力5个小的方面进行测度。司法案件管理从有无民事诉讼法律对提交及送达答辩状、举证、庭审及判决的时间作出限定并在司法实践中超过50%的案件中得到遵守，有无法律对休庭及诉讼延期的情形及次数作出限定并在司法实践中超过50%的案件中得到遵守，有无针对法院处理案件时间、结案率、待决案件审期报告、个案审理进度报告的评估和监督，有无通过审前会议开展审理日程安排、审理时长预估、替代性纠纷讨论、证人及证据交换、管辖权及程序问题商议，有无电子管理系统在获取法律、审理排期、发送通知、案件追踪、文件查询等方面为审判提供支持，有无电子系统为律师获取法律案源、提交材料、追踪案件及查询文件提供服务等多个细微方面加以测度。法院自动化程度的测量则包括了非电子邮件或传真方式的专门化的诉状提交平台，以及电子化的送达系统、电子化的诉讼费用交纳、电子化公告系统。替代性纠纷解决渠道包括了有无商事仲裁完整法律、商业纠纷可仲裁的范围、仲裁条款或协议是否在超过50%的案件中得到执行、自愿调解是否被认可、是否有关于调解的完整法律规范、是否退还立案费、是否提供所得税抵免等调解激励措施（见表1）。

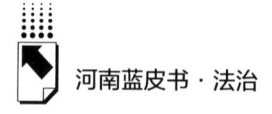

表1　世界银行营商环境评价司法指标内容之执行合同部分

执行合同	商业纠纷解决时间	聘请律师撰写文书及收集文件、开展诉前认证或公证、起诉提交法院及到达受诉人等花费的时间
		审前程序、庭审过程、举证质证以及上诉所花费的时间
		发现、处置、变现、拍卖被执行财产所消耗的时间
	商业纠纷解决成本	聘请律师、交纳诉讼费方面的花费
		当事人申请鉴定的花费
		启动执行方面的花费以及变现被执行资产的花费等
	司法程序的质量	包括有无专门化商事审判部门、有无小额纠纷快速审理程序、有无诉前财产保全、有无随机自动分案以及男女证词是否具有同等效力5个方面内容在内的法院组织结构和诉讼程序的质量
		有无民事诉讼法律对提交及送达答辩状、举证、庭审及判决的时间作出限定并在司法实践中超过50%的案件中得到遵守，有无法律对休庭及诉讼延期的情形及次数作出限定并在司法实践中超过50%的案件中得到遵守，有无针对法院处理案件时间、结案率、待决案件审期报告、个案审理进度报告的评估和监督，有无通过审前会议开展审理日程安排、审理时长预估、替代性纠纷讨论、证人与证据交换、管辖权及程序问题商议，有无电子管理系统在获取法律、审理排期、发送通知、案件追踪、文件查询等方面为审判提供支持，有无电子系统为律师获取法律案源、提交材料、追踪案件及查询文件提供服务等多方面的司法案件管理质量
		非电子邮件及传真方式的专门化的诉状提交平台，以及电子化的送达系统、电子化的诉讼费用交纳、电子化公告系统等法院自动化系统建设质量
		有无商事仲裁完整法律、商业纠纷可仲裁的范围、仲裁条款或协议是否在超过50%的案件中得到执行、自愿调解是否被认可、是否有关于调解的完整法律规范、是否退还立案费、是否提供所得税抵免等替代性纠纷解决渠道建设质量

资料来源：世界银行。

（二）"办理破产"指标内容分析

"办理破产"指标是对企业退出市场所执行的破产，从时间、成本、结果、回收率以及破产制度框架5个方面进行的衡量。在我国，这5项分指标的测度皆存在司法方面的构成内容。"办理破产"指标中的时间指数，按从发生债务违约到债权最终得到部分或全部清偿所经历的时间进行计算，自然涵盖司法流程中处理破产所花费的时间；"办理破产"的成本指数按照办理破产所消耗的律师费、破产管理费、诉讼费和政府税费、评估及拍卖费等各类花费，以其占到债务人不动产价值的百分比来计算，其中包含多项司法流程中的花费；"办理破产"的结果指数是指实施破产程序后企业继续经营或者被分割出售的不同状态，涉及企业破产启动后状态的司法决定；"办理破产"的回收率指数是指对破产企业财产拥有债权的主体通过破产程序，每一元资产所能回收的比例，它表明执行破产相关的重组、清算和没收抵押物等措施最终达成的债务回收额在总债务额度中的比例，它也涉及司法运行成本与破产财产回收之间的比例关系；"办理破产"的制度框架指数在指标构成中占据重要位置，它具体通过启动程序、管理债务人资产、重组程序和债权人参与来体现，鉴于我国司法机关在破产启动、清算及重组中被赋予了较大的权力，相关分项指数的测度也高度依托于对司法破产管理程序的精细考量（见表2）。

以债务人能否启动清算和重组两项程序及启动破产程序是否使用了流动资产测试标准（债务人在债务到期时一般无法偿还其债务）或者资产负债表测试标准（债务人的负债超过其资产）作为破产程序启动的标准。而破产制度框架的管理债务人资产分指数依照以下多个方面进行测度，包括债务人或其破产管理人代表是否可以继续履行对其存续必需的合同，债务人或其破产管理人代表是否可以拒绝履行过于难以负担的合同，破产程序开始后是否可以撤销破产程序启动前缔结的优惠于债权人的交易，破产程序开始后是否可以撤销破产程序启动前缔结的低价交易，是否允许债务人或其破产管理人代表在破产程序启动后获取融资，以及破产程序启动后进行的融资相对于普通无担保债权人是否享有优先权。重组程序分指数则是从破产重整计划是否只由有利害关系的债权人进行表决、债权人是否进行分类且每一类债权平等、持反对意见的债权人的平等权利是否得到规定3个方面来衡量。债权人参与分指数的衡量涵盖了债权人是否可以实际行使对破产管理人的任命、债权人在破产过程中是否拥有批准债务人出售大量重要资产的权利、个人债权人是否能够在破产进行过程中获得有关债务人财务的信息、个人债权人是否可以就法院或破产管理人作出的批准或拒绝决定提出反对并得到适当处理。

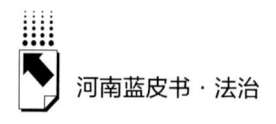

表2　世界银行营商环境评价司法指标内容之办理破产部分

办理破产	办理破产时间	按从发生债务违约到债权最终得到部分或全部清偿所经历的时间进行计算,自然涵盖司法流程中处理破产所花费的时间
	办理破产成本	按照办理破产所消耗的律师费、破产管理费、诉讼费和政府税费、评估及拍卖费等各类花费,以其占到债务人不动产价值的百分比来计算,其中包含多项司法流程中的花费
	办理破产结果	是指实施破产程序后企业继续经营或者被分割出售的不同状态,涉及企业破产启动后状态的司法决定
	办理破产回收率	是指对破产企业财产拥有债权的主体通过破产程序,每一元资产所能回收的比例,它表明执行破产相关的重组、清算和没收抵押物等措施最终达成的债务回收额在总债务额度中的比例,它也涉及司法运行成本与破产财产回收之间的比例关系
	破产制度框架	启动程序:包括债务人能否启动清算和重组两项程序及启动破产程序是否使用了流动资产测试标准(债务人在债务到期时一般无法偿还其债务)或者资产负债表测试标准(债务人的负债超过其资产)
		管理债务人资产:包括债务人或其破产管理人代表是否可以继续履行对其存续必需的合同,债务人或其破产管理人代表是否可以拒绝履行过于难以负担的合同,破产程序开始后是否可以撤销破产程序启动前缔结的优惠于债权人的交易,破产程序开始后是否可以撤销破产程序启动前缔结的低价交易,是否允许债务人或其破产管理人代表在破产程序启动后获取融资,以及破产程序启动后进行的融资相对于普通无担保债权人是否享有优先权
		重组程序:包括破产重整计划是否只由有利害关系的债权人进行表决、债权人是否进行分类且每一类债权平等、持反对意见的债权人的平等权利是否得到规定
		债权人参与:包括债权人是否可以实际行使对破产管理人的任命、债权人在破产过程中是否拥有批准债务人出售大量重要资产的权利、个人债权人是否能够在破产进行过程中获得有关债务人财务的信息、个人债权人是否可以就法院或破产管理人作出的批准或拒绝决定提出反对并得到适当处理

资料来源:世界银行。

(三)"保护少数投资者"指标内容分析

"保护少数投资者"指标中的各分项,除信息披露指数以外,董事责任指数和股东诉讼便利度指数均与司法制度联系紧密。其中，董事责任指数又细分为多项，包括持有公司10%或以下股份的股东是否能够就关联交易提起直接或派生诉讼，这一诉讼原告能否就关联交易带来的损害追究交易方的责任，这一诉讼原告能否就关联交易带来的损害起诉公司其他高管和董事，这一诉讼原告能否通过诉讼请求支付损害赔偿金、返还交易收益、解除责任人职务以及宣布交易无效。股东诉讼便利度指数涉及审理期间，股东原告能否从被告那里获得所有与交易有关的文件，股东原告能否无须事先征得法官的同意或者不受法官驳回地直接质询被告和证人，以及股东民事诉讼的举证标准是否低于刑事诉讼，原告能否向公司追讨他们提起诉讼相关的法律费用等（见表3）。

表3 世界银行营商环境评价司法指标内容之保护少数投资者部分

	信息披露	—
保护少数投资者	董事责任	持有公司10%或以下股份的股东是否能够就关联交易提起直接或派生诉讼
		这一诉讼原告能否就关联交易带来的损害追究交易方的责任
		这一诉讼原告能否就关联交易带来的损害起诉公司其他高管和董事
		这一诉讼原告能否通过诉讼请求支付损害赔偿金、返还交易收益、解除责任人职务以及宣布交易无效
	股东诉讼便利度	持有公司10%或以下股份的股东原告能否在庭审前检查买卖双方交易文件
		审理期间，股东原告能否从被告和证人那里获得直接证实原告权利要求具体事实的信息
		审理期间，股东原告能否从被告那里获得所有与交易有关的文件
		审理期间，股东原告能否无须事先征得法官的同意或者不受法官驳回地直接质询被告和证人
		股东民事诉讼的举证标准是否低于刑事诉讼
		原告能否向公司追讨他们提起诉讼相关的法律费用

资料来源：世界银行。

三 未来我国营商环境评价司法指标的制度完善和实践提升

开展营商环境评价已经成为新时期我国深化经济体制改革、推动经济社会高质量发展的重要方法。我国司法治理引入世界银行营商环境评价指标，为法院公正高效权威制度体系的完备提供了较为有力的绩效手段。对接指标内容及改革目标，我国法院组织职能定位仍有改进及优化的空间。未来仍要紧密跟踪关注我国在世界银行营商环境评价中的排名，对照指标数据并查摆经济运行中的问题，贯彻能动作为、实时对接、自加压力的方针，采取查找短板、制定方案、专项解决、凝聚合力、凸显实效的办法，有力促进司法体制机制改革深化和营商环境日益优化的齐头并进和协同增效。

（一）推进纠纷化解指标的治理改进

司法程序的质量和效能是衡量司法治理职能的核心指标，决定了司法组织运转的状况。以司法体制机制改革的深化推进营商环境优化，就要紧密围绕建设公正高效权威司法制度体系的中心任务，始终牢牢抓住司法制度公信力和效率提升的"牛鼻子"，在司法程序紧贴人民司法需求、内容科学合理、环节衔接紧密等方面下大力气。适应社会纠纷演变的形势和动向，优化多元化纠纷解决渠道及其资源配置的布局，加强纠纷调处和处置的在线性和就地性，增进不同纠纷解决方式的科学设计和高效衔接，通过促进包括诉讼服务和纠纷化解在内的公共服务向基层端口推移和各类公共服务的集成集约，全面提升司法诉源解决和社会化纠纷解决效能。当前，法院诉讼服务多中心化、基层化和诉源化的导向有着较为雄厚的改革试验基础和较为有利的政策改革背景，法院跨域立案等诉讼服务网络向全社会及各基层网点的布局，为多元纠纷化解在新时代条件下新的改造和重整提供了重大的机遇。立案、送达等诉讼服务日益与多领域、多向度、多类型的公共服务相衔接、整合，通过多元化公共服务资源在基层治理端口的集聚，法院实现立案、送达、信息告知等诉讼服务向一线纠纷发生区域的就近延伸，而调解等社会治理资源在基层的近地化分布，将促成诉讼服务与社会多元化纠纷解决资源的有机融合。

（二）加强判决执行指标的实践完善

国家基本解决执行难连年攻坚行动的推进，促成了改革在执行领域取得一定突破，相关改革已逐渐迈向深层攻坚阶段。我国由"基本解决执行难"决战决胜阶段过渡到"切实解决执行难"长效长治的新阶段，执行深层次矛盾依然较为突出。周强院长在2018年10月24日第十三届全国人大常委会第六次会议上所作的《最高人民法院关于人民法院解决"执行难"工作情况的报告》中，对基本解决执行难之后执行工作面临的困难和问题进行了总结，包括执行工作发展不平衡，一些地方执行理念、执行模式、执行投入较为滞后，围绕执行的部门间沟通协作不畅不力，网络查控冻结、扣划并未全覆盖，执行信息化水平仍需提升，联合惩戒体系还未全面建成，社会信用机制仍然不发达，针对隐匿财产、隐藏行踪等现象的法律规制手段还比较落后。法院执行工作更多地依托基本网格平台，执行法官全面对接乡镇和街道网格，发挥网格员在文书送达、查人找物、精准曝光等方面的作用，构筑全面覆盖、精准定位的执行"天眼"系统;[1] 整合网站、微博、微信、短信等多信息渠道，进一步优化执行案件信息管理系统，提升执行运行效率。[2] 未来执行难的深度破除，依赖采取挖潜执行效能、推动执行协作、加强社会协同等综合性配套举措，在执行体制机制优化、执行跨部门配合以及社会信用惩戒强化等方面进一步攻坚克难，不断增加执行改革对于营商环境改善的贡献。

（三）促成送达指标短板的有效补齐

送达一直是影响诉讼效率的关键因素，为解决送达不畅问题，各地方借助于现代信息手段，探索推行了多项改进举措。诸如，山东省青岛市市南区法院适应新技术发展的动向，研发更为便捷的"E送达"系统，法官在其工作平台上能够直接实施电话送达、短信送达、邮寄送达，"E送达"系统实现了与微信小程序，以及与移动、联通、电信三大运营商系统的数据联通，能够完成更为有效的身份核验和信息匹配，实现相关材料的微信在线送

---

[1] 宋文良：《打造"网格+执行"模式 从源头破解执行之难》，《人民法院报》2020年12月30日。
[2] 梁光辉：《攻坚克难不停息 高效执行破难题》，《人民法院报》2020年9月23日。

达和手机实时送达;① 云南省景洪市法院搭建了带有自动记录、全程录音、实时送达功能的电子化送达平台，能够进行较为快速的登记信息调取和信息修复，实现了电子送达与传统送达的紧密配合与协同增效。② 有研究者提出，鉴于我国司法效率指标在营商环境评价司法程序的质量指数中进一步提升的空间较大，要着力于送达问题的化解，推行"送达承诺制"的做法，由企业承诺在信用信息公示系统中做到真实登记并对法律文书有效送达地址进行确认。③ 将法院送达工作纳入综治网格员职责，组织网格员定期开展送达流程标准、问题应对、应急处置等方面的培训，构建网格化协助司法送达的工作新模式。④ 送达问题的根本解决，无疑要适应诉源化解的动向，结合送达近地化的发展趋势，在诉源送达制度设计、基本送达制度保障以及送达技术支持三大方面不断推进相关改革，从而为送达效率的显著提升进行制度层面的全面调适。

（四）推动鉴定难点指标的逐步优化

我国的司法鉴定作为诉讼程序中耗时较长、效率较低的环节，为理论界和实务界所关注。⑤ 当前鉴定机构"案多人少"的情况较为突出，组织机构、人员资质、经费保障、硬件配置等方面都亟待完善，以进一步缩短鉴定周期，提高鉴定效率。⑥ 近年来，一些地方法院也就优化司法鉴定工作流程、减少司法鉴定时间成本耗费进行了改革探索。诸如北京市高院与北京市司法局联合谋划及开发了新的司法鉴定管理与使用衔接机制，搭建了专门的

---

① 吕佼:《"E送达"助力破解"送达难"》,《人民法院报》2019年8月12日。
② 《启用电子送达，景洪市法院集约送达中心解锁新技能》,澎湃新闻网,2019年9月12日, https://www.thepaper.cn/newsDetail_forward_4416465。
③ 罗培新:《以"送达承诺制"解决"送达难"，优化营商环境》,《文汇报》2019年12月1日。
④ 李世寅:《网格化协助送达　助力解决执行难》,《人民法院报》2019年9月5日。
⑤ 陈如超:《法院的委托鉴定工作及其规范化——基于〈关于人民法院民事诉讼中委托鉴定审查工作若干问题的规定〉的分析》,《证据科学》2021年第1期。
⑥ 王月强、宋捷:《医疗损害技术鉴定的法律问题分析与优化策略研究》,《卫生软科学》2021年第2期。

司法鉴定在线服务平台，法院和当事人能够借助平台完成鉴定机构选择、线上移送材料、线上实时审批、远程出庭作证等事项，推动了司法鉴定在新技术形势下的提质增速；[①] 为了解决环境资源领域鉴定难、鉴定贵的问题，一些地方也着手在增加权威鉴定机构总量方面进行努力。诸如浙江省检察院联合浙江省生态环境厅成立了全国首家公益诉讼（环境损害）司法鉴定联合实验室，专门受理检察院系统委托的、针对公益诉讼（环境损害）的勘验取证和检测鉴定申请。[②] 司法鉴定效能的提升，有赖于对鉴定机构公益化与市场化的进路予以平衡选择，并对法治化的监管机制加以改革和强化，推动形成壮大发展、规范运行、有力监督的鉴定治理格局，进而从根源上为提升鉴定效能提供保障。

参考文献

徐现祥、毕青苗、马晶编著《中国营商环境报告（2020）》，社会科学文献出版社，2020。

张善斌主编《营商环境背景下破产制度的完善》，武汉大学出版社，2020。

谢仕成：《司法审判视域下法治化营商环境的实现路径》，《应用法学评论》2020年第1期。

石佑启、陈可翔：《法治化营商环境建设的司法进路》，《中外法学》2020年第3期。

[①] 《北京市高级人民法院 北京市司法局〈关于建立司法鉴定管理与使用衔接机制的实施意见〉》，北京市司法局网站，2017年11月13日，http://sfj.beijing.gov.cn/sfj/zwgk/zcjd59/499753/index.html。

[②] 《省检察院联合省生态环境厅成立全国首家公益诉讼（环境损害）司法鉴定联合实验室》，舟山市定海区人民检察院网站，2019年5月31日，http://www.zjzsdh.jcy.gov.cn/jcyw/201905/t20190531_2584762.shtml。

B.4 法治规划引领河南优化营商环境的逻辑、经验与前瞻[*]

陈胜强 王月婷[**]

摘　要： 法治中国建设已然进入系统集成、协同高效的"规划"时代。以法治规划引领营商环境优化，契合了后发国家推进法治现代化的理论模式，延续了以中长期规划引领发展的历史经验，并有着雄厚的实践基础。遵循上位法且因地制宜、规划体系既系统集成又协同高效、规划的匹配措施得力高效，是河南以法治规划引领营商环境优化的基本经验。在新的起点上，以法治政府建设推动持续优化营商环境，宜在遵循"上位法"、从本省实际出发、强化匹配措施等原则指导下，及时发布河南省法治政府建设实施方案2.0版。

关键词： 法治规划　营商环境　法治政府　"1211"机制

"坚持中国特色社会主义法治道路"是习近平法治思想的核心要义。习近平总书记强调："要传承中华优秀法律文化，从我国革命、建设、改革的实践中探索适合自己的法治道路，同时借鉴国外法治有益成果，为全

---

[*] 本报告为河南省软科学研究计划重点项目"全覆盖背景下监察职能向基层延伸的实施路径研究"（项目编号：202400410043）、河南省高等学校青年骨干教师培养计划项目"全覆盖背景下地方监察派驻制度研究"（项目编号：2020GGJS039）的阶段性研究成果。

[**] 陈胜强，法学博士，河南大学监察制度研究中心主任、法学院副教授；王月婷，河南大学法学院2019级宪法学与行政法学专业硕士研究生。

面建设社会主义现代化国家、实现中华民族伟大复兴夯实法治基础。"[1] 进入"十四五"时期,《中华人民共和国国民经济和社会发展第十四个五年规划和2035年远景目标纲要》(以下简称"'十四五'规划")、《法治中国建设规划(2020—2025年)》、《法治社会建设实施纲要(2020—2025年)》(以下简称《法治社会建设纲要》)、《法治政府建设实施纲要(2021—2025年)》(以下简称《法治政府建设纲要》)等多份事关法治建设的重磅规划密集出台,这些规划和与之配套的地方法治规划,推动着法治中国建设走向了"规划"时代。可以说,"通过制定实施法治规划的方式,来对法治建设进行系统性谋划、整体性推进,已经成为中国特色社会主义法治道路的重要经验,成为中国法治建设能在短短几十年里实现飞跃式发展的重要原因"。[2]

法治是最好的营商环境。在开启社会主义现代化建设新征程的关键阶段,河南省高度重视法治规划引领优化营商环境工作,先后颁布《河南省国民经济和社会发展第十四个五年规划和二〇三五年远景目标纲要》(以下简称"河南省'十四五'规划")、《法治河南建设规划(2021—2025年)》(以下简称《法治河南建设规划》)、《河南省法治社会建设实施方案(2021—2025年)》(以下简称《河南法治社会建设方案》),《河南省法治政府建设实施方案(2021—2025年)(征求意见稿)》(以下简称《河南法治政府建设方案(征求意见稿)》)也已发布,正公开征求意见。这些规划和与之配套的年度法治政府建设工作安排、依法行政年度考核等文件、机制,形成了法治规划引领营商环境优化的"河南样本"。

---

[1] 《习近平在中央全面依法治国工作会议上强调 坚定不移走中国特色社会主义法治道路 为全面建设社会主义现代化国家提供有力法治保障》,"新华社"百家号,2020年11月17日,https://baijiahao.baidu.com/s?id=1683610357376632983&wfr=spider&for=pc。

[2] 马怀德:《迈向"规划"时代的法治中国建设》,腾讯网,2021年6月16日,https://xw.qq.com/amphtml/20210616A00NL000?ivk_sa=1024320u。

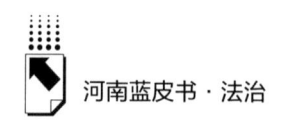

一　法治规划引领营商环境优化的逻辑证成

在全面依法治国的新时代，以法治规划引领法治中国建设并推动持续优化营商环境，契合了后发国家推进法治现代化的理论模式，延续了以中长期规划引领发展的历史经验，并有着雄厚的实践基础。

（一）法治规划引领营商环境优化的理论逻辑

关于"现代化"一词界定的典型观点是，"现代化被界定为一个无所不包的、全球性的、多层面的文化与社会经济变迁的过程"。[1] 在本质上，现代化不是已然定型的结果，而是动态发展的过程。在人类社会发展史上，欧美发达国家首先实现了现代化，获得了现代性的文化，但无论是多元现代性论者（如亨廷顿），[2] 还是现代文化人类学家，[3] 都认为不能将现代化等同于西方化。在推进国家现代化过程中，不同国家呈现出来的演进模式不同，形成自下而上的社会演进模式和自上而下的政府推进模式。法治是衡量现代化国家的重要指标，根据理论界共识，法治现代化模式也分为内生衍化式法治建设模式和外源发展式法治建设模式。[4] 英法美等国内生衍化模式植根于本国的历史传统和民族文化，经过数百年自下而上的社会演进而成，其间充满着利益博弈、政治斗争和资源损耗；日本、韩国等东亚国家的法治现代化进程在政府主导下推进，在大量吸收借鉴、移植更新的基础上，在较短的时间内建立起现代化的法治秩序，但存在制度移植和本土资源激烈冲突的难题。作为后发国家，我国法治现代化建设模式的显著特征是中国共产党领导下的法治现代化，并形成"自上而下、自下而上双向互动"的推进机制。[5]

---

[1] 陈胜强：《困顿与探索：中国近现代的政体纷争》，法律出版社，2014，第26页。
[2] 〔美〕塞缪尔·P.亨廷顿：《变化社会中的政治秩序》，王冠华等译，上海人民出版社，2008，第27~28页。
[3] 〔美〕威廉·A.哈维兰：《文化人类学》，瞿铁鹏译，上海社会科学院出版社，2006，第485页。
[4] 徐显明：《关于中国的人权道路》，《人权研究》2020年第1期。
[5] 习近平：《论坚持全面依法治国》，中央文献出版社，2020，第136页。

中国共产党总揽全局、统筹各方，通过编制和实施法治规划的方式来确定目标、凝聚共识、调配资源，为市场主体提供充裕的制度供给，这一后发国家的法治现代化建设样本既契合了外源发展式法治建设模式的一般原理，又具有鲜明的中国特色。

（二）法治规划引领营商环境优化的历史逻辑

习近平总书记在经济社会领域专家座谈会上指出，用中长期规划指导经济社会发展是我们党治国理政的一种重要方式。[1] 从1953年开始，我国就高度重视通过五年规划（计划）来明确国民经济和社会发展的目标、方向，明确政府工作的重点，以引导和规范市场主体行为。纵览我国五年规划（计划）的内容演变，可以看出：五年规划（计划）的内容逐渐丰富，从早期的聚焦国民经济发展，逐渐拓展到国民经济和社会发展各个方面，再到明确法治建设在五年规划（计划）中的重要地位。市场经济是法治经济，为市场主体提供充裕的良法，支持并规范市场主体行为，是现代法治国家的应有之义。早在"七五"时期，社会主义民主和法制的内容就被载入"七五"计划中；在"八五""九五""十五"计划中，社会主义法治建设的内容更加明确具体；"十一五"规划以来，法治建设板块的篇幅更多、内容更为明确且更紧贴中国法治建设的实践；"十四五"规划在第17篇第59章更是专门规定了"全面依法治国"的相关内容，其中，在法治政府建设方面，强调"实施法治政府建设实施纲要，坚持和完善重大行政决策程序制度，深化行政执法体制改革，严格规范公正文明执法，规范执法自由裁量权，推进行政复议体制改革"。[2] 党的十八大以来，党对法治建设规律的把握日益深刻，法治建设指导思想逐渐成熟，关于法治建设的专门规划先后编制、实施，我国的法治建设在较短的时间内实现了快速发展，取得了历史性突破，

---

[1] 《习近平：在经济社会领域专家座谈会上的讲话》，中国政府网，2020年8月25日，http://www.gov.cn/xinwen/2020-08/25/content_5537101.htm。
[2] 《中华人民共和国国民经济和社会发展第十四个五年规划和2035年远景目标纲要》，中国政府网，2021年3月13日，http://www.gov.cn/xinwen/2021-03/13/content_5592681.htm。

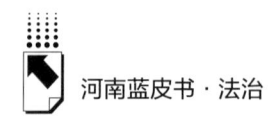

营商环境不断优化。在世界银行发布的《全球营商环境报告2020》中，中国营商环境排名跃升至第31位。① 在五年规划（计划）的历史经验基础上，我国以法治规划引领营商环境优化的实践不断走向深入。

（三）法治规划引领营商环境优化的实践逻辑

以聚焦法治的专门规划对法治建设作出整体部署，是我国自党的十八大以来形成的重要经验。党的十八大以前，我国也颁布过涵盖法治建设、依法行政、司法改革等方面内容的总体性规划［如五年规划（计划）］、专项规划（如2004年的《全面依法行政纲要》），但形成系统集成、协调发展的法治规划体系是在党的十八大之后。在立法领域，全国人大常委会以发布五年立法规划和年度立法计划的方式健全社会主义法治体系；在法治政府建设领域，中共中央、国务院先后印发两部《法治政府建设纲要》；在法治社会建设领域，中共中央在2020年12月印发了首个《法治社会建设纲要》；在司法改革领域，最高人民法院、最高人民检察院先后发布多个五年改革纲要、五年检察改革规划；在依规治党领域，中共中央已经发布了两部关于中央党内法规制定的五年规划纲要。更为重要的是，2021年1月，中共中央颁布首个以法治中国建设为主体的系统性规划，明确了法治中国建设的指导思想、基本原则、主要目标和战略部署，形成法治中国建设的"顶层设计"。除了中央层面的关于法治建设的整体规划、专门规划外，随着全面依法治国的深入推进，各省、自治区、直辖市也从本地实际出发，发布了法治建设的综合性规划和专门规划，如《法治河南建设规划》《河南法治社会建设方案》《河南法治政府建设方案（征求意见稿）》，等等。由此可见，以法治规划引领法治建设，持续性推动营商环境的优化，实践逻辑充分。

---

① The Word Bank, *Doing Business 2020: Comparing Business Regulation in 190 Economies*, https://documents.worldbank.org/en/publication/documents-reports/documentdetail/333201574776852632/doing-business-2020-comparing-business-regulation-in-190-economies-economy-profile-of-costa-rica.

二 法治规划引领营商环境优化的河南经验

2021年1月1日,《河南省优化营商环境条例》正式生效。与国务院2019年制定的《优化营商环境条例》相比,①河南省关于营商环境的界定在上位法基础上进行了细化,②并从优化市场环境、优化政务环境、优化法治环境、优化宜居宜业环境等方面规定了具体举措。进入"规划"时代,《法治河南建设规划》不仅在第四部分"深入推进依法行政,加快建设法治政府"第(十七)项作出"持续营造法治化营商环境"的具体部署,而且整个第四部分的字里行间均彰显着优化营商环境的决心。概括而言,河南省关于优化营商环境的规划表现为综合性规划中法治政府板块内的相关部署、专门规划中健全政府机构职能体系板块下的细化安排,以及年度法治政府建设工作安排中的具体措施,并以专门的地方性法规提供法治保障,形成了一个层级分明、协调衔接的体系。在结构体系和内容表述上,河南省关于优化营商环境的规划呈现出遵循上位法且因地制宜、规划体系既系统集成又协同高效、规划的匹配措施得力高效的显著特征。③

首先,河南省以法治政府建设引领营商环境优化的规划遵循上位法且因地制宜。具体而言,第一,《河南法治政府建设方案(征求意见稿)》在结构体系上沿用了《法治政府建设纲要》的传统,而且在落实法规、依法平等保护市场主体产权和自主经营权、外商投资准入、听取市场主体意见、反垄断执法、公平竞争审查等方面的内容表述,与《法治政府建设纲要》保

---

① 《优化营商环境条例》第2条规定:"本条例所称营商环境,是指企业等市场主体在市场经济活动中所涉及的体制机制性因素和条件。"
② 《河南省优化营商环境条例》第2条第2款规定:"本条例所称营商环境,是指企业、个体工商户等市场主体在市场经济活动中所涉及的体制机制性因素和生态、人文、城市等环境条件。"
③ 需指出的是,本报告关于法治规划引领营商环境优化的河南经验的总结,基于《河南法治政府建设方案(征求意见稿)》与《法治政府建设纲要》《法治河南建设规划》《河南法治社会建设方案》等规划的比较。详细情况参见本报告附表1、附表2、附表3。

持了一致性。第二，除语言表述上的个别差异外，《河南法治政府建设方案（征求意见稿）》在营商环境评价方面对《法治政府建设纲要》进行了"拾遗补阙"；在外商投资准入方面，根据"放管服"改革要求对《法治政府建设纲要》进行了细化；并根据河南省情特色，在营商环境优化方面作出自主性规定。第三，《法治政府建设纲要》最后一段强调"各地区各部门要全面准确贯彻本纲要精神和要求，压实责任、狠抓落实、力戒形式主义"，并责成中央依法治国办"抓好督促落实，确保纲要各项任务措施落到实处"。①为此，中央依法治国办负责同志就《法治政府建设纲要》答记者问时提出要"强化督办督查"，推动各地区各部门与《法治政府建设纲要》对标对表。② 在这个意义上，《河南法治政府建设方案（征求意见稿）》遵循了作为上位法的《法治政府建设纲要》的精神和部署，并在问题导向指引下对制约河南营商环境优化的突出问题给出解决方案。

其次，河南省以法治政府建设引领营商环境优化的规划体系既系统集成又协同高效。具体而言，第一，作为涵盖河南省国民经济和社会发展各个方面的战略部署，河南省"十四五"规划固然包含了关于法治政府建设的内容，但这些内容的原则性、抽象性较强；于是，作为法治河南建设的专项部署（相较于河南省"十四五"规划），《法治河南建设规划》单列法治政府建设板块，并从7个方面作出具体部署，而法治化营商环境的构建是其中的重要内容，它与其他6个方面形成协调、衔接、共生关系。第二，作为法治河南建设的整体性规划（或曰整体部署，相较于其他专项规划），它关于优化营商环境的具体要求，以及与之匹配的法治政府建设的其他方面，最终反映为《河南法治政府建设方案（征求意见稿）》的全方位安排。此外，《河南法治社会建设方案》中关于行政执法中当事人合法权益的表述，也成为优化营商环境的体制机制安排的有益补充。第三，从内容表述看，《河南法

---

① 《中共中央国务院印发法治政府建设实施纲要（2021—2025年）》，《人民日报》2021年8月12日。
② 《中央依法治国办负责同志就〈法治政府建设实施纲要（2021—2025年）〉答记者问》，新华网，2021年8月11日，http://m.xinhuanet.com/2021-08/11/c_1127752518.htm。

治政府建设方案（征求意见稿）》关于优化营商环境的规定充分吸收了《法治河南建设规划》第四部分第（十七）项的规定，并且在结构上被置于健全政府机构职能体系板块内。需要注意的是，从《法治河南建设规划》中的"依法全面履行政府职能"到《河南法治政府建设方案（征求意见稿）》中的"健全政府机构职能体系"之转变，反映了河南省决策者对法治政府建设规律的认识不断加深，这与中共中央对法治建设规律认识不断加深的步伐保持高度一致，是中央决策部署精神在河南落地生根的折射。在这个意义上讲，优化河南营商环境的具体部署在《河南法治政府建设方案（征求意见稿）》中的结构位置，以及所更新的具体内容，充分反映了河南省以法治政府建设为支点持续构建法治化营商环境的尝试与创见。

最后，河南省以法治政府建设引领营商环境优化的规划体系的匹配措施得力高效。在"十四五"规划的开局之年，河南省通过一系列法治规划构建了优化营商环境的制度体系。制度的生命力在于实施，制度的权威也在于实施。为此，河南省充分发挥"1211"法治政府建设推进机制，在《河南法治政府建设方案（征求意见稿）》中强调，升级依法行政督导平台为法治政府建设督导平台，聚焦服务型行政执法和行政执法责任制"两个抓手"，高度重视法治政府创建示范的带动作用并扎实做好该项工作，认真开展法治政府建设考核工作。实际上，河南省推进法治政府建设的"1211"机制，在"十三五"时期就得到了落实，并推动全面依法治省展现新气象。当前，河南新的法治政府建设方案正处于公开征求意见过程中，将它与《河南省2021年度法治政府建设工作安排》《河南省人民政府关于2019年度法治政府建设情况的报告》作一对比，[①] 就能从中发现河南扎实推进法治政府建设的种种努力。申言之，第一，《河南法治政府建设方案（征求意见稿）》和

---

① 需说明的是，由于2020年新冠肺炎疫情突袭而至，《河南省人民政府关于2020年度法治政府建设情况的报告》中关于优化营商环境举措的介绍，在阐述提升政务服务能力、深化商事制度改革、推进社会信用体系建设等常规内容外，侧重凸显依法科学有序防控疫情、全力保障复工复产复学资料。因此，在比较对象的选择上，附表3选取的对象是《河南省2021年度法治政府建设工作安排》和《河南省人民政府关于2019年度法治政府建设情况的报告》。

之前的《河南省法治政府建设实施方案（2016—2020年）》中关于优化营商环境的部署，在"1211"法治政府建设推进机制的作用下，已经落实为年度法治政府建设工作安排，并以依法行政督导、法治政府建设考核机制予以跟踪落地。第二，河南省关于法治的系列规划中对优化营商环境的部署，从置于法治政府建设板块，再到置于依法全面履行政府职能或者健全政府机构职能体系的子板块，说明了厘清政府与市场关系、明晰政府权力边界，是落实党的十八届三中全会提出的"市场在资源配置中发挥决定性作用，更好发挥政府作用"战略部署的抓手。第三，优化营商环境的直接部署被作为《河南法治政府建设方案（征求意见稿）》健全政府机构职能体系的子板块，以及年度法治政府建设工作部署、情况报告中关于优化营商环境的各项举措的进展情况，还印证了优化营商环境与法治政府建设的正相关关系。这即是说，持续优化法治化营商环境，既需要关于优化营商环境的直接部署，以实现"直中靶心"；也需要优化政府机构职能体系的其他安排，如推进政府机构职能优化协同高效、深入推进"放管服"改革等，从而收到"边际效果"，并形成在法治轨道上推进河南省治理体系和治理能力现代化的格局。

三　法治规划引领营商环境优化的前瞻思考

习近平总书记指出："当代中国正经历着我国历史上最为广泛而深刻的社会变革，也正在进行着人类历史上最为宏大而独特的实践创新。"[1] 在法治建设领域，随着中国共产党对法治建设规律认识的不断深化，新时代的法治中国建设已然迈入"规划"时代。在社会主义法治建设"双向互动"模式下，中央的"顶层设计"和省域范围内的因地制宜探索相得益彰，描绘了法治中国建设的壮丽景观。在"规划"时代，关于法治建设、法治政府建设的各种规划，形成了一个层级分明、协调衔接的规划体系。作为省域范

---

[1]《习近平新时代中国特色社会主义思想是党和国家必须长期坚持的指导思想》，《人民日报》2019年7月22日。

围内的"顶层设计"文件,《法治河南建设规划》对法治政府建设作出整体部署,《河南法治社会建设方案》中的相关表述构成了法治政府建设的有益补充,而行将颁布的河南法治政府建设的新方案则是法治政府建设的基本遵循。推进河南法治政府建设、持续优化营商环境,需要系统集成、协同高效的制度体系和实施机制,在这个意义上,《河南法治政府建设方案(征求意见稿)》还有需要完善之处。

首先,在遵循上位法方面。在结构体系上,《法治政府建设纲要》的结构体系应当成为《河南法治政府建设方案(征求意见稿)》的根本遵循。在内容表述上,《法治政府建设纲要》已经明确作出规定而且具有普遍适用性的内容,《河南法治政府建设方案(征求意见稿)》应当予以吸收借鉴,并且在具体措施的实施力度上不能降低要求。例如,在市场准入制度方面,不宜以"严格执行市场准入负面清单,推动'非禁即入'普遍落实",代替《法治政府建设纲要》中的"严格执行市场准入负面清单,普遍落实'非禁即入'"。

其次,在因地制宜方面。以上位法为遵循而又从本地实际出发,是法治政府建设的基本路径。《河南法治政府建设方案(征求意见稿)》应当以《法治政府建设纲要》为根本遵循,但又不能完全照搬。《法治政府建设纲要》提供了指引,《河南法治政府建设纲要(征求意见稿)》在上位法的范围和限度内,应当结合河南省情社情实际,作出更为细致的部署。实际上,《河南法治政府建设方案(征求意见稿)》中的相关部署,确实体现了浓郁的地方特色。例如,关于法治政府建设的"1211"推进机制。此外,基层政府和有关政府部门还提出"把河南法治政府建设的新方案作为执法的操作指南"的想法,这反映出实践对法治规划的期待。在这个意义上,正式颁布的河南法治政府建设的新方案宜在充分调研的基础上吸纳成熟的实践经验,从而达到来源于法治政府建设实践而又引领法治政府实践的目的。

最后,在匹配措施方面。《河南法治政府建设方案(征求意见稿)》延续了既有实践的经验,强调要强化法治政府建设组织领导机制、健全法治政府建设责任机制、完善"1211"法治政府建设推进机制、完善法治政府建设研究宣传机制、落实法治政府建设保障机制,从而将完善法治政府建设组织保障和落实机制落到实处。正式颁布的河南法治政府建设的新方案宜保持这些行之有效的经验,从而强化法治政府建设的整体推动、协同发展,为持续优化营商环境提供充裕的保障,为建设"四个强省、一个高地、一个家园"奠定坚实的法治基础。

附表1 《法治政府建设纲要》和《河南法治政府建设方案(征求意见稿)》的比较

比较的对象	比较的内容	《法治政府建设纲要》	《河南法治政府建设方案(征求意见稿)》
"持续优化法治化营商环境"	结构体系	二、健全政府机构职能体系,推动更好发挥政府作用 (六)持续优化法治化营商环境	二、健全政府机构职能体系,推动更好发挥政府作用 (六)持续优化法治化营商环境
	内容表述	紧紧围绕贯彻新发展理念、构建新发展格局,打造稳定公平透明、可预期的法治化营商环境。深入实施《优化营商环境条例》。及时总结各地优化营商环境可复制可推广的经验做法,适时上升为法律法规制度。依法平等保护各种所有制企业产权和自主经营权,切实防止滥用行政权力排除、限制竞争行为。健全外商投资准入前国民待遇加负面清单管理制度,推动规则、规制、管理、标准等制度型开放。加强政企沟通,在制定修改行政法规、规章、行政规范性文件过程中充分听取企业和行业协会商会意见。加强和改进反垄断与反不正当竞争执法。强化公平竞争审查制度刚性约束,及时清理废除妨碍统一市场和公平竞争的各种规定和做法,推动形成统一开放、竞争有序、制度完备、治理完善的高标准市场体系	类似规定(略) (新增内容)制定完善营商环境评价奖惩、创新示范创建等相关配套制度。开展营商环境投诉举报和违法案件调查处理工作,接受社会各界对损害营商环境违法行为的投诉举报,并依法查处……贯彻落实《对外贸易法》《外商投资法》《外商投资法实施条例》等法律法规,依法维护公平、自由的贸易投资秩序,建立健全贸易投资服务体系,促进贸易投资便利化和经济技术合作。……国家外商投资准入负面清单以外的领域,按照内外资一致的原则实施管理。对标国际高标准投资贸易规则,推动规则、规制、管理、标准等制度型开放迈出更大步伐。充分发挥中国(河南)自由贸易试验区、郑州航空港经济综合实验区等特色优势,探索更多可复制可推广的制度创新成果。推进贸易便利化,鼓励和促进外商投资,打造贸易投资便利、行政效率高效、政务服务规范、法治体系完善的国际一流营商环境。全面清理违法违规的涉企收费、检查、摊派事项和评比达标表彰活动……

资料来源:《中共中央国务院印发〈法治政府建设实施纲要(2021—2025年)〉》,《人民日报》2021年8月12日;《河南法治政府建设方案(征求意见稿)》为内部资料。

附表2　《河南法治政府建设方案（征求意见稿）》与河南省其他法治规划的协调衔接

	关于法治政府建设的表述
河南省"十四五"规划	第十六篇　加强社会主义民主法治建设 第六十三章　全面推进依法治省 ……严格规范公正文明执法，深入推进服务型执法，规范执法自由裁量权，推进行政复议体制改革……
《法治河南建设规划》	四、深入推进依法行政，加快建设法治政府 坚持依法行政，恪守法定职责必须为、法无授权不可为，把政府活动全面纳入法治轨道。 （十二）依法全面履行政府职能…… （十三）完善依法行政决策机制…… （十四）深化行政执法体制改革…… （十五）坚持严格规范公正文明执法…… （十六）加强和创新事中事后监管…… （十七）持续营造法治化营商环境。落实《河南省优化营商环境条例》及相关规定，依法规范行政行为、决策行为、行政执法和司法行为，营造稳定、公平、透明、可预期的法治化营商环境，让各类市场主体放心投资、安心经营、专心创业。全面实施统一的市场准入负面清单制度，严格落实全国"一张清单"管理模式，清理破除隐性准入壁垒，普遍落实"非禁即入"。完善公平竞争审查机制，建立违反公平竞争问题反映和举报绿色通道，开展反垄断和反不正当竞争专项整治，加大中小投资者权益保护力度。全面清理违法违规涉企收费、检查、摊派事项和评比达标表彰活动。建立营商环境违法案件调查处理制度。建设一批省级营商环境法治化示范区。加强政务诚信建设，重点治理政府失信行为。对不履行行政承诺和合同协议的政府部门及有关负责人建立政务失信记录，杜绝"新官不理旧账"问题，持续规范行政执法权限、依据和程序，严惩违法或不当行政执法行为。完善企业破产处置府院联动工作机制。健全知识产权快速协同保护体系，开展执法专项行动。把优化营商环境相关法治宣传纳入"八五"普法规划，聚焦影响营商环境的突出问题，围绕建设高效透明的政务环境、平等竞争的市场环境、亲企安企的舆论环境、公平公正的法治环境，深入宣传相关法律法规，在全社会营造尊法学法守法用法的法治氛围。 （十八）强化法治政府建设推进机制……
《河南法治社会建设方案》	四、加强权利保护 （十四）保障行政执法中当事人合法权益。全面履行政府职能，促进严格执法。创新执法方式，推行服务型行政执法……强化产权保护统筹协调工作，依法平等保护国有、民营、外资等各种所有制企业产权，健全产权执法司法保护制度。有效执行知识产权侵权惩罚性赔偿制度，加强企业商业秘密和新领域新业态知识产权保护。落实自然资源资产产权制度，加强自然资源调查评价监测和确权登记。实施《河南省优化营商环境条例》，打造市场化、法治化、国际化营商环境……

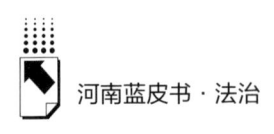

续表

	关于法治政府建设的表述
《河南法治政府建设方案（征求意见稿）》	二、健全政府机构职能体系，推动更好发挥政府作用 （四）推进政府机构职能优化协同高效…… （五）深入推进"放管服"改革…… （六）持续优化法治化营商环境……（该部分内容参见附表1中的摘录）

资料来源：《河南省人民政府关于印发河南省国民经济和社会发展第十四个五年规划和二〇三五年远景目标纲要的通知》，河南省人民政府网站，2020年4月13日，https：//www.henan.gov.cn/2021/04-13/2124914.html；《中共河南省委印发〈法治河南建设规划（2021—2025年）〉〈河南省法治社会建设实施方案（2021—2025年）〉》，河南省人民政府网站，2021年5月19日，https：//www.henan.gov.cn/2021/05-19/2147289.html；《河南法治政府建设方案（征求意见稿）》为内部资料。

附表3　《河南法治政府建设方案（征求意见稿）》与法治政府建设相关工作安排的比较

比较的内容	《河南法治政府建设方案（征求意见稿）》	《河南省2021年度法治政府建设工作安排》	《河南省人民政府关于2019年度法治政府建设情况的报告》
优化营商环境的部署	二、健全政府机构职能体系，推动更好发挥政府作用 （四）推进政府机构职能优化协同高效…… （五）深入推进"放管服"改革…… （六）持续优化法治化营商环境……（该部分内容参见附表1中的摘录）	一、依法全面履行政府职能 为推动高质量发展提供法治保障 毫不松懈抓好常态化疫情防控 持续优化法治化营商环境 纵深推进"放管服"改革 规范行政权力运行 深化行政执法体制改革 强化生态环境保护	一、依法全面履行政府职能 一是全面优化政务服务…… 二是持续推进简政放权…… 三是大力优化营商环境…… 四是加快信用体系建设…… 五是加强市场监管……

资料来源：《一图读懂｜河南省2021年度法治政府建设工作安排》，河南省人民政府网站，2021年5月26日，https：//www.henan.gov.cn/2021/05-26/2152141.html；《河南省人民政府关于2019年度法治政府建设情况的报告》，河南省人民政府网站，2020年3月27日，https：//www.henan.gov.cn/2020/03-27/1309934.html；《河南法治政府建设方案（征求意见稿）》为内部资料。

B.5 优化营商环境与非法经营罪兜底条款的适用

赵新河[*]

摘 要： 非法经营罪的兜底条款是探讨坚守《刑法》在经济领域的谦抑底线与营造良好营商环境不能回避的问题。保留非法经营罪的兜底条款，是持续优化市场化、法治化、国际化营商环境的基本要求，但随着公平竞争的国内统一市场的逐步建立和足够的市场发展法律空间需要的释放，作为"口袋罪"的非法经营罪的口径将逐渐缩小。为确保对市场准入制度的最后法律保障，应当制定既具有规范性、明确性又具有未来适应性的非法经营罪的罪刑规范。

关键词： 营商环境 非法经营罪 兜底条款 市场准入

在法治规制下，市场主体安心经营、平等竞争、有序发展，是理想营商环境的应有景象，因而法治环境是营商环境的关键因素，奉行法治、依法办事是最好的营商环境，《刑法》是其他法律的"保护法"，在打造法治化营商环境中当处于谦抑和最后保障的位置，以为经济发展留下充分的富有活力的空间。围绕《刑法》第225条非法经营罪的第4项"其他严重扰乱市场秩序的非法经营行为"这一兜底条款、堵截条款的论争是探讨《刑法》如何在经济领域坚守谦抑底线、营造良好营商环境不得

---

[*] 赵新河，河南省社会科学院法学研究所副研究员。

不涉及的问题。根据在中国裁判文书网上查阅到的河南省高级人民法院及各中级人民法院作出的生效非法经营罪刑事判决数据，2019年度共166件，其中高级人民法院3件，中级人民法院163件，2020年度共192件，其中高级人民法院3件，中级人民法院189件，这里并没有包括各地基层法院一审判决生效的非法经营罪刑事判决，其中，对非法经营罪的上述第4项兜底条款的理解是审判中控辩双方就罪与非罪激烈争辩和产生分歧的焦点之一。

一 非法经营罪兜底条款指向"违反市场准入"的非法经营行为

《刑法》第225条规定的非法经营罪包括4种情形：一是未经许可经营法律、行政法规规定的专营、专卖物品或者其他限制买卖的物品的；二是买卖进出口许可证、进出口原产地证明以及其他法律、行政法规规定的经营许可证或者批准文件的；三是未经国家有关主管部门批准非法经营证券、期货、保险业务的，或者非法从事资金支付结算业务的；四是其他严重扰乱市场秩序的非法经营行为。法律界把第4项或第4种情形视为该罪的兜底条款或堵截条款，对其含义与范围，至今尚没有明确的规范性立法意见，20多年来，相继有10多种司法解释把涉及外汇、电信、网站服务、出版、传销、证券与保险、食盐、兽药、饲料等领域的非法经营行为纳入该罪的惩治范围，再结合各地各级法院的刑事判决案例，共有高达70种行为可被认定为非法经营罪，主要包括赌博、卫星地面接收设施、烟草、基金、烟花爆竹、危险废物、兴奋剂、高利贷、医保卡套药销售、房地产、民办学校与中外合作办学、机动车报废、社会征信、国际劳务、保安服务、燃气与石油成品油、电影、营业性演出、医疗器械、生物两用品、行业评选、骨灰存放格位、讨债公司、有偿运作招投标、私设收费路障、网上代购隐形眼镜等方面。非法经营罪之空白罪状和兜底条款的设置，导致罪行衔接不畅，为司法者留下了过多的解释空间，使该罪从扩张走向变异，逐步沦为经济社会方面的"口袋罪"。①

正确对待非法经营罪的"口袋化"现象，是检视我国刑事法治在优化营商环境方面具体作用与价值的重要窗口之一。对"其他严重扰乱市场秩序的非法经营行为"的理解，取决于对非法经营罪保护的法益或侵犯的犯罪客体的界定。同一罪名，不管犯罪行为形态如何不同，其侵犯的都是相同的犯罪客体是基本常识。多位刑法学者指出，应运用同类解释规则界定第4项的适用范围。在堵截构成要件的情况下，法条本身应该能够明示或者暗示其他的内涵和外延，对堵截构成要件的适用解释，应当遵循只含同类规则的原则，即堵截条款只限于未列举的同类情形，而不能包括不同类的情形。②另有论者认为，根据堵截条款的同类解释规则，第4项的行为类型所侵犯的法益必须与已列明的前3项具有相同性质。③也就是说，兜底罪状与同条的其他规定具有同质性，《刑法》第225条设置的4类犯罪行为在罪状、行为性质、社会危害程度上具有同一性。罪状设置往往可以直接映现其保护的法益。关于《刑法》第225条设置的非法经营罪所保护的法益或侵犯的犯罪客体，可以从该条前3项的叙明罪状中找寻答案。从《刑法》第225条前3项的规定来看，非法经营行为均与国家经营许可制度有关。④

该条前3项的罪状显然均直指"市场准入""市场秩序中的特许经营秩序"类违规经营行为，可以认为，该罪的犯罪客体是"国家特定的市场准入制度"或"国家特许经营制度"。在考虑动用《刑法》第225条第4项之"兜底条款"时，仍然要对"其他严重扰乱市场秩序的非法经营行为"之含义进行实质性理解，从而最终确定某一违规经营之行为是否确实侵害到了非法经营罪的保护法益。⑤据此，同条第4项应解读为其他侵犯该客体的非法

---

① 高翼飞：《从扩张走向变异：非法经营罪如何摆脱"口袋罪"的宿命》，《政治与法律》2012年第3期。
② 储槐植：《刑事一体化与关系刑法论》，北京大学出版社，1997，第358~359页。
③ 武良军：《非法经营罪堵截条款异化之研究》，《环球法律评论》2014年第5期。
④ 肖中华：《空白刑法规范的特性及其解释》，《法学家》2010年第3期。
⑤ 王立志：《非法经营罪之适用不宜无度扩张——以零售药店向医疗机构批量售药之定性为视角》，《法学》2016年第9期。

经营活动。

有一种观点认为,《刑法》第 225 条第 4 项并不限于侵犯"国家特定的市场准入制度"的非法经营行为,理由是非法经营罪是破坏社会主义市场经济秩序罪或扰乱市场秩序罪的兜底罪名。这里涉及的问题是,《刑法》第 225 条第 4 项究竟是兜的什么底?本报告认为,其一,非法经营罪并非全部破坏社会主义市场经济秩序罪或扰乱市场秩序罪的兜底罪名,因为该罪本身具有不同于其他扰乱市场秩序罪的特定罪状和法定刑,并非把《刑法》分则其他条款没有设置的破坏、扰乱市场秩序的违规违法行为全部收入囊中。其二,就所处的位置而言,《刑法》第 225 条第 4 项属于本条其他 3 项非法经营行为之外的兜底罪状和兜底款项。其三,脱离《刑法》第 225 条特定的罪质、罪状来解读第 4 项是难以被人接受的。

二 市场秩序和市场准入的变迁与非法经营罪兜底条款的存续

对非法经营行为及非法经营罪的界定与市场经济宏观调控及市场准入策略的变动密切相关。

市场秩序可以概括为一种受客观经济规律、法律法规和行业企业自律所规范的运行状态。[1] 市场秩序建立在经济规律基础之上,在市场秩序的自发形成过程中,由于市场本身的缺陷,难免会出现一定的盲目性、无序性。计划经济下制度等同于秩序,但在市场经济下,市场在很大程度上与政府管理相分离,产生了自己的运行逻辑,非法经营行为使市场参与主体的利益受损,使其行为不再具有原先的稳定预期,对市场秩序产生各种负面影响,导致市场秩序紊乱。[2] 市场经济下,政府并不会过分干预市场自由经营,但是,这不等于政府应放手实行大撒把。为消除市场自身的消极因素,高效配

---

[1] 祝合良编著《现代商业经济学》,首都经济贸易大学出版社,2017,第 329 页。
[2] 韩啸:《非法经营罪之"严重扰乱市场秩序"的理解与适用》,《山西省政法管理干部学院学报》2020 年第 2 期。

置社会资源，政府要制定政策法律对市场进行必要的宏观调控，保持市场经济体制的健康运行。

市场经营领域众多，经营行为种类繁多，不同领域、不同类型、不同体量的违规经营对市场管理秩序的危害必然各不相同。市场秩序包括市场进出秩序、市场竞争秩序和市场交易秩序。[1] 市场准入是维护市场秩序最为关键的环节，通过市场准入制度对某些重要的经营领域设置进入门槛，进行总量控制，合理利用和分配有限资源，并严格规范经营行为，以避免对国计民生形成较大的冲击，是实现市场宏观调控的基本举措。这里的主要管控措施是设立经营许可制度。因此，以非法经营罪处理的，应当限于侵犯市场准入或经营许可制度的对市场秩序危害相对较大的非法经营行为。从法益保护角度而言，非法经营罪之锋芒所指就应仅限于那些违反特许经营管理的法律规章，在未获得特许经营权的情况下，擅自涉入维系国计民生或者经济命脉的重要行业领域，并严重破坏市场经济秩序的行为。[2] 当然，依法合规取得经营许可与经营资格后，经营主体在业务经营中也可能会出现违规行为，该行为也具有扰乱市场秩序的社会危害，但其不属于非法经营罪的惩治范围，而由其他政策、行政法律法规等进行规制。

市场秩序随着经济发展和市场发育而始终处于变动状态，对市场秩序的维护包括市场准入也需要及时跟进和适时调整。法谚曰：法有限而情无穷。制定《刑法》时不可能全部罗列将来可能出现但目前难以准确预见的违背市场准入原则的非法经营行为，因此，详细列举与概括设置并行的立法模式，可兼顾《刑法》规范的稳定性、严谨性与开放性，既维护市场准入制度，又满足未来惩治非法经营犯罪的需要。

非法经营罪兜底条款的存续可以在党和国家关于"构建高水平社会主义市场经济体制"的战略决策与规划中找到客观理由与依据。《中共中央关于制定国民经济和社会发展第十四个五年规划和二〇三五年远景目标的建

---

[1] 董洪日编著《社会主义市场经济概论》，山东大学出版社，2003，第130页。
[2] 王立志：《非法经营罪之适用不宜无度扩张——以零售药店向医疗机构批量售药之定性为视角》，《法学》2016年第9期。

议》指出："推动有效市场和有为政府更好结合，坚持平等准入、公正监管、开放有序的国内统一市场。"[1] 可见，保留非法经营罪的兜底条款，是贯彻有效市场与有为政府相结合的需要，是实现国民经济和社会发展战略规划的需要，是优化市场化、法治化、国际化营商环境的要求。

从报端得知一种观点便惊诧于非法经营罪的"口袋"已经渐渐地张开，笔者认为，这大可不必，因为《刑法》中的非法经营罪本来就不是闭合的"口袋"，而是对未来社会经济生活保持开放应对姿态的刑事条款。可以预见的是，随着公平竞争的国内统一市场的逐步建立和继续放宽准入限制的推行，为释放市场发展的充分法律空间，该"口袋"的口径将逐渐缩小。

三 《刑法》第225条中的"违反国家规定"与"情节严重"

《刑法》第225条规定的4类非法经营犯罪行为的共同特征是"违反国家规定，扰乱市场秩序，情节严重"。

关于"违反国家规定"。《刑法》第225条设置的本罪的总括性指引规范"违反国家规定"对认定该条第4项的"其他严重扰乱市场秩序行为"构成非法经营罪同样具有限定作用和指导意义，这是同一罪名同质性的应有之义。但如果认为《刑法》第225条第4项的规定是弹性条款则不够妥当。法律不是橡皮筋，具有严谨明确的属性，进而言之，《刑法》第225条第4项属于空白罪状条款，其条文结构由指引性规范与制裁性规范共同组成，指引性规范指《刑法》条文所包含的、能够发挥指示作用的概括表达，其与相承接的《刑法》条款外的补充性法律规范相结合而构成完整的罪状，承接规范在刑事立法时不便于也不可能被规定到《刑法》中，而指引性规范要清晰准确，以指引和保证空白《刑法》条款不脱离罪刑法定原则。此处

---

[1] 《中共中央关于制定国民经济和社会发展第十四个五年规划和二〇三五年远景目标的建议》，中国政府网，2020年11月3日，http://www.gov.cn/zhengce/2020-11/03/content_5556991.htm。

的"违反国家规定"在字面上过于宽泛。根据《刑法》第96条，违反国家规定是指违反全国人民代表大会及其常务委员会制定的法律和决定，国务院制定的行政法规、规定的行政措施、发布的决定和命令，结合《刑法》第225条前3项法条叙明罪状，此处的"违反国家规定"当解读为"违反国家关于市场准入及行政许可的规定"。在禁止与自由之间，还有一个领域，那就是行政许可的领域，该领域的特点是法律并非禁止，但也非公民任意可为，只有经过行政机关的许可，公民才可为。[①] 该行政许可领域正是实行有效市场与有为政府相结合的市场经济的敏感领域和关键地带，需要特别注意加强管控。对市场经营领域最重要的行政许可是市场准入许可。根据《行政许可法》，法律、行政法规、国务院决定、地方性法规和省级人民政府规章有权设定行政许可。从国家法制统一的角度出发，《刑法》第225条的指引规范当不包含地方性法规和省级人民政府规章，但应将"国务院决定"纳入其中，因为在市场化改革与政府职能转变时期，"国务院决定"在行政审批制度改革中具有更强的灵活性，涉及大量行政许可的设定、取消和调整，与行政法规的相对稳定性存在区别。当然，司法实践中应以明确化的司法解释作为非法经营罪的入罪依据。虽然非法经营罪在一定程度上是"口袋罪"，但该"口袋"的入口是被严密控制的，非法经营罪不是向市场经营者张开的无形法网。随着有效市场和有为政府相结合模式的不断更新，放宽准入限制、坚持平等准入公平竞争的国内统一市场是大势所趋，非法经营罪的内涵将适时变化和更新。在可能文义范围之内尽量地填补固定不变的《刑法》条文与日新月异的社会实践之间的"对应"漏洞，被刑法学者当作最主要的学术使命和内在责任。[②] 为确保对市场准入制度的最后法律保障，应当基于对既需要行政许可又需要《刑法》保护的市场准入领域与经营行为的敏锐研判，制定既具有规范性、明确性又具有未来适应性的非法经营罪的罪刑规范。

---

① 陈兴良：《违反行政许可可构成非法经营罪问题研究——以郭嵘分装农药案为例》，《政治与法律》2018年第6期。
② 葛恒浩：《非法经营罪口袋化的成因与出路》，《当代法学》2016年第4期。

对"违反国家规定"的正确理解有助于解决困扰司法实务的行刑难以衔接的多种困难。其一,难以找寻可参照的行政规定。非法经营罪的兜底条款由指示规定与参照规定共同组成空白罪状,"违反国家规定"这一指示规定明确是《刑法》适用的前提,指示规定内涵不明就难以据此找到合适的参照规定。其二,把违反行政法的违法经营直接视为刑法中的非法经营。非法经营罪是具有行政违法与刑事违法双重违法属性的法定犯,但行政违法的非法经营并不必然是有刑事违法性的非法经营犯罪,只有侵犯市场准入秩序这一非法经营罪的规范保护客体的违背行政法的非法经营,才可能属于犯罪。《关于审理非法出版物刑事案件具体应用法律若干问题的解释》第11条把凡是经营非法出版物达到"情节严重"程度的均设定为非法经营罪,偏离了非法经营罪的规范保护客体与目标。

关于"情节严重"。刑事追诉标准的设立要从"质"与"量"两个层面综合考量社会危害性的大小,聚焦于对"市场准入秩序"的侵犯是否达到"情节严重的程度"。在质的方面,维护市场准入秩序直接保护的是公法益,非法经营者非法进入的不同市场领域对国计民生的重要性存在差别,给市场秩序造成的实质性破坏或危险也存在区别。在量的方面,经营额、违法所得数额是社会危害程度判断的参考,但不能以之为唯一标准和统一标准。实际上,对不同的非法经营犯罪行为设立衡量其社会危害性的科学合理的规则与标尺,仍然值得深入研究。

参考文献

刘宪权:《人工智能时代的刑法观》,上海人民出版社,2019。
张明楷:《刑法学》,法律出版社,2016。
王安异:《非法经营罪适用问题研究》,中国法制出版社,2016。
蒋苏淮:《金融刑法立罪研究》,中国人民公安大学出版社,2016。
毛玲玲:《经济犯罪与刑法发展研究》,法律出版社,2017。

B.6
以习近平法治思想为指导推进法治化营商环境建设的路径思考

王运慧 闫 海*

摘 要： 法治是最好的营商环境，营商环境改革中涉及的"硬骨头"问题必须依靠法治来解决。为了推动我国法治化营商环境建设取得突破性进展，必须理清推进法治化营商环境不断优化的基本思路。而这一思路必须坚持习近平法治思想的正确引领，坚持全面依法治国的宏大背景，在这一前提和背景下，从立法、执法、司法乃至守法等全过程各方面着力，增加良法供给，规范执法制度，加强司法保障，培育守法文明，并有效发挥领导干部带头垂范作用。

关键词： 习近平法治思想 法治化 营商环境

习近平总书记提出："在整个改革过程中，都要高度重视运用法治思维和法治方式，发挥法治的引领和推动作用，加强对相关立法工作的协调，确保在法治轨道上推进改革。"① 优化营商环境是一场全面深化改革的攻坚战，必须发挥法治的规范和保障作用，在法治的轨道上推进营商环境领域各项改革，保证每一项改革都于法有据，用法治的力量营造稳定、公平、透明、可

---

* 王运慧，河南省社会科学院法学研究所副研究员；闫海，郑州大学法学院宪法学与行政法学专业硕士研究生。
① 习近平：《论坚持全面依法治国》，中央文献出版社，2020，第35页。

预期的营商环境，让各类市场主体放心投资、安心经营、专心创业。因此，法治是最好的营商环境，在全面建设社会主义现代化国家新征程中，必须以习近平法治思想为指导，从立法、执法、司法、守法等全过程推进法治化营商环境建设，努力为法治中国建设和中华民族伟大复兴提供有利条件、奠定坚实基础。

一 增加营商环境领域的立法供给

（一）加强党对营商环境领域立法的坚强领导

习近平总书记指出，要"完善立法体制，加强党对立法工作的领导"。①《中共中央关于加强党领导立法工作的意见》等政策文件进一步完善了党领导立法工作的制度安排。当前，党中央通过提出立法工作的目标、任务和方针战略，审定全国人大常委会立法规划等立法制度，切实加强了党对立法工作的领导。在增加营商环境领域的立法供给时，也必须坚持党的领导，将其贯彻在立法的整个过程中，还要完善将党的政策转化为国家法律的机制。但目前，对于营商环境领域的专门立法工作还没有体系化的政策和党内法规予以指导。

结合营商环境领域立法工作的现状，可以从以下两个方面着手加强党的领导。第一，整合现有的营商环境立法领域的政策要求，形成一份专门化、体系化的政策文件，来指导营商环境领域的立法工作。例如，借鉴中央宣传部、全国人大常委会办公厅等部门出台《关于建立社会主义核心价值观入法入规协调机制的意见（试行）》的做法，党中央的有关部门可以出台类似的意见规范营商环境领域的立法工作，切实将党的领导贯彻落实到具体的立法工作中。第二，制定专门的立法规划。法治化营商环境建设不可能一蹴而

---

① 《中共十八届四中全会在京举行 习近平作重要讲话》，中国共产党新闻网，2014 年 10 月 24 日，http://cpc.people.com.cn/n/2014/1024/c64094-25898158.html。

就,需要长远规划。立法工作也是如此。只有与社会经济发展相适应的"良法"才能实现营商环境的"善治"。为了更好地优化营商环境,应当结合现实基础和未来发展,借鉴党中央以5年为周期制定党内法规规划的有益经验,考虑制定营商环境领域的专门法律规划,为重大立法做好充分的准备,指导具体的立法工作。

(二)通过完善涉外法律体系加强涉外法治建设

涉外法治是法治中国建设的一个重要领域。国际化是评价营商环境的重要维度,也要纳入法治化营商环境建设当中。[①] 在不断深化改革和扩大开放的时代背景下,中国与其他国家之间的经济交往也愈加频繁。但不完善的涉外法律体系无法营造安全有效的法治化环境,为外商投资经营和中国本土企业对外投资提供坚实的法律保障。目前,我国加快构建的"双循环"新发展格局也要求健全现有的涉外法律体系。在此背景下,习近平总书记指出:"中国将加快出台外商投资法规,完善公开、透明的涉外法律体系,营造国际一流的营商环境。"[②]

在现阶段,完善涉外法律体系,推进涉外法治建设,主要应当从以下两个方面着手。第一,加快涉外立法工作进程,构建更加开放的涉外法律体系。"改革开放创造了发展奇迹,今后还要以更大气魄深化改革、扩大开放,续写更多'春天的故事'。"[③] 在重点关注维护国家安全、领土主权、发展权益等至关重要的涉外法律领域的基础上,不断扩大开放的范围,密切关注国际经济的发展,完善涉外法律体系,使之与国际标准相适应,增强我国法律域外适用的效力,更好地服务于"一带一路"建设。例如,持续放宽

[①] 林丽鹂:《营造市场化法治化国际化营商环境(权威访谈·迈好第一步,见到新气象⑩)——访国家市场监督管理总局局长张工》,《人民日报》2021年1月10日。
[②] 《习近平出席首届中国国际进口博览会开幕式并发表主旨演讲》,《人民日报》2018年11月6日。
[③] 《国家主席习近平发表二〇二一年新年贺词》,《人民日报》2021年1月1日。

市场准入，"对在中国境内注册的各类企业一视同仁、平等对待"。① 通过完善税收、贸易等涉外领域的法律体系，加快构建中国（海南）自贸区国际一流营商环境的进程，等等。第二，完善应对外部环境不利影响的涉外法律体系，维护国家和公民的合法权益。近年来，诸如"南海仲裁案""孟晚舟事件"等侵害国家和公民合法权益的事件时有发生，且呈现出严峻之势。当前，《反外国制裁法》的制定为我国对外国不正当的遏制打压行为采取反制措施提供了法律上的有力支撑。但是，保护国家利益和公民权益的涉外法律体系仍然没有被系统性地建立起来，致使还有部分法律漏洞存在，制约法治化营商环境建设。不少中国企业也因此蒙受巨大的损失。因此，要着力于推进反干预立法，与《反外国制裁法》等涉外法律配合，形成系统性的涉外法律体系，堵住相关的法律漏洞，更好地维护国家和公民在海外的合法权益。

二 优化营商环境领域的审批执法

（一）加强政府部门之间审批和执法的联动

从政府的角度来看，法治化营商环境要求政府做到"放权""管理""服务"，并协调处理好三者之间的关系。政府的"放管服"改革与法治化营商环境建设之间有着密切的关联。"放管服"改革的效果影响法治化营商环境建设的进程，而法治化营商环境建设的现状又是评价"放管服"改革效果的直接标准。高效便民不仅是政府"放管服"改革的主要目的，也是法治化营商环境的必然要求。但在实际审批和执法中，仍存在"九龙治水"成效低下的问题。

为改变此种现状，可以从以下三方面着手。第一，在日常行政管理的过

---

① 《习近平出席首届中国国际进口博览会开幕式并发表主旨演讲》，《人民日报》2018年11月6日。

程中，政府各部门要建立信息共享机制。信息共享机制降低了部门之间沟通与协调的成本，合理压缩了行政服务的时间，为在法律规定的期限内依法准确办事提供了外在条件，还提高了行政处理的质量和效率。例如，河南省在《进一步优化营商环境更好服务市场主体实施方案》中就推行了企业开办一网通、许可证跨地互认等新举措，降低了市场主体的成本负担。第二，建立多部门联合处理的常态化机制。通常一个行政事件会涉及工商、税务、消防等多方面的行政处理事项。单个部门独自处理其职权范围内的事项，通常会产生更多的成本，而且受专业人才、时间等关键资源的限制，获取充分证据的难度较大，不利于作出高质量的行政处理决定。建立多部门联合处理的常态化机制不仅可以实现资源的优势互补，调动更多的资源还原事情的真相，以充分的证据和准确适用的法律依据作出行政处理决定，还可以使作为行政相对人的市场主体更有效地配合行政机关的调查处理，减少对其经营活动的不利影响。例如，住建部为持续整治规范房地产秩序，联合国家税务总局、公安部等部门发文，建立常态化的整治机制，促进房地产市场平稳健康发展。第三，推进网络化信息化建设。随着科技的发展，互联网在行政审批和执法的过程中发挥越来越重要的作用。这也是未来行政审批和执法活动发展的趋势。河南省委书记楼阳生曾强调指出，要以前瞻30年的眼光，大力实施数字化转型策略，以优化营商环境。在实践中，浙江省通过制定《电子商务条例》，推进网络化信息化建设，建立公共数据平台，主动服务电子商务平台经营者，营造便利的营商环境。

（二）提升行政执法人员的法治素养

法治化营商环境建设是为了人，也要依靠人。因此，行政执法人员要具备较高的法治素质。高素质的行政执法人员是法治化营商环境建设的重要保障。但受以前政府机构臃肿、部门职责不清、办事效率低下等不利因素的影响，在政府机关履行行政执法职责的公职人员中仍然有一部分执法者缺乏应有的法治素养，这不利于依法行政水平的提升。尤其是在推进综合执法改革的时代背景下，执法工作对于履行法定职责的公职人员的法治素质提出了更

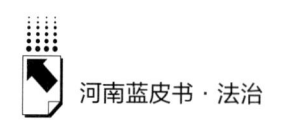

高的要求。

有鉴于此，要采取相应的措施，提高行政执法队伍的法治素养，使之满足法治化营商环境建设的高质量需要。第一，加强对现有执法队伍的法律培训工作。行政执法队伍是直接行使公权力、直接影响市场主体经营活动的一线人员。行政机关应当从源头上把好质量关，对履行执法职责的公职人员进行培训，使之具备应有的法治素养和能力。例如，河南省郑州市、周口市等地方政府通过举办行政执法培训班，提高了执法人员的法治素养，取得了令人满意的执法效果。第二，设置合理的招聘条件。为应对变化迅速、错综复杂的市场环境和满足高标准的执法需要，作为加入行政执法队伍的新生力量应具备较高的法治素养，服务于法治化营商环境建设的大局。从现实可能和岗位需求来看，可考虑将具备法律专业背景、"中华人民共和国法律职业资格证书"等作为执法岗位招聘的优先条件。

（三）充分发挥行政复议制度的功能

在行政法上，行政复议具有行政救济、行政监督和行政司法行为的性质，这也是其功能的主要体现。但行政复议制度作为法治化营商环境建设的重要内容，没有发挥其应有的效能，及时有效地化解行政纠纷并纠正行政机关的不当行政行为。虽然现行法律规定，县级以上人民政府和作出行政行为的政府工作部门的上一级主管部门都可以成为行政复议机关，行使行政复议职权，但是囿于行政复议机关过多导致各机关处理的案件分配不均衡、行政复议人员过于分散等，行政复议的质量不高、效率低下，根本无法满足化解众多行政纠纷的需要，从而使得大量的行政纠纷涌入到诉讼当中。这种情况既损害了政府的公信力，也增加了市场主体的维权成本，阻碍了市场经济的发展。为此，《法治中国建设规划（2020—2025年）》和《法治政府建设实施纲要（2021—2025年）》都明确提出了要推进行政复议体制改革，以改变此种现状。

考虑到现实状况和社会需要，可以从以下两个方面进行改革，提高行政复议的效率和质量。第一，集中行使行政复议职权。政府可以将部分部门的行政复议职权进行集中，整合行政复议资源，形成合力，更好地办理行政复议案件。此外，集中行使行政复议职权的部门及其工作人员应保持自身的独立性，避免其他行政机关的不当干预，影响行政复议的效果。河南省的行政复议制度改革具有代表性。除海关、金融、税务等行政机关和国家安全机关外，全省县级以上政府按照"一级政府只设立一个行政复议机关"的要求，由本级政府集中行使行政复议职权。并且，这种模式下，新设立的行政复议机关独立于其他行政机关，更有利于发挥行政复议的三重功能。第二，保障行使行政复议职权的公职人员具有高素质。行政复议所要解决的法律纠纷不是简单的法律问题，涉及的情况更为复杂，对具体负责处理行政纠纷案件的办案人员有更高的要求。因此，政府应当设定具备一定年限的法律工作经验、"中华人民共和国法律职业资格证书"等门槛，并经考核通过，方可选取其行使行政复议职权。

三 强化营商环境领域的司法保障

习近平总书记强调："民营经济是我国经济制度的内在要素，民营企业和民营企业家是我们自己人。"[①] 民营经济是市场经济的重要组成部分，其发展也要受到法律的保障。作为民营企业的掌舵人，民营企业家对民营经济发展有着至关重要的影响。其合法权益更应当得到司法的保障。但从司法实践看，依然存在不少民营企业家的合法权益受到刑事司法不法侵害的事件。

为切实保护民营企业家的合法权益、营造公平公正的法治化营商环境，可以从以下两个方面入手。第一，兼顾企业经营和司法效果，审慎适用强制措施。在对民营企业家涉嫌经济犯罪采取拘留等剥夺人身自由的强制措施时，应遵循"能不捕的不捕，能不诉的不诉"的原则，综合考虑其犯罪的性质、情节和影响以及企业的生产经营现状，审慎作出决定，实现惩罚犯罪

[①] 《毫不动摇鼓励支持引导非公有制经济发展 支持民营企业发展并走向更加广阔舞台》，《人民日报》2018年11月2日。

和保护经济发展的双重目的。在对民营企业家的财产采取查封、扣押等强制措施时，要严格区分企业的财产和企业家的财产、合法的财产和非法的财产，并且要遵循适度的原则对相应的财产采取查封、扣押等强制措施。例如，广东省高级人民法院发布的相关司法解释规定，"在确保实现保全目的的情况下，应优先保全对被保全人生产经营影响较小的财产"，[1] 较好地保障了双重目的的实现。第二，恪守《刑法》的谦抑性，严格划分民刑案件的界限。司法机关在处理民营企业家不正当行为时应按照罪行法定、疑罪从无的原则，依据证据和客观现实，考虑民营企业家的主观因素，审慎地区分一般违法行为和犯罪行为。只要没有足够的证据，司法机关就不应当将其作为刑事案件进行处理。例如，赵明利诈骗再审改判无罪案、徐占伟骗取出口退税无罪案等最高人民法院发布的依法平等保护民营企业家人身财产安全十大典型案例，对严格划分民刑案件的界限、法院正确办理涉民营企业家案件起到了指导的作用。河南省检察机关主动清理涉民营企业犯罪"挂案"，既保障了民营企业和民营企业家的合法权益，也净化了市场环境。

四 营造风清气正、公平公正的守法氛围

（一）构建亲清型政商关系

法治化营商环境建设离不开政府和市场主体之间的良性互动。其中，领导干部和企业家之间的关系至关重要。而在实践中，二者的关系却出现两种极端现象。一是懒政不作为。主要表现为部分领导干部抱着"多一事不如少一事"的态度，力求不出错，机械地适用法律法规，对企业家不管不问。事实上，不仅违法乱作为是违法，违法不作为如懒政、怠政等，也是违

---

[1] 《广东省高级人民法院关于印发〈广东省高级人民法院关于保护民营企业合法权益规范财产保全工作的若干意见〉的通知》，广东法院网，2019 年 7 月 23 日，http://www.gdcourts.gov.cn/index.php? v = show&cid = 144&id = 53915。

法。① 二是过分"亲密"。主要表现为违规接受宴请、收受财物等违纪违法行为。这两种现象对法治化营商环境是极大的污染，降低了经济发展的质量，助长了权力寻租、贪污腐败的歪风邪气，严重破坏了风清气正、公平公正的守法氛围。因此，要严格划分领导干部和企业家交往的合理界限，正确处理好二者的关系，构建新型的政商关系。

对此，习近平总书记提出"要构建亲清政商关系",② 即"亲"和"清"两个要求。对于领导干部而言，"亲"是要关心企业遇到的现实难题，在法律允许的范围内支持市场经济的发展。"清"是要与企业家保持安全的距离，保证二者之间关系干净。领导干部应拒绝接受企业的不合理招待，在合适的时间和地点完成工作。例如，河南省洛阳市纪委监委通过"一套机制强推进""两张清单定规矩""三项联动促监督""四项措施提质效"的创新性的"1234工作法"，构建"亲而有度""清而有为"的政商关系，为经济发展营造了良好的营商环境。③ 对于企业家而言，"亲"是要与政府保持沟通和联系，利用自身的优势发展地方经济。企业家可以在保证自身经营的同时，配合政府的需要，对企业经营作出适当的调整，帮助企业实现盈利和承担社会责任的双目标。"清"是要合法经营，不用贿赂等非法手段获取利益，并且在遭受不法侵害时，企业家应积极主动用合法的手段维护自身的合法权益。

（二）完善信用机制建设

在市场经济中，信用是社会对市场主体偿债意愿和现实偿债能力的评价标准。习近平总书记指出："社会主义市场经济是信用经济、法治经济。"④ 可以说，良好的信用是市场交易活动有序进行的基础，也是法治化营商环境

---

① 刘俊海：《法治化营商环境的关键》，《中国流通经济》2019年第8期。
② 《激发市场主体活力弘扬企业家精神　推动企业发挥更大作用实现更大发展》，《人民日报》2020年7月22日。
③ 《孟津区纪委监委："1234工作法"助推营商环境优化》，《洛阳日报》2021年8月18日。
④ 《习近平：在企业家座谈会上的讲话》，《人民日报》2020年7月22日。

建设至关重要的着力点。在现阶段，我国的信用法律体系已经基本建成，良好的市场信用机制正在运转并随着经济活动的变化和发展不断优化，其对优化营商环境也起到了很大的促进作用。但是，我国的信用机制仍然存在一些问题需要解决，例如"僵尸企业"、失信成本过低等。

综合考虑现阶段法治的发展程度和社会信用环境的状况，可以采用以下两种方法，以完善现有的信用机制。第一，强化破产程序的应用。"僵尸企业"的存在不仅浪费了大量的社会资源，还扰乱了正常的市场秩序，破坏了优胜劣汰和公平竞争的市场环境。因此，对于没有希望的企业，应当逐步采取措施，降低其对经济的不利影响，通过破产清算程序使其有序退出市场。而对有潜在生存能力的企业，应进行破产重整，使之重新焕发活力。例如，河南省通过债务重组、资产处置等方式，兼顾职工安置、税务办理等，对省属"僵尸企业"进行分类处理，既防止了国有资产的流失，又维护了市场经济和社会的稳定发展，取得了令各方都满意的社会效果。第二，建立良性统一的信用奖惩机制。目前，我国信用建设存在的最大问题就是失信成本过低。有些情况下，失信获得的收益甚至已经超过了失信损失的成本。虽然我国各地区已开始实行"黑红名单"制度，用以实现信用奖惩的良性循环。但是囿于监管和协调的缺失，各地区"黑红名单"的项目不一致、标准不统一、评价机制千差万别，致使其无法在全国范围内更好地发挥作用。政府应当统筹信用信息的采集和评价标准，并在全国性的信息平台上进行恰当的披露，以供市场主体和国家机关查询使用。此外，政府还应通过完善失信惩戒机制，例如限制高消费、贷款等，依法进行社会治理，完善社会信用治理体系建设。①

五 坚持抓住领导干部这个"关键少数"

习近平法治思想中的第十一个坚持就是"坚持抓住领导干部这个'关

---

① 梅帅：《社会治理视域下失信惩戒机制：治理意义、要素构造与完善方向》，《征信》2020年第12期。

键少数'"。① 党的领导贯穿于法治化营商环境建设的全过程。领导干部作为优化营商环境的重要组织者、建设者，是法治化营商环境建设的关键。因此，法治化营商环境建设必须坚持抓住领导干部这个"关键少数"。

（一）提高领导干部尊法学法守法用法的意识和能力

习近平总书记强调："一个干部能力有高低，但在遵纪守法上必须过硬，这个不能有差别。"② 唯有领导干部带头遵纪守法、依法办事，"做尊法学法守法用法的模范"，③ 才能产生"头雁效应"，从而带动社会公众尊法学法守法用法。目前，我国已进入全面深化改革的深水区和攻坚期，领导干部面临前所未有的错综复杂的社会环境，需要解决的问题也越来越棘手。而改革虽然是"摸着石头过河"，需要求变，但仍需在法治的范围内进行。这对领导干部运用法治思维和法治方式解决问题的能力提出了更高的要求。

在推进法治化营商环境建设时，应采取有效措施，提高领导干部尊法学法守法用法的意识和能力。第一，将遵守法律、依法办事作为考核和选拔干部的标准。法治观念和依法办事是评价领导干部德才兼备的重要内容。习近平总书记强调："绝不能让那些法治意识不强、无法无天的人一步步升上来。"④ 发挥选拔和考核干部的警示和导向作用，可以激发领导干部的主动性，促使其自觉提高运用法治思维和法治方式解决问题的能力。第二，注重发挥法律顾问的作用。目前，法律顾问制度已在党政机关内推行实施。担任法律顾问的法律工作者主要是具有职业经验的律师、法学理论知识丰富的高校教育工作者等具有高素质的法律人才。领导干部在处理事件，遇到把握不准的法律问题时，可以请法律顾问出具法律意见，辅助其分析决策。此外，

---

① 习近平：《坚定不移走中国特色社会主义法治道路　为全面建设社会主义现代化国家提供有力法治保障》，《求是》2021年第5期。
② 习近平：《论坚持全面依法治国》，中央文献出版社，2020，第137页。
③ 习近平：《论坚持全面依法治国》，中央文献出版社，2020，第135页。
④ 习近平：《论坚持全面依法治国》，中央文献出版社，2020，第137页。

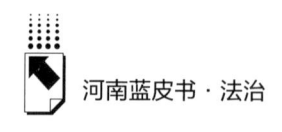

拟决定实施的事项，还应当进行合法性前置审查，保证决策的合法性，提高政府的公信力和权威性。

（二）及时对违纪违法的领导干部进行处理

党的十八大以来，我国的法治建设已经取得了巨大的成就，领导干部在这个过程中发挥了重要的作用。但现实中，仍旧存在一些领导干部人治思想和长官意识比较严重的情况，破坏了公平竞争的法治化营商环境。我国坚持党纪国法面前没有例外，不论其职务多高，都一查到底，绝不姑息。[1]"公平正义是司法的灵魂和生命。"[2] 对政法机关的领导干部更应当提高标准进行监督管理。

在具体实践中，可以从以下两个方面重点着手。第一，抓好纪律建设，把好"第一道关"。众多领导干部的犯罪案例表明，违法犯罪始于违纪。党的纪律严于法律，坚持纪律建设就是要以更高的标准推进法治建设。纪检监察机关要杜绝"违纪只是小事，违法才去处理"的不良思想，严格按照党纪对党员干部进行管理，扎实推进党的纪律建设。第二，坚持"打虎""拍蝇"行动"无禁区、全覆盖、零容忍"。[3] 党中央对于违法犯罪持"零容忍"态度，不因其职位高、权势大而例外。并且，通过查处最高人民法院原副院长奚晓明、海南省高级人民法院原副院长张家慧等一批高级领导干部严重违纪违法问题的实践，向全党全社会表明党中央从严治党的决心和勇气。最近，又查处了司法部原部长傅政华、公安部原副部长孙力军等领导干部，为法治化营商环境建设正本清源、扫除障碍。

在开启社会主义现代化建设新征程的关键阶段，河南省高度重视法治化营商环境优化工作，《河南省国民经济和社会发展第十四个五年规划和二〇三

---

[1] 习近平：《把权力关进制度的笼子里》，《习近平谈治国理政》第1卷，外文出版社，2014，第388页。
[2] 习近平：《坚定不移走中国特色社会主义法治道路　为全面建设社会主义现代化国家提供有力法治保障》，《求是》2021年第5期。
[3] 《习近平：深化改革巩固成果积极拓展　不断把反腐败斗争引向深入》，中国共产党新闻网，2015年1月13日，http://cpc.people.com.cn/n/2015/0113/c64094-26378609.html。

五年远景目标纲要》和《法治河南建设规划（2021—2025 年）》提出要持续营造法治化营商环境。可见，河南把"优环境"作为提升发展地区核心竞争力的综合抓手，不断增强责任感、使命感、紧迫感，多措并举，着力打造一流法治化营商环境，体现了习近平"法治是最好的营商环境"指导思想在河南的旗帜作用，河南努力用法治为优化营商环境保驾护航，必将对地方治理体系和治理能力现代化、法治河南建设发挥重要的推动和支撑作用。

B.7 河南行政处罚执法规范化研究

祁雪瑞[*]

摘　要： 行政处罚执法活动是否规范，是衡量营商环境的重要指标。新的《行政处罚法》对行政处罚工作提出了更高要求，也对河南规范行政处罚执法提出了新目标。河南行政处罚存在的主要问题有以罚代管、处罚不及时、处罚不作为等。规范行政处罚，应该强化决策者和执法者的法治思维，切实发挥复议机关监督纠错功能，建立府院联动机制和依法行政奖惩机制等。

关键词： 行政处罚　执法规范化　《行政处罚法》

行政处罚执法活动是否规范，是衡量营商环境的重要指标。行政处罚是一种必不可少的治理手段，但不能过分推崇行政处罚的功用，应当理性认识处罚的局限性与负面效应，警惕不规范行政处罚执法对法治的破坏。河南省级各职能部门都设有执法稽查处、执法监督处、执法协调监督处等机构，负责本系统行政处罚的规范监督、统计分析，上传处罚信息到政府网站、"信用河南"、"信用中国"等信息公示平台。2021年7月15日起施行的新《行政处罚法》，对行政处罚的定义、种类、设定、实施主体、程序等内容作了重大修订，进一步完善了各项制度，对行政处罚工作的要求更高、更严。这是对规范行政处罚行为、保障行政相对人权益、优化营商环境的重大利好，也对河南规范行政处罚执法提出了新目标。

---

[*] 祁雪瑞，河南省社会科学院法学研究所研究员。

一 我国行政处罚执法规范化建设总体状况

行政处罚的主要法律依据是《行政处罚法》、国务院各部门的行政规章、地方性法规，行使裁量权依据的是以省域为单位的各行政系统关于自由裁量标准的规范性文件，一些有立法权的市一级行政区域也有自己的标准。一般情况下，省域内各行政职能部门的专项制度建设都是依据国务院各部委的制度及要求进行的制度配套，如"信用河南"网站上面的行政许可和行政处罚"双公示"制度等。

（一）国家层面的制度建设

1. 新《行政处罚法》

《行政处罚法》作为行政处罚执法的主要依据，初始颁布于1996年，2021年进行了第三次修订，这是首次大修，对推进严格规范公正文明执法具有重要意义。新法首次明确了行政处罚的概念，完善了行政处罚的种类，即财产罚、行为资格罚、人身自由罚和声誉罚，使行政处罚的分类更加科学，确立了行政执法"三项制度"[①]的法律地位。"三项制度"聚焦行政执法的源头、过程和结果三个关键环节，对切实保障人民群众合法权益具有重要意义，细化了行刑衔接[②]制度，堵住了立法漏洞。新法还完善了行政处罚听证制度，扩大听证范围，延长申请时间，明确规定听证笔录的效力。

2. 国务院法规规章

国务院行政法规和各部门的行政规章是行政处罚的直接依据，也是十分庞大的制度体系，维系着国家的日常运转秩序。这些制度要求实施行政处罚应当遵循公正、公开的原则，坚持处罚与教育相结合，做到事

---

① 行政执法"三项制度"是指行政执法公示制度、执法全过程记录制度、重大执法决定法制审核制度。
② 行刑衔接就是行政执法与刑事司法程序的衔接，通常发生在行政违法与刑事违法边界点上。

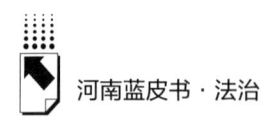

实清楚、证据确凿、适用依据正确、程序合法、处罚适当，实行回避制度。

行政处罚信息公示是声誉罚。2019年国家发改委为了规范这项行政执法行为，发布了《关于进一步完善"信用中国"网站及地方信用门户网站行政处罚信息信用修复机制的通知》，该通知要求对涉及特定严重失信行为的行政处罚信息按最长公示期限公示。行政处罚信息分为严重失信信息和一般失信信息，并分别规定了公示期限和修复期。某些特定的行政处罚信息公示期间不予修复。

（二）地方层面的制度建设

1. 行政处罚依据制度

行政处罚作为行政执法行为的一个类别，必须遵守"法无规定不可为"的行政法基本原则。根据《立法法》和《行政处罚法》的规定，地方立法可以规定行政处罚，而且有一定的创造空间，不过这种创造空间被限定在特殊领域内，比较狭窄。这种立法谨慎性是保护社会主体权益所必需的。基本上每个上位法出台后一年以内，河南都会出台相应的地方性法规。

2. 规范自由裁量权制度

根据国务院规范行政处罚的要求，各部委都出台了行政处罚裁量标准，要求各地方进行制度配套。河南出台《河南省人民政府关于规范行政处罚裁量权的若干意见》（豫政〔2008〕57号），在全国率先建立了行政处罚裁量权基准制度。这是规范行政处罚、保障行政相对人权益的重要制度。

行政处罚裁量基准一般包括违法行为名称、处罚依据、适用情形和裁量基准四个方面。行政处罚裁量基准是一般规范性文件，不能直接作为行政处罚的法律依据，只可以作为行政处罚决定说理的依据，不得在行政处罚告知书、决定书中援引。裁量基准应坚持上位法优于下位法、特殊法优于普通法、新法优于旧法的法律适用原则。但当旧法的罚则内容相对新法更有利于相对人时，应适用旧法的规定。

2020年10月，河南省法治政府建设领导小组办公室印发了《关于进一步规范行政处罚裁量权工作的指导意见》（豫法政办〔2020〕15号），明确了行政处罚裁量权的定义、裁量标准等。建立行政处罚裁量权基准制度的三个原则是合法性原则、适当性原则和可操作性原则。河南省级各职能部门都按照要求出台了各自的标准。

《河南省市场监督管理行政处罚裁量基准规定（2020版）》在"基准"的基础上又规范了基准的运用，内容翔实、法理严谨。该规定要求，对设定有一定幅度的罚款处罚，应当视情节在幅度范围内划分为从轻处罚、一般处罚、从重处罚。从轻处罚罚款的数额（倍数）应当为较低的30%部分，从重处罚罚款的数额（倍数）应当为较高的30%部分。违法行为未造成严重后果的4种情形应当减轻处罚。不得因当事人陈述、申辩或者申请听证而加重行政处罚。

3. 重大行政处罚备案审查制度

根据《行政处罚法》《河南省行政机关执法条例》等法律、法规制定的《河南省重大行政处罚备案审查办法》，自2015年7月1日起施行。该办法明确了重大行政处罚的界定，包括对公民处以1万元以上的罚款，对法人或者其他组织处以10万元以上的罚款，以及没收违法所得达到一定数额等。备案部门应当审查处罚的合法性和适当性两个方面。省政府应当建立统一的重大行政处罚备案审查信息管理系统。2021年8月，焦作市司法局起草并提请市政府印发了《焦作市人民政府办公室关于进一步做好重大行政处罚备案审查工作的通知》，提出了程序规范化、审查专业化、监督常态化三点要求。该通知同时对做好重大行政处罚备案审查工作涉及的7个文书进行了规范公布。

4. 行政处罚信息公开制度

行政处罚信息主要通过"双公示"制度公开，这也是市场主体失信惩戒机制的一个环节。根据2015年12月印发的《河南省行政许可和行政处罚等信用信息公示工作实施方案》，除涉及依法不予公开的信息外，行政处罚信息自决定之日起7个工作日内，要多渠道向社会公开。

对于公示信息实行异议申诉制度，异议申诉受理范围包括公示信息错误或遗漏、重复公示、不应公示、超期公示或与认定机关信息不一致等问题。异议申诉主体应提供《异议申诉信用承诺书》并加盖公章，决定机关也需要提供《异议申诉信用承诺书》并加盖公章。如果不予更正，需告知申诉人不予更正的理由。从申诉受理到办理完成的时间为7个工作日。

济源市将行政处罚信息分为一般行政处罚信息和重点领域行政处罚信息，重点领域行政处罚信息包括涉税、食品安全、工程质量、安全生产、价格欺诈5个领域，重点领域行政处罚将在社会信用评价中加重扣分。同时按行政处罚程度分为较轻行政处罚、较重行政处罚、严重行政处罚和受到行政拘留的行政处罚。

5. 行政处罚案卷评查制度

该制度并不只是评查卷宗的规范性，主要是通过卷宗评查行政处罚执法的规范性。河南省法治政府建设领导小组办公室于2017年7月印发了《河南省行政处罚案卷评查标准》，评查标准分为基础标准和一般标准。一般标准将行政处罚行为划分为5个部分并设定相应分值：立案10分；调查取证40分；审查决定35分；执行10分；立卷归档5分。

6. 公众参与法律修改及制定制度

对于国家级法律和省级法规的修改及制定，河南省人大常委会将草案例行发送河南省社会科学院等单位征求意见并收集整理，分别召开理论界和实务界的座谈会进行研讨，有时候还会请资深编辑到会为文字表述把关。在郑州市人大常委会召开的《行政处罚法》修改座谈会上，理论界和实务界人士同时在场，发现了很多真问题，特别是法院行政庭的法官，谈了审判实践中的困惑，以及与政府的沟通情况等，对法律修改大有裨益。

2019年6月21日，全国人大常委会法工委副主任许安标带领调研组在郑州召开座谈会，围绕《行政处罚法》修改工作，听取各有关方面意见和建议。座谈会上，调研组就启动听证程序比例、失信行为处罚等情况进行提问。与会代表围绕行政处罚种类、地方性法规立法权限、"一事不两罚"、执法队伍建设、行政处罚程序等问题畅所欲言。会议成果被立法工作部分采纳。

7. 行政处罚公众评议制度

济源市创新举措规范行政处罚行为，推进行政处罚案件公众评议制度，促进行政处罚权公开、透明、有序运行。济源市公安局等重点行政执法部门作为试点单位进行了探索。行政处罚案件公众评议适用于一般程序的行政处罚案件。

济源市人民政府法制办公室在2018年通过《济源日报》、政府网站等新闻媒体发布公告，面向社会公开聘请了30名掌握一定法律知识、敢于坚持原则的公众评议员，建立行政处罚案件公众评议员库。每次根据行政机关申请，随机抽选3名公众评议员组成公众评议团。行政机关需将处罚的初步意见提交公众评议团，评议团进行独立评议，形成评议意见提交，作为行政处罚的决策参考。

二 河南行政处罚执法状况及存在的主要问题

（一）行政处罚执法状况

2021年，河南省开展了交通运输执法领域突出问题专项整治行动。驻马店市按照行动安排，于9月8日上午组织执法人员30余人参加了法庭旁听活动，旁听了某交通运输局为被告的"非法营运行政处罚案"庭审。通过旁听庭审，执法人员真切感受到不仅执法结果要合法，行政执法过程中的每一个程序也要合法，增强了执法人员的程序、证据、诉讼、依法行政等法治意识。

遂平县公安局、交通运输局等职能部门公示了轻微违法行为不予行政处罚和一般违法行为从轻减轻处罚事项目录清单。遂平县市场监督管理局于2021年3月发布了行政处罚、行政强制流程图，对行政处罚的法定期限、

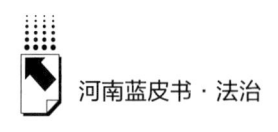

一般程序、简易程序、听证程序、专项程序（反垄断集中调查、处罚）进行了详细规定。

（二）行政处罚执法存在的主要问题

1. 以罚代管或处罚不及时

罚款并不是立法目的，而是达到目的的手段，但是，现实中把手段异化为目的的执法现象相当普遍，被公众诟病为"执法敛财"。查询"信用河南"网站发现，郑州某运输有限公司共有50条被罚款记录，其中2021年22条，2020年12条，2019年12条，2018年4条。相同的违法行为被多次重复罚款，"违法—罚款—违法—罚款"模式无限循环，如此一来，行政处罚实质上等同于行政许可，处罚决定书变异为通行证，不但未能起到维护秩序的执法效果，反而放纵和助长了违法行为。类似的现象在多个职能部门出现，城市停车领域问题最为突出。

对于持续时间较长的违法行为，执法人员在初始的时候不予制止，等到形成了既成事实才去处罚，给当事人造成了较大损失。如此的行政处罚怠惰现象并不鲜见，与罚款的积极主动形成鲜明对比。最为典型的是对待违法建设行为，如有商品楼盘选址明显违法，结果在竣工之后才被炸掉，处罚严重滞后，造成了较大的社会损失和一系列社会问题。

2. 处罚违背过罚相当原则

部分行政机关作出的行政处罚畸轻或畸重。过罚相当原则是行政法比例原则在行政处罚领域的运用，指向行政处罚的合理性问题，是对行政处罚执法公平的衡量。狭义比例原则又被称为均衡性原则，要求执法人员衡量涉案法益之间的相称关系，通过价值判断作出合理的行政行为。由于不存在绝对的价值顺位，执法人员需要透过案件事实准确提取各项法益的价值程度，并对其加以分析衡量。这种具体案件具体分析的执法模式，要求执法人员能够做到"因地制宜、因时制宜"，践行合理裁量的要求，是对业务素质的综合考量。如对以个人所有权为基础的绿化和林木砍伐有关的行政处罚，常常处罚过重难以服人。

3. 行政处罚不作为或办案程序存在瑕疵

个别职能部门对于违法企业放任放纵，任由违法行为持续存在，严重破坏了市场经营环境，对于同行业中的守法经营者亦不公平。比如某市区的市场监督管理局，接到多起消费者投诉后均无反馈，在接到"12345"责令后仅仅把违法企业列入了异常经营名单，并不采取其他处罚措施，任由企业继续违法。甚至在作为被告接到法院判决书后，仍然敷衍塞责，拒不对违法企业进行有效的处罚。[①]

根据正当程序原则，法律法规未对某一行政行为的具体程序作出规定的，行政机关在作出该类行政行为时，也应当满足最低限度的程序要求，即告知行政相对人其具有陈述、申辩的权利等。有的案件未履行行政处罚事先告知程序，或者符合听证的要求却未告知当事人有权要求听证，或者没有当事人签署的《送达回证》。有的案件在《行政处罚事先告知书》中，给当事人的陈述申辩期不足3天。

4. 裁量标准存在价值偏差

主观恶意、危害后果、行为手段等都是进行行政处罚时需要考量的因素，各种考量因素应该有一个位次和比例。但研究发现，各种标准中鲜见这样的规定，行政处罚执法实践中的考量也非常混乱，有些不考量主观恶意，有些不考量危害后果。对于危害后果的计量也有本质性的偏差，以绿化行政处罚为例，往往只计量树木的经济价值，而不考虑其绿化价值，这与执法目的不符。

5. 事实认定不准确或证据存在瑕疵

有的案件未查清违法行为发生时间、违法所得、不合格产品和侵权商品的数量、品种和货值金额或非法经营额等关键事实，就草率结案。有的案件认定事实完全错误，如将侵犯植物新品种权案件认定为商标侵权案件。有的案件认定关键事实不够准确，如不合格产品的货值金额等出现计算错误。

---

① （2019）豫0104行初299号判决书。

证据确凿是行政行为合法的基本条件。在由主要证据不足导致行政行为被判决败诉的案件中，河南全省2019年有1653件，占全部败诉案件的26.18%，在行政行为败诉原因中居第2位。其中行政处罚排名第三，占5.46%。[1] 根据"先取证，后裁决"的行政执法基本原则，行政机关采集证据应该在行政行为作出之前或者当时。有的案件缺少必要的实物证据如侵权商标实物，或者提取的实物证据无提供人的签字确认。有的案件提取的书证复印件未经提供人签字确认。有的调查询问笔录上未反映表明执法人员身份和亮证执法的情况，以及告知被询问人要如实陈述事实、提供证据的情况，未将2名以上调查人员的执法证号记录在笔录中。

（三）涉行政处罚诉讼被告败诉情况及原因

河南省高级人民法院课题组在2020年对全省法院2018~2020年审结的行政案件进行了实证分析，深入查找出行政机关败诉案件分布领域、行政执法存在的共性问题。2018~2020年河南省行政案件呈现数量较大、涉及行政管理领域较为集中等特点。其中行政处罚案件数量位列第三，败诉原因与其他类型行政案件基本相似。

1.行政处罚败诉案件情况

近年来，全省每年新收一审行政案件基本保持在2万件以上，数量居全国前列。2018年居全国第2位，2019年居全国第4位。2020年1~11月，受新冠肺炎疫情影响，全省法院新收一审行政诉讼案件18644件，同比下降10.13%，但仍居全国第4位。2019年新收一审行政处罚案件1388件，败诉467件，败诉率33.65%[2]。

"行政处罚"类败诉案件主要集中在"罚款"（2018年190件、2019年260件）、"行政拘留"（2018年123件、2019年81件）和"暂扣（吊销）

---

[1] 河南省高级人民法院：《2018—2020年全省法院行政机关败诉行政案件分析报告》（内部资料）。

[2] 河南省高级人民法院自2015年以来开始统计行政机关败诉率。

许可证（执照）"（2018年19件、2019年19件）等上。图1和图2分别显示了2019年和2018年被告败诉案件具体处罚种类的占比情况，罚款类占绝大多数且2019年环比提升。

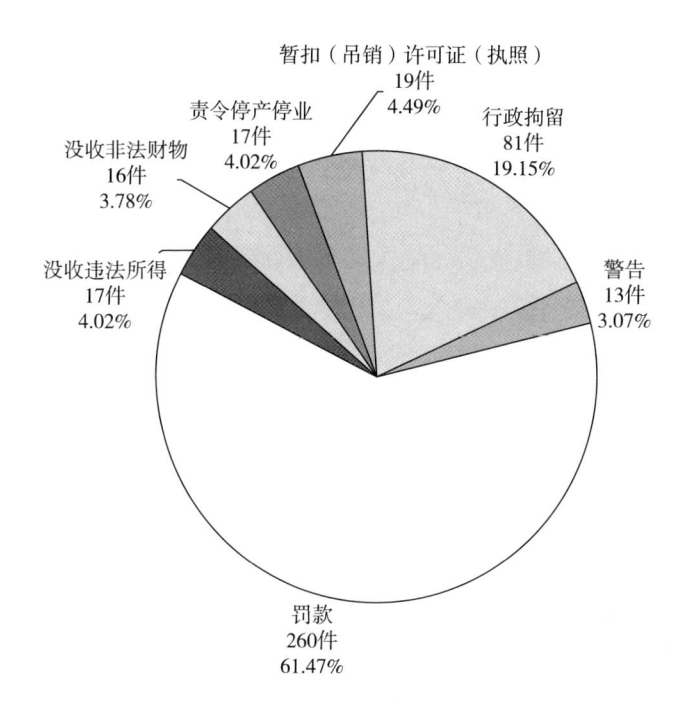

图1 2019年河南省行政一审"行政处罚"类被告败诉案件具体处罚种类占比

- 暂扣（吊销）许可证（执照） 19件 4.49%
- 责令停产停业 17件 4.02%
- 没收非法财物 16件 3.78%
- 没收违法所得 17件 4.02%
- 行政拘留 81件 19.15%
- 警告 13件 3.07%
- 罚款 260件 61.47%

资料来源：河南省高级人民法院《2018—2020年全省法院行政机关败诉行政案件分析报告》（内部资料）。

2. 行政处罚案件败诉原因

行政处罚案件败诉的原因主要有12种，其中行政行为违反程序规定、行政行为主要证据不足、被告不履行法定职责、行政行为超越职权4种法定事由排在前4位。2018年以来这4种原因导致败诉的案件占全部败诉案件的77.47%。其中，"行政行为违反程序规定"的占比为29.51%，"行政行为主要证据不足"的占比为27.13%，"被告不履行法定职责"的占比为11.18%，"行政行为超越职权"的占比为9.65%（见图3）。

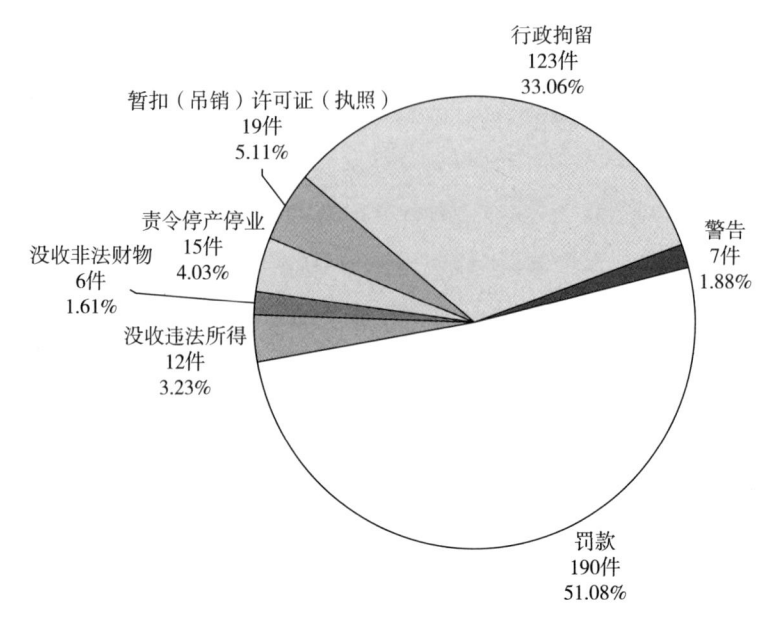

图 2　2018 年河南省行政一审"行政处罚"类被告败诉案件具体处罚种类占比

资料来源：河南省高级人民法院《2018—2020 年全省法院行政机关败诉行政案件分析报告》（内部资料）。

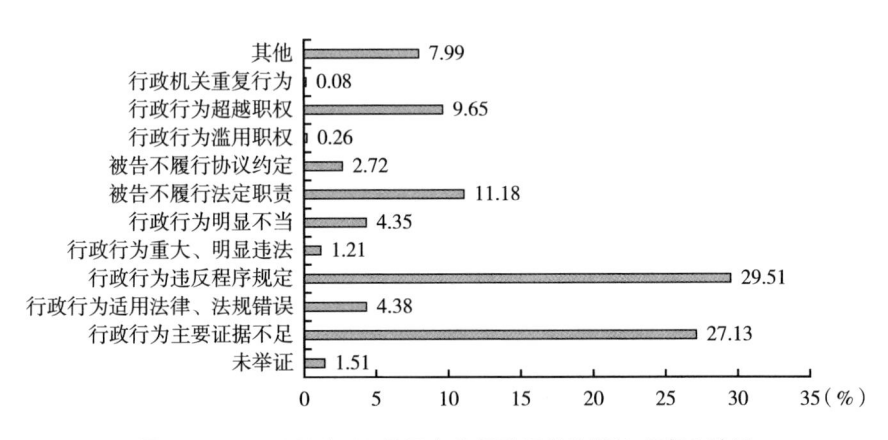

图 3　2018～2020 年 11 月河南省行政机关败诉法定事由统计

说明：感谢河南省高院领导批准卢瑜副庭长提供相关材料。省高院对 2018 年以来全省法院审结的 6 万余起一审行政案件进行了统计分析，着重对行政机关败诉整体特点、法定事由特别是败诉原因进行了实证研究，并提出了依法行政和法治政府建设的建议。

资料来源：河南省高级人民法院《2018—2020 年全省法院行政机关败诉行政案件分析报告》（内部资料）。

三 河南进一步加强行政处罚执法规范化建设的建议

法律的主要功能并非惩罚，而是规定和安排人们在社会生活当中的各种关系及行为，从而维护社会的秩序。虽然处罚可以矫正违法行为并警示公众，但只有当人们普遍认同并服从法律时，法律的价值才得以真正彰显，因而以命令与强制为基础的行政处罚不能成为主要手段。"一种法律秩序的基本保证来自社会对它的认可，而强制性的制裁只能构成次要的和辅助的保证。"[1] "功勋电子眼""罚款中队"等现象，是对行政处罚功能的滥用，是对立法目的的背离。以手段异化为目的，是行政处罚领域的积弊，需要进行系统化、常态化、有力度的矫治。为消除行政处罚执法中的种种不规范，则需要强化和细化执法责任制。

（一）强化决策者和执法者的法治思维

行政处罚领域的"说情风"由来已久，层出不穷，几经整治，仍然时有所见，而且说情者往往是执法队伍中的成员甚至是领导，不履行和不正确履行行政处罚的法定职责，大多与此有关。由人治到法治，需要大局观和职业担当，需要教育和惩戒。

第一要强化领导干部的法治思维。领导干部应定期参加法治培训班，明确认知法治是最好的营商环境。领导干部要带头尊崇法治、敬畏法律、尊重程序，在集体决策的时候严格遵守议事规则，不搞"一言堂"。

第二要培育执法人员的法治思维。行政机关及其工作人员既是实施法律法规的主要主体，更是法律法规规制的对象，应当严格按照法律标准和程序用权。在行政相对人屡次违法、态度蛮横的时候，也不能简单粗暴执法，要严格按照执法规范行使执法权。要做到合理行政，须遵循比例适当、信赖保

---

[1] 〔美〕埃德加·博登海默：《法理学：法律哲学和方法》，张智仁译，上海人民出版社，1992，第314页。

护、程序正当等行政法治原则，努力提高公众对执法行为的认同度。

第三要遵从立法权限、限制和法律位阶要求，不能对上位法作扩大解释或任意解释，行政处罚要严格权限、种类和幅度的边界，关注法律保留，杜绝自我赋权。拒绝执法利益的诱惑，自觉为实现立法目的而执法，为维护公共利益而执法。

（二）规范执法队伍运用法治的方式

一是理解法律本意避免机械执法。只有在充分掌握和理解法律的情况下才能做到依法行政。要关注司法解释和典型司法案例，做到全面掌握法律，准确理解立法目的，正确适用法律。以司法的视野反观行政处罚执法，跳出执法看执法，有助于客观认识行政处罚行为的利弊得失，正确行使行政处罚执法权。

二是尊重程序规定避免急功近利。《行政处罚法》及其配套法规和规范性文件，均遵循程序正义，进行了基本完善的程序规定。法律程序是通往实体正义的规范路径，过去"重实体、轻程序"的执法弊端产生不少恶果，需全力遏制这种不良惯性，培养程序理念。从败诉案件来看，程序不合法的情况不少。因此，必须谨记取证先行、固定证据、执法过程全程记录等程序要求。《河南省行政处罚听证办法（草案征求意见稿）》于2021年2月25日发布，其可望起到较好的规范作用。

三是善意执法体现人文关怀。防止选择性执法、过度执法、随意执法，规范裁量范围、种类和幅度，释放执法善意。亮证执法，欢迎监督，争取公众理解、支持。行政处罚裁量应充分考虑和保障相对人信赖利益，对行政过错要主动负责，不能让相对人为行政过错承担损失。

（三）研判突出问题，切实复议纠错

政府法治机构应建构案例研判制度，对于败诉案件数量多、占比高的行政处罚领域，找出突出问题开展专项治理。行政机关应制定案件主办人出庭应诉或者旁听庭审制度，撰写庭审感悟，入卷存档。对于行政不作为的投诉举报，应建立登记回单、处理反馈制度，避免不了了之。

行政复议是政府履行层级监督责任和自我纠错的重要制度设计。修订后的《行政诉讼法》强调了这一功能的发挥，在"复议机关决定维持原行政行为"的情况下，把复议机关列为共同被告，意在促使复议机关认真履行内部监督职能。应当重视当前行政复议纠错率低的现象，改变行政复议"维持会"的传统角色。

（四）重视司法建议，建立府院联动机制

国务院《全面推进依法行政实施纲要》提出了"正确对待人民法院的司法建议"的要求。司法建议是对行政处罚的外部监督、事后监督，既然这种监督最切中肯綮，那么就应该让它最为有效。要把司法建议当作人大代表、政协委员的议案一样对待，被采纳的司法建议应作为执法培训的教材使用。建议行政机关成立"行政案件协调委员会"等协调机构，建立法律适用分歧沟通机制等。①

（五）审慎扩权，严格培训监督新任执法主体

新《行政处罚法》的亮点之一是扩大了地方的行政处罚设定权限。新法规定：上位法对违法行为未作出行政处罚规定，地方性法规可以补充设定。但为了防止滥行政处罚，新《行政处罚法》要求：拟补充设定行政处罚的，应当广泛听取意见，并作出书面说明，充分论证设定处罚的必要性。这一规定既照顾了行政处罚的现实需要，又警惕了滥用可能，地方立法必须兼顾二者。

新《行政处罚法》规定了行政处罚实施权向基层延伸。行政执法实践中存在的突出问题之一是基层无处罚权，这是立法审慎的表现。随着外部监督的强化，这种审慎可以适当放宽。新《行政处罚法》规定：乡镇人民政府、街道办事处可以行使行政处罚权。这一规定有利于提高执法效能，但也增加了执法不规范的风险。新主体应当加强执法能力建设，上级政府应当加强业务指导、执法监督，完善评议、考核制度。

---

① 河南省高级人民法院：《2018—2020年全省法院行政机关败诉行政案件分析报告》（内部资料）。

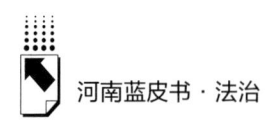

（六）建立依法行政奖惩机制，双向激励

根据权力和责任对等原则，建立奖惩机制成为规范行政处罚的必然选择。一是建立依法行政激励机制。将行政执法、落实司法建议等情况建立档案、纳入考核，引导执法人员自觉在法治轨道内用权。二是建立违法行政问责机制。首先要建立执法过错发现机制，其次要建立重大执法过错通报制度，对败诉案件较多的领域，开展专项检查，督促整改。

（七）平衡处罚权有效行使与防止处罚权滥用

在确保实效性的基础上合理行使处罚裁量权是法治的要求。行政处罚的实效性是处罚后产生的合乎执法目的的作用或效果，包括制裁惩戒违法行政相对人、矫正违法、预防违法等。为平衡保障执法和防止滥权的关系，行政处罚执法应注意以下两点，一是将违法行为的主观状况、事实、性质、情节、社会危害程度以及是否累犯等作为处罚裁量的全面考量因素，不可选择性考量。二是谨记立法目的避免机械执法，处罚的最终目的是纠正及预防违法，并非为了制裁而制裁。总之，要考虑处罚作用于违法行为的有效性。

参考文献

徐畅、裴兆斌：《论比例原则在渔业行政处罚中的适用》，《中国渔业经济》2021年第3期。

蒋红珍：《比例原则位阶秩序的司法适用》，《法学研究》2020年第4期。

徐雨衡：《"法感"在法律推理中的价值及其适用》，《法制与社会发展》2020年第2期。

江必新、贺译葶：《贯彻〈行政处罚法〉需重点把握的几个问题》，《法律科学》（西北政法大学学报）2021年第5期。

贺译葶：《公布行政违法信息作为声誉罚：逻辑证成与制度构设》，《行政法学研究》2020年第6期。

实 践 篇
Practical Reports

B.8
河南省重大行政决策程序立法的问题与对策研究[*]

魏小雨 李梦琳[**]

摘 要： 重大行政决策程序立法可有效增强市场环境的稳定性与可预期性、加强对行政权的制约与监督，并通过决策参与提升市场主体的治理能力。目前河南省部分地区关于重大行政决策程序的立法走在全国的先进行列，但总体立法数量偏少、层级偏低。通过对全国及全省范围内重大行政决策程序规范进行梳理，本报告发现河南省内相关立法尚存在各地差异性大、配套细化规定较少，公众参与程序形式单一、普遍缺乏反馈机制，重大行政决策责任追究依据模糊、可操作性有待提高等问题。对此，应鼓励支持地方立法，协调各地决策规范体系；拓宽公众参与

---

[*] 本报告为国家社会科学基金青年项目"互联网平台型企业的信息管理主体责任及其法治化研究"（项目编号：20CFX061）的研究成果。
[**] 魏小雨，法学博士，中共河南省委党校讲师；李梦琳，法学博士，中共河南省委党校讲师。

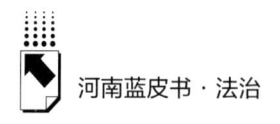

途径，增强政府反馈回应意识；完善决策追责机制并细化责任追究标准等，以提高决策科学化、民主化、法治化水平，助力法治化营商环境构建。

关键词： 重大行政决策　决策程序　公众参与　责任追究

　　《中共中央关于制定国民经济和社会发展第十四个五年规划和二〇三五年远景目标的建议》强调："健全重大政策事前评估和事后评价制度，畅通参与政策制定的渠道，提高决策科学化、民主化、法治化水平。"这不仅属于加快转变政府职能的重要内容，更将对"持续优化市场化、法治化、国际化营商环境"形成深远影响。2021年8月，中共中央、国务院印发《法治政府建设实施纲要（2021—2025年）》，要求强化依法决策意识、严格落实重大行政决策程序并加强行政决策执行和评估，从而"健全行政决策制度体系，不断提升行政决策公信力和执行力"。在规范层面，国务院自2019年9月1日起施行的《重大行政决策程序暂行条例》不仅填补了国内行政决策制度体系的空白，使政府治理体系进一步法治化、现代化，更为地方立法提供了样本，促使各地区行政决策权在法治轨道上运行。2021年3月26日，河南省政府办公厅公布《河南省重大行政决策程序实施办法（草案征求意见稿）》，正式公开向社会征求意见。"郑州市人民政府重大行政决策程序规定"的制定亦正在依法定程序稳步推进。在这一背景下，对全国各省、地市等重大行政决策程序立法的分析，可为河南省内相关立法提供有益借鉴，从而将行政决策权关进制度的笼子，进一步推进行政决策科学化、民主化、法治化，为河南省内营商环境优化提供强有力的法治保障。

一 重大行政决策程序立法对于法治化营商环境构建的意义

（一）增强市场环境的稳定性与可预期性

"现代市场经济是以独立自主的企业为主体的自由交易经济，但是它不会'自我维持'。"① 因此，完善、合理的法律法规政策体系是法治化营商环境构建的基础，在优化营商环境中具有巨大的引领和推动作用。具体而言，完善的立法可以为所有市场主体提供行为准则，并使其对自身的行为后果可预期，从而保障了市场整体在稳定的环境下运行，有利于商事活动的长期可持续发展。② 其中，重大行政决策程序立法在法治化营商环境的规范体系中更是扮演重要角色。在中国特色社会主义市场经济的背景下，市场主体的行为与选择深受政府对于经济主导的影响，如果重大行政决策缺失法定程序的依据，决策失误的风险将成倍上升，为社会经济乃至自然环境的发展带来不可估量的负面影响。早在1986年，万里同志便指出："在一切失误中，决策的失误是最大的失误。一着不慎，全盘皆输。'大跃进'决策的失误造成数以千亿计的重大损失。这还只是物质财富方面可以计算出来的损失，还有许多无形的损失，特别是在人们的精神状态方面造成的损失，比这影响更为严重。"③ 因此，通过程序立法促使重大行政决策在法治轨道上运行，有助于行政主体对于市场经济的作用得到正确发挥，企业及行业组织亦可借此发挥主观能动性，参与重大行政决策，提出行业专业意见，增强市场整体的稳定性与可预期性。

---

① 钱颖一：《市场与法治》，《经济社会体制比较》2000年第3期。
② 李洪雷：《营商环境优化的行政法保障》，《重庆社会科学》2019年第2期。
③ 万里：《决策民主化和科学化是政治体制改革的一个重要课题——在全国软科学研究工作座谈会上的讲话》，《中国软科学》1986年第2期。

（二）加强对行政权制约与监督的制度化、常态化

行政决策是行政机关及其工作人员为实现一定的公共性目标而依据法定程序作出关于公共事务的行政决定或确定行动方案的活动及过程的总和。① 行政机关及其工作人员遵循相应的法定程序作出决策，说明决策本身已经成为一种制度，即所有成员共同遵守的，由法律关系与行为准则构成的"规范体系"。② 习近平总书记早在十八届中央纪委二次全会上就指出"要加强对权力运行的制约和监督，把权力关进制度的笼子里"，③ 行政决策权亦是如此，作为决策制度最重要的组成部分之一，只有完善的决策程序才能保证决策的合法性与民主性。一方面，决策程序通过"正当程序"功能使决策避免了主观臆断的价值偏差，有效规范包括决策权在内的各类行政权力，使对行政权的制约与监督，尤其是行政机关之外的市场、社会等主体对行政权的制约与监督制度化、常态化。另一方面，对于决策程序的立法规范还可通过法定的公众参与环节使决策内容真正体现"人民对美好生活的需要"，最大限度提升公共福祉。

（三）提升市场主体治理能力，构建现代化治理体系

面对变化万千、日新月异的市场环境，行政决策已逐渐脱离政府自身"内部活动"的范畴，而日益成为具有不同利益诉求的主体为了达成共识、获取特定范围内公共利益的一种行动过程。"一管就死，一放就乱"，传统治理模式中，政府对市场主体总是倾向于选择干预性较强的规制工具，而忽视市场自身的治理需求，这不仅带来高昂的规制成本，更不利于规制目标的实现。事实上，随着信息技术的发展，数字经济时代的市场状况愈加复杂，各种经济新业态层出不穷，政府作为单一主体的力量已逐渐无法满

---

① 杨寅：《行政决策程序、监督与责任制度》，中国法制出版社，2011，第8页。
② 陈党等：《重大行政决策终身责任追究制度研究》，浙江工商大学出版社，2020，第17页。
③ 《习近平：把权力关进制度的笼子里》，人民网，2017年6月8日，http://theory.people.com.cn/n1/2017/0608/c40531-29327086.html。

足治理的需要，如何处理好政府与市场的关系成为法治化营商环境构建的重要命题。对此，政府在重大行政决策中的职能应转向和更多的市场与社会组织一起寻求公共问题的解决方案，引导和组织新的、合作协同型的现代化治理模式的实现，通过多元主体的参与、讨论、协商弥补行政决策相对于技术创新发展的滞后性缺陷。[①] 重大行政决策程序中的公众参与将有效消除政府单一主体作出决策时常遭遇的信息不对称现象，增加社会对决策内容正当性和科学合理性的信任与支持。此外，通过不断参与，市场与社会主体完成与行政主体一次又一次的信息交换，在这个过程中，政府与市场间的信任感增强，市场主体自身也将通过参与行政决策不断增强公共事务的治理能力，进一步反哺自我规制、内部规制，"内外结合"构建与完善现代化治理体系。

二 河南省重大行政决策程序立法的现状及成效

从2008年6月18日《国务院关于加强市县政府依法行政的决定》规定了6项重大行政决策程序制度[②]，到2019年5月8日《重大行政决策程序暂行条例》发布，再到2021年1月《法治中国建设规划（2020—2025年）》提出"严格落实重大行政决策程序制度，切实防止违法决策、不当决策、拖延决策，充分发挥法律顾问、公职律师在重大行政决策中的作用，建立健全重大行政决策跟踪反馈和评估制度"及2021年8月《法治政府建设实施纲要（2021—2025年）》指出"严格执行《重大行政决策程序暂行条例》，增强公众参与实效，提高专家论证质量，充分发挥风险评估功能，确保所有

---

① 〔美〕朱迪·弗里曼：《合作治理与新行政法》，毕洪海、陈标冲译，商务印书馆，2010，第47页。
② 完善重大行政决策听取意见制度、推行重大行政决策听证制度、建立重大行政决策的合法性审查制度、坚持重大行政决策集体决定制度、建立重大行政决策实施情况后评价制度、建立行政决策责任追究制度。

重大行政决策都严格履行合法性审查和集体讨论决定程序"，重大行政决策程序历经长足的发展，全国大多数地区已建立起较为成熟的重大行政决策程序的体制和机制。然而，河南省内重大行政决策程序的相关立法仍需重点关注，虽然《法治河南建设规划（2021—2025）》明确提出"出台河南重大行政决策程序实施办法"，全省部分地区关于重大行政决策程序的立法走在全国的先进行列，但整体立法进程仍处于较为落后的状态。

（一）全国横向对比

截至 2021 年 10 月 1 日，通过在北大法宝检索全国 31 个省级行政区（不含港澳台地区）现行有效的行政程序规定和重大行政决策专门规定，共找到 878 部关于重大行政决策的地方规定，其中现行有效的地方政府规章有 57 部。从横向比较来看，全国 31 个省级行政区域均制定了关于重大行政决策的程序规定，其中，28 个省、自治区、直辖市制定了省级重大行政决策规定，包括《黑龙江省重大行政决策程序暂行规定》《陕西省重大行政决策程序暂行规定》《内蒙古自治区重大行政决策程序规定》《宁夏回族自治区重大行政决策规定》等，约占全国 31 个省级行政区的 90.3%（见图 1）。而河南省、海南省、新疆维吾尔自治区共 3 个省级行政区尚未制定重大行政决策程序规定，本省仍处于未制定省级重大行政决策程序规定的行列，在省级重大行政决策程序立法进程中在全国处于较为落后的状态。大多数地方行政程序立法中有对重大行政决策程序的规定，就地方行政程序立法而言，从湖南于 2008 年出台第一部行政程序规定《湖南省行政程序规定》开始，已有 17 部地方行政程序规定出台，而河南省并未有地区出台地方行政程序规定。综上，河南省尚未有省级立法与重大行政决策程序相关。从省内地市关于重大行政决策程序的立法数量来看，以安徽省合肥市为例，截至 2021 年，合肥市已经出台了 21 部重大行政决策程序相关立法，而河南省仅部分地市出台有 2 部及以上的地方立法，省内超过一半的地市尚未出台重大行政决策程序相关立法，总体立法数量在全国范围内偏少。

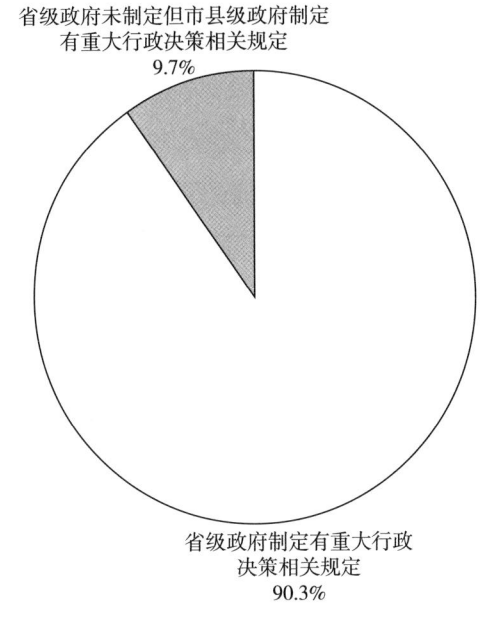

省级政府未制定但市县级政府制定
有重大行政决策相关规定
9.7%

省级政府制定有重大行政
决策相关规定
90.3%

图 1　截至 2021 年 10 月 1 日地方重大行政决策规定区域分布

资料来源：笔者根据权威数据整理。

（二）省内立法现状

从省内立法现状来看，河南省有濮阳、安阳、南阳、平顶山、商丘、洛阳、信阳、新乡、许昌、驻马店和漯河等 11 个地市共出台市级重大行政决策程序相关规定 17 部，约占河南省 18 个地市数量的 61%（见表 1、图 2）。其中，部分地市如洛阳、信阳、漯河等市出台了 2 部市级重大行政决策程序相关立法，新乡则出台了 4 部。就立法规范的层级而言，17 部重大行政决策程序立法均为行政规范性文件，立法层级较低，约束力较弱，与全国范围内的立法位阶较为一致。从立法生效时间可以看出，河南省内各地方立法集中于 2010 年 8 月至 2016 年 5 月，这个时间节点主要基于：2010 年 11 月 8 日，《关于加强法治政府建设的意见》确立"要把公众参与、专家论证、风险评估、合法性审查和集体讨论决定作为重大决策的必经程序"；2014 年 10 月 23 日，《中共中央关于全面推进依法治国若干重大问题的决定》明确提出"健全依法决策机制，把公众参与、专家论证、风险评估、合法性审查、集体讨论决定确定为重大行政决策法定程序"，对完善重大行政决策机制提出非常具体的要求，为贯彻落实该要求，地方出现一个重大行政决策程序立法的高峰（见图3）。

表1 河南省各地市重大行政决策程序立法现状统计

地区	名称	制定主体	生效时间	文件层级
濮阳市	濮阳市人民政府重大行政决策程序规定	濮阳市人民政府	2010年8月30日	行政规范性文件
安阳市	安阳市政府重大行政决策程序规定	安阳市人民政府	2010年8月31日	行政规范性文件
南阳市	南阳市人民政府重大行政决策规则	南阳市人民政府	2011年12月31日	行政规范性文件
平顶山市	平顶山市人民政府重大行政决策程序规定	平顶山市人民政府	2012年12月1日	行政规范性文件
商丘市	商丘市人民政府重大行政决策程序规定	商丘市人民政府	2013年9月25日	行政规范性文件
洛阳市	洛阳市重大行政决策目录	洛阳市人民政府办公室	2016年1月15日	行政规范性文件
	洛阳市重大行政决策程序暂行规定	洛阳市人民政府	2015年12月1日	行政规范性文件
信阳市	信阳市重大行政决策听证咨询办法	信阳市人民政府	2015年1月18日	行政规范性文件
	信阳市政府重大决策程序规定	信阳市人民政府	2010年9月1日	行政规范性文件
新乡市	新乡市人民政府重大行政决策程序暂行规定	新乡市人民政府	2014年12月25日	行政规范性文件
	新乡市重大行政决策听证暂行办法	新乡市人民政府	2011年8月30日	行政规范性文件
	新乡市重大行政决策专家咨询论证暂行办法	新乡市人民政府	2011年8月30日	行政规范性文件
	新乡市重大行政决策公示办法	新乡市人民政府	2011年7月27日	行政规范性文件
许昌市	许昌市重大行政决策实施情况跟踪反馈和后评估办法	许昌市人民政府办公室	2014年8月7日起施行，有效期5年，期满自行废止	行政规范性文件
驻马店市	驻马店市重大行政决策听取意见制度	驻马店市人民政府	2013年12月10日	行政规范性文件

续表

地区	名称	制定主体	生效时间	文件层级
漯河市	漯河市人民政府重大行政决策听证办法	漯河市人民政府	2018年7月1日	行政规范性文件
	漯河市人民政府重大行政决策程序规定	漯河市人民政府	2016年5月1日	行政规范性文件

资料来源：笔者根据权威资料整理。

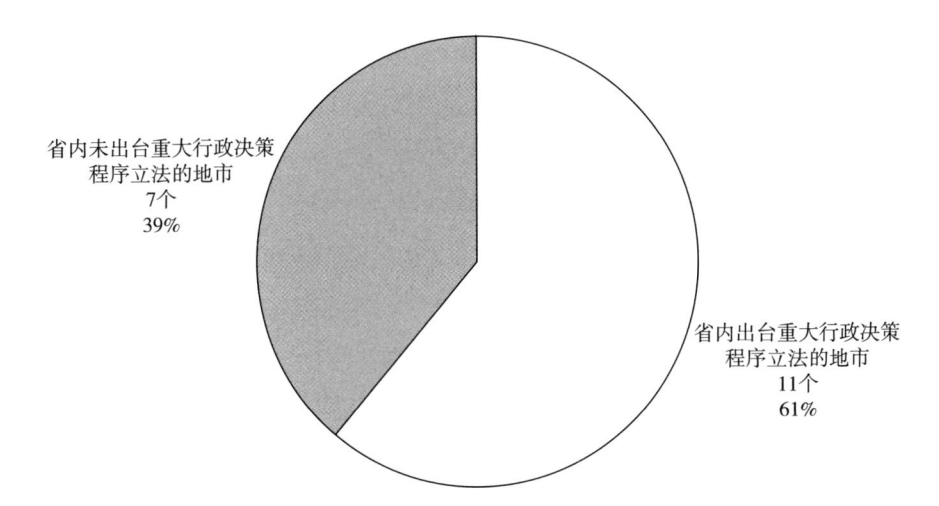

图2 河南省地方重大行政决策程序立法区域分布

资料来源：笔者根据权威数据整理。

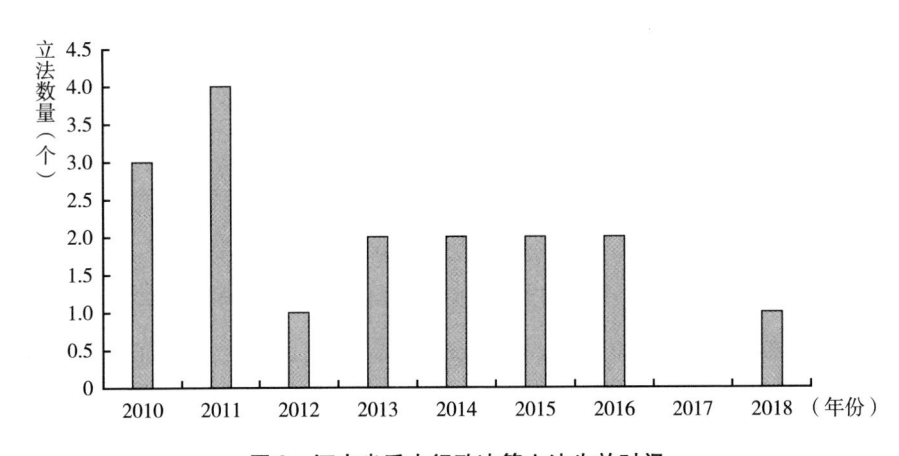

图3 河南省重大行政决策立法生效时间

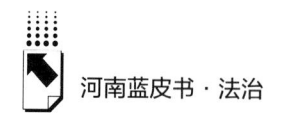

三 河南省重大行政决策程序立法中存在的主要问题

（一）地方立法差异性大，主题较少

整体而言，河南省内地级市现行有效的涉及重大行政决策程序方面的法律规范几乎全部是在《重大行政决策程序暂行条例》公布之前出台的，最早的甚至比该条例早出台近10年。在此期间，因始终缺乏省级和中央层面上位法的引导和规范，加之时代的发展变迁，地方制定的相关规范性文件难免存在与实践不符的内容，各自的行文逻辑与原则体系具有明显的差异性。

就立法主体而言，省内17部地方重大行政决策程序规定的制定主体全部为地方各级人民政府，尚未有地方人大制定条例，总体层级较低，效力有待加强。而重大行政决策程序立法的推动主体来自政府，意味着其属于政府的自我规范范畴，在一定程度上减弱了外部监督的效果。同时，省内相关立法没有政府办公厅、政府法制办制定的，政府其他部门制定的也较少，仅有河南省人力资源和社会保障厅、水利厅、生态环境厅等部门制定有相关规范。

就立法主题而言，省内关于重大行政决策程序的立法主要是综合性重大行政决策规定，如《安阳市政府重大行政决策程序规定》《洛阳市重大行政决策程序暂行规定》等，此部分立法共10部，占比约为58.8%。少数立法是关于单一程序制度的规定，如《洛阳市重大行政决策目录》《信阳市重大行政决策听证咨询办法》《许昌市重大行政决策实施情况跟踪反馈和后评估办法》《驻马店市重大行政决策听取意见制度》等，此部分立法共7部，占比约为41.2%，其中内容涉及重大行政决策程序的目录、听证制度、实施后评估制度、听取意见制度等。

（二）参与程序形式单一，普遍缺乏反馈机制

公众参与是重大行政决策程序的重要组成，广义上的公众参与也包括专

家论证环节。然而，目前河南省内关于参与环节的立法内容仍然存在形式单一、缺乏对公众意见的反馈机制等问题，导致公众参与重大行政决策实效性不强。例如，目前洛阳市的立法中就没有对公众参与进行专章规定，但是对应当举行听证会的事项进行了明确。而在专家论证方面，洛阳市立法中明确"市政府按照不同专业领域建立决策咨询专家库"，体现专家专业领域的不同性，以立法的形式予以明确，具有一定的先进性。可以看出，目前公众参与程序在重大行政决策立法中多以听证会、论证会、立法草案的征求意见等形式呈现，参与的形式较为传统、单一。与此相比，目前公布的《郑州市人民政府重大行政决策程序规定（专家论证稿）》中对公众参与以专章的形式进行了详细要求，包括公众参与方式、征求意见途径及时限、听证的界定、听证程序等。然而，其中却并未规定在"听取"公众及专家意见后，是否应向社会公开研究论证的具体意见及是否应对采纳情况进行具体说明。尤其是针对重大行政决策，假若只采取一次甚至数次的听证会，并对听证中的公众参与意见是否接受、为什么不接受、后续的讨论修改等无明文规定，将不利于发挥公众参与的实质效力，也不能满足公共利益最大化的要求。十九届四中全会指出："坚持社会主义协商民主的独特优势，……构建程序合理、环节完整的协商民主体系，完善协商于决策之前和决策实施之中的落实机制，丰富有事好商量、众人的事情由众人商量的制度化实践。"意味着公众参与不仅仅单纯地提供意见，更要求理性对话、论证和说服。这需要在重大行政决策程序立法中将沟通协商制度化，以法定的正式程序保证相关部门与公众协商互动、协同治理，对公共事项形成合意。

（三）决策责任依据模糊，可操作性有待提高

对决策主体进行科学合理的法律责任设置是重大行政决策科学化、民主化、法治化的重要保障。仍以洛阳市为例，在责任追究方面，洛阳市的立法中规定了6种追责情形，包括"未提交市政府决策擅自实施的；未按规定履行决策程序的；提供虚假材料的；提供的决策草案违法违规的；未将社会公众、专家论证、风险评估、合法性审查的意见作为决策重要依据的；其他

导致决策失误并造成严重后果的"。各地的立法中对重大行政决策追责情形的规定相差较大，规定的形式也都根据当地的实际各有不同，洛阳市规定的6种追责情形属于较为完善和细致的规定。《河南省重大行政决策程序实施办法（草案征求意见稿）》中，按照决策机关、决策承办单位、决策执行单位、专家（及专业机构、社会组织）4种主体分列了责任情形。其中，决策机关本身在"未履行或者未正确履行决策程序"时，"决策机关行政首长、负有责任的其他领导人员和直接责任人员"将依法追究责任。而在"造成决策严重失误，或者依法应当及时作出决策而久拖不决，造成重大损失、恶劣影响的"即形成了损害后果后，方实行"终身责任追究"。对于决策承办单位，追责情形表述为"未按照本实施办法履行决策程序或者履行决策程序时失职渎职、弄虚作假的"，其中与"未正确履行决策程序"如何区分并不明确。决策执行单位的追责情形则集中于"拒不执行、推诿执行、拖延执行"或者"对执行中发现的重大问题瞒报、谎报或者漏报的"，未涉及执行程序方面的内容。同时以上三者追责应具体依照何法律依据也较为模糊。在专家、专业机构、社会组织等层面，规定"违反职业道德和本实施办法的，予以通报批评、责令限期整改；造成严重后果的，取消评估资格、承担相应责任"，即责任承担的法定依据为职业道德规范与作为法律规范的《河南省重大行政决策程序实施办法（草案征求意见稿）》本身两种，"相应责任"是否仅对应为行政责任亦有待明确。值得肯定的是，《河南省重大行政决策程序实施办法（草案征求意见稿）》规定了探索性改革事项的行政决策如未能实现预期目标，但"有关单位和个人依照规定程序决策、执行，且勤勉尽责、未谋取私利的，不作负面评价，依法减轻或者免除相关责任"，体现了包容审慎的现代化行政管理原则。

四 完善河南省重大行政决策程序立法的对策建议

（一）鼓励支持地方立法，协调决策规范体系

在省级层面尽早出台和实施"河南省重大行政决策程序实施办法"，为

地方立法确立统一标准与规范引领，已成为河南省重大行政决策程序立法的迫切需求。此外，还应以宣传培训、层级指导、政治教育等多样化形式鼓励支持各地方及政府各部门立法，尽早尽快形成省内重大行政决策程序的完整规范体系及统一标准。以河南省生态环境厅为代表，其在重大行政决策方面成果斐然，早在2013年与2017年就分别出台了《河南省环境保护厅重大行政决策规则》《河南省环境保护厅重大行政决策责任追究办法》《河南省环境保护厅重大行政决策合法性审查办法》。尤其是在《重大行政决策合法性审查办法》中制作"重大行政决策合法性审查表"，提供了具体可行的量化标准与可操作性较强的行为指南。2021年7月，河南省生态环境厅又修订了《河南省生态环境厅重大行政执法决定法制审核办法》和《河南省生态环境厅重大行政执法决定法制审核目录》，在新的时代背景下，与重大行政决策相关文件配套使用，实现生态环境行政法治的全过程保障。显然，重大行政决策涉及"公共服务、市场监管、社会管理、环境保护等方面的重大公共政策和措施"，由政府的具体部门制定适用于本部门业务的具体重大行政决策程序及制度，更有利于坚持从工作实际出发，准确分析在时代发展背景下面临的新情况和新问题，科学预测具体业务的新发展趋势，使重大行政决策具有前瞻性、创新性，把握公共事业发展的主动权。从全国范围来看，多数地方都已形成"综合程序规定为主，细化环节立法为辅"的立法格局。如广东省肇庆市不仅在2013年公布施行了《肇庆市人民政府重大行政决策程序规定》，更在2018~2019年陆续发布实施《重大行政决策合法性审查办法》《重大行政决策风险评估办法》《重大行政决策公众参与办法》《重大行政决策专家咨询论证办法》《重大行政决策后评估办法》《重大行政决策责任追究办法的通知》《重大行政决策全过程记录和档案管理办法》等7份配套性文件，围绕重大行政决策程序全过程打造完善规范体系，为其他地区提供了良好借鉴。

（二）拓宽多元参与途径，增强反馈回应意识

随着新媒体时代的到来，信息技术的发展为公众参与提供了更多的可能

性，在传统的听证会、论证会等形式之外，可以考虑通过新媒体拓宽多元主体参与重大行政决策程序立法的途径。如鼓励公众发布论坛帖子、微博评论和投票等以吸纳公众意见。甚至对他人的帖子、评论进行点赞和转发，微博、抖音热搜榜等，作为公众表达的重要途径，也可以考虑纳入参与的有效形式。此外，在专家论证环节，首先，可以考虑提高参会专家待遇，吸引更多高层次、高水平的专家学者提供专业意见。其次，应制度化规定必须有不同领域、不同专业甚至不同年龄段的专家参与决策论证。实践中，在挑选参会专家时往往更倾向于所在地区的高校教师，而在一定程度上忽视了在社科院、法学会、党校等研究机构、事业单位中亦具有大量的兼具理论与实践经验的专业人才。最后，企业尤其是大型企业中的高层管理人员具备丰富的商业知识与管理经验，对市场情形有切身了解，完全可以考虑纳入专家库中，实现论证意见的多样性。

此外，应增强政府主体在重大行政决策中的反馈回应意识，在相关程序立法中确立、完善公共参与的回应反馈机制。现行程序中"一次性"的参与难以使真正的公共需求得以体现，重大行政决策应同时具备权威性和灵活性，政府应引导公众对决策进行反复的协商、讨论及全过程的参与，才能实现对决策随时监控与修正。[①] 所谓协商、讨论就是要求不仅单纯地对公众意见予以倾听、收集、记录，更要对意见进行说明、解释、反馈，在多次讨论中达成共识。公共参与的回应反馈是避免公众参与的意见被虚置的重要机制。目前公众参与程度之所以不高，一部分原因是公众并不清楚自己的意见是否被行政机关考虑，行政机关没有建立对公众意见的说明理由及辩论机制。对此可考虑创造重大行政决策程序中面对面的磋商机制，一方面利用电子政务平台进行信息公开，帮助参与讨论的公众提升意见的理性程度，另一方面设计对公众意见的反馈说明制度。决策草案形成后，应说明决策草案最终形成的事实因素、法律依据，尤其是对公众意见是否接受、都接受了哪些、哪些意见又为什么不接受，政府自由裁量范围内所依据的政策及公益基础是什么，等等。

---

① 魏小雨：《信息时代公众参与社会治理的法治构造》，《领导科学》2021年第6期。

（三）完善决策追责机制，细化责任追究标准

从全国范围来看，各地制定的重大行政决策程序立法施行时间越晚，相应的责任条款就越详细。《重大行政决策程序暂行条例》将责任主体划分为决策机关、决策承办单位、决策执行单位及承担论证评估工作的专家（及专业机构、社会组织）四类，为完善决策追责机制，河南省内各地市立法应在此基础上作出更为细化的责任追究标准，划分重大行政决策责任追究的具体情形。

首先，应鼓励各地市、政府各部门出台与《重大行政决策程序规定》相配套的《重大行政决策责任追究办法》，详细规定责任追究的范围和方式、责任承担形式、追责程序、免责条款，等等。《武汉市重大行政决策责任追究暂行办法》中就对责任追究程序作了专章规定，要求"决策起草单位和实施单位应当按照《中华人民共和国档案法》等有关规定，将决策的作出和实施过程中形成的相关材料及时完整地整理归档"。该规定有效地保障了责任追究实施机关在追责程序启动后，能够迅速地根据归档的资料倒查问题线索并追究有关人员责任。

其次，统一归责原则及标准。例如，针对决策机关本身，根据《重大行政决策程序暂行条例》第 38 条第 1 款，采取的是"违法归责"的原则，即只要"违反本条例规定的"，便"对决策机关行政首长、负有责任的其他领导人员和直接责任人员"依法追责。而《关于实行党政领导干部问责的暂行规定》第 5 条规定"决策严重失误，造成重大损失或者恶劣影响的"将对党政领导干部实行问责，意味着归责原则为"过错+结果"，这显然与《重大行政决策程序暂行条例》存在矛盾。考虑到重大行政决策总是具有决策对象的复杂性与影响的外部性等特点，要充分考量对于特定决策对象的包容审慎，[①] 建议可以"过错原则"为主，统一各地立法，要求责任追究对象

---

① 张效羽：《行政法视野下互联网新业态包容审慎监管原则研究》，《电子政务》2020 年第 8 期。

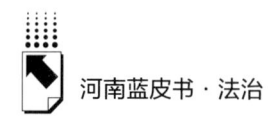

为其具有主观过错的行为负责，达成重大行政决策追责中惩戒与预防的双重目的。

最后，完善重大行政决策责任救济。责任追究主体及追责对象的合法权利同样需要完善的法治保障，以避免行政追责中可能出现的失误与偏差，降低问责被"政治"俘获的风险。① 目前国内各地市的问责办法中有对问责时间期限及救济主体的少量规定，但该救济程序尚未形成完整的司法化程序，导致实践中对问责决定不服的公务人员内部申诉和控诉的成本较高。对此《合肥市重大行政决策责任追究暂行办法》的条款可提供有益借鉴，其中第12条规定："有关责任人员在责任追究过程中享有陈述权和申辩权，责任追究机关应当听取其陈述和申辩。"第13条规定："有关责任人员对处理决定不服的，可以按照《中华人民共和国公务员法》《中华人民共和国行政监察法》等规定提出申诉。"赋予了追责对象充分的陈述和申诉权利，提供了法定的救济途径。

2020年7月27日，世界银行发布《中国优化营商环境的成功经验——改革驱动力与未来改革机遇》专题报告，对中国营商环境给予高度评价："近年来，中国以参与世界银行全球营商环境评估为抓手，大力营造稳定公平透明、可预期的营商环境，营商环境全球排名持续大幅提升，在2019年世界银行营商环境评估中列第三十一位。连续两年被世界银行评选为全球营商环境改善幅度最大的10个经济体之一，被采信的改革数量位居全球前三，已成为全球主要经济体中营商环境改善幅度最大的经济体。"在此背景下，更应加快河南省重大行政决策程序立法进程，发挥其对法治化营商环境构建的重要功能。正如奥斯本与盖布勒所说："一切文明社会都有某种形式的政府……文明社会的有效运作必须依赖一个有效的政府。"②

综上，面对法治化营商环境的构建，政府必须首先考虑如何以法治为内

---

① 韩春晖：《国家治理体系现代化的制度样本——评析〈重大行政决策程序暂行条例〉》，《行政管理改革》2020年第1期。
② 〔美〕戴维·奥斯本、特德·盖布勒：《改革政府：企业精神如何改革着公营部门》，上海市政协编译组、东方编译所编译，上海译文出版社，1996，第3页。

在装置，提升重大行政决策的科学性、民主性及合法性，对营商环境产生积极影响。因此，河南省重大行政决策程序立法应在协调完善各地规范体系的基础上，重视并有效利用多元主体的能力优势，共同参与重大行政决策。同时，强化责任追究，促使决策主体牢固树立公仆意识与责任意识，依法决策、合理决策，真正做到"权为民所用、情为民所系、利为民所谋"。

B.9 焦作市构建常态化府院联动机制的实践探索

李志强 汤艳飞[*]

摘　要： 建立常态化府院联动机制，有利于更好地发挥行政机关的组织优势和法院的专业优势，不断优化营商环境，增强市场活力，促进社会公平正义，从而进一步提升审判执行工作质效，提高群众满意度。2021年，焦作市逐步构建起"一二三四五"府院联动机制体系，围绕法治政府建设、多元矛盾化解、"执行难"问题解决、"僵尸企业"清理等工作，实现了行政与司法的良性互动。

关键词： 府院联动　法治化营商环境　法治政府　基层治理

2021年，焦作市政府、法院、检察院陆续出台《关于建立常态化府院联动机制的意见》《焦作市建立常态化府院联动机制实施方案》，逐步构建起常态化府院联动机制，探索建立法治化营商环境建设新模式。经过长期的实践提升和机制创新，焦作将全面依法治国制度优势转化为现代化焦作治理效能，使府院联动实现了由"单打独斗"向"协同作战"转变、由局部协作向系统联动转变、由临时性应急处置向制度化常态化运行转变，在法治化营商环境及法治社会、法治政府建设等方面发挥了重要作用，取得了良好的经济和社会效益。

---

[*] 李志强，焦作市中级人民法院研究室副主任；汤艳飞，焦作市中级人民法院研究室科员。

一 府院联动的现实需要和法律依据

(一)府院联动的现实需要

1. 营商环境指标评价体系决定了府院之间必须联动

尽管国内各省营商环境评价办法不统一,但一般都会设置20余项一级指标,主要评价对象是政府。根据河南省营商环境评价办法,法院是"办理破产""执行合同""保护中小投资者"3项指标的牵头单位,同时是"法治环境""知识产权创造保护和运用""不动产登记""获得信贷"4项指标的主要配合单位。营商环境指标评价体系和职责分工,决定了政府和法院之间只有加强协作联动,才能更好地完成法治化营商环境建设任务。

2. 法治社会建设需要府院之间进行联动

国家经济和社会发展过程中会产生很多矛盾和纠纷,矛盾纠纷化解通常有三道防线,人民调解是第一道防线,仲裁、行政裁决、行政复议等方式是第二道防线,司法是最后一道防线,其中前两道防线属于非诉讼方式,第三道防线属于诉讼方式。无论非诉讼还是诉讼,都要求把矛盾纠纷化解纳入法治化轨道。以非诉讼方式解决纠纷,具有成本较低、对抗性较弱、有利于修复社会关系等优势,因此中央提出要坚持把非诉讼纠纷解决机制挺在前面。这就决定了在法治社会建设中,政府和法院之间必须进行联动,坚持和发展新时代"枫桥经验",共同完善社会矛盾纠纷多元预防调处化解综合机制,努力将矛盾纠纷化解在基层。

3. 法治政府建设需要府院之间进行联动

法治政府建设不是"二人转",更不是"独角戏",它要求人民法院充分参与进来。行政诉讼制度的主要职能是监督行政机关依法行政和切实有效保障人民群众合法权益,人民法院应通过依法审理各类行政案件,不断促进民主法治进步、促进社会公平正义、促进法治政府建设。而推动"枫桥经验"在行政诉讼中的运用,需要政府与法院之间进行联动,开辟多方参与、多方协力的渠道，借助职能机构、行业协会、群团组织、基层群众性自治组织等解决行政争议，推进行政争议源头化解、多元化解、实质化解。

4. 企业破产问题的解决切实需要府院之间进行联动

"僵尸企业"不具备自我发展能力，必须借助政府补贴或银行续贷才能维持生存。"僵尸企业"容易浪费社会资源、扰乱市场秩序、形成金融风险，这个问题是经济高质量发展和优化营商环境过程中必须解决的突出问题之一。《企业破产法》是对付"僵尸企业"的有力武器，政府和法院在实施《企业破产法》中都承担着重要职责。"僵尸企业"出清和企业破产重整问题涉及面广，存在职工安置、敏感债务、群体诉讼等社会矛盾多，财产处置变现难，"无产可破"的案件缺乏经费保障，破产管理人的培养和管理机制不健全等许多实质性问题，这些问题的解决需要政府和法院之间密切协作、高效联动。

5. "执行难"问题的解决需要府院之间进行联动

"执行难"是一个社会综合问题，其形成是由政治体制、经济体制、文化观念、法律观念等多个因素所导致的。"执行难"不是由法院一家的问题所造成的，也不是法院一家能够解决的，它的解决需要全社会共同努力。"执行难"中最难的是查人、找物，要消除这一执行"顽疾"就要构建"大执行"格局，其中政府是非常重要的一环。在查找被执行人下落方面，公安机关的协助至关重要。在查找被执行人财产线索方面，不动产登记、公积金管理、保险、市场监管、通信、银行、税务、民政等部门与人民法院进行网络信息对接和共享是重要途径。在失信联合惩戒方面，加强对失信行为的行政性约束和惩戒具有重要作用，如规范信用红黑名单制度、严格审核行政许可审批项目，限制出境，以及限制购买不动产、乘坐飞机、乘坐高等级列车和席次、旅游度假、入住星级以上宾馆及其他高消费行为等。

（二）府院联动的法律依据

府院联动是指在党的领导和法律框架下，政府和法院或检察院根据行政、司法、社会综合治理等实际需求，在某些工作和项目上进行协作联动，充分发挥行政机关的组织优势和司法机关的专业优势，推进国家治理体系和治理能力现代化。府院联动必须在法治构架下进行，不能相互越权、越界。府院联动的法律依据主要包括以下内容。

一是习近平法治思想。2020年11月，中央全面依法治国工作会议召开，会上首次明确提出习近平法治思想。习近平法治思想强调：要坚持依法治国、依法执政、依法行政共同推进，法治国家、法治政府、法治社会一体建设；全面依法治国是一个系统工程，要整体谋划，更加注重系统性、整体性、协同性。① 二是《中共中央关于全面推进依法治国若干重大问题的决定》。该决定提出：要坚持依法治国、依法执政、依法行政共同推进，坚持法治国家、法治政府、法治社会一体建设，实现科学立法、严格执法、公正司法、全民守法，促进国家治理体系和治理能力现代化。三是《法治中国建设规划（2020—2025年）》。该规划提出：要坚持依法治国、依法执政、依法行政共同推进，坚持法治国家、法治政府、法治社会一体建设；广泛推动人民群众参与社会治理，打造共建共治共享的社会治理格局；积极引导人民群众依法维权和化解矛盾纠纷，坚持和发展新时代"枫桥经验"；充分发挥人民调解的第一道防线作用，完善人民调解、行政调解、司法调解联动工作体系。四是《优化营商环境条例》。该条例指出：优化营商环境应当坚持市场化、法治化、国际化原则，以市场主体需求为导向，以深刻转变政府职能为核心，创新体制机制、强化协同联动、完善法治保障，对标国际先进水平，为各类市场主体投资兴业营造稳定、公平、透明、可预期的良好环境。完善调解、仲裁、行政裁决、行政复议、诉讼等有机衔接、相互协调的多元化纠纷解决机制，为市场主体提供高效、便捷的纠纷解决途径。五是《法治政府建设实施纲要（2021—2025年）》。该纲要指出：要健全行政争议实质性化解机制，推动诉源治理；支持法院依法受理和审理行政案件，切实履行生效裁判。六是《河南省优化营商环境条例》。该条例提出：各级人民法

---

① 《习近平法治思想引领法治中国建设》，"央广网"百家号，2020年11月21日，https：//baijiahao.baidu.com/s?id=16839718973444410727&wfr=spider&for=pc。

院应当完善执行联动机制,有关机关和单位应当加强与人民法院执行工作的配合与协作,协同推进提升执行效率;县级以上人民政府应当与人民法院建立协调处置企业破产事件的长效工作机制,提升破产企业土地、房产等财产的流通性和变现价值,提高破产财产处置效率;设立破产费用保障专项基金,依法支持市场化债务重组,及时解决企业破产中的资产处置、税务处理、信用修复、企业注销、社会稳定、打击逃废债等问题。

二 焦作市构建常态化府院联动机制的内容和成效

(一)主要内容

焦作市健全完善常态化府院联动机制,首先是强化两个支撑。以政府的组织优势、两院的专业优势为支撑,促进府院在资源整合、功能融合、手段聚合上同向同力、各尽所长,实现司法效力、行政效能、社会效果的有机统一。其次是完善三种制度,即完善常态化府院联席会议制度、日常化府院沟通联络工作制度、长效化府院协调会商制度。再次是明确四个定位,达到高质量服务、高标准协调、高水平防范、高效益多赢的联动定位。最后是实现五个效能,即实现化解矛盾纠纷、保持社会和谐,源头破解难题、防范重大风险,确保公平公正、优化营商环境,提高效率效益、激活各方主体,推进治理现代化、促进发展高质量。具体而言,焦作市常态化府院联动主要开展的项目共分为四大类31个小项。

1. 优化营商环境方面

设立金融纠纷调解委员会和金融纠纷诉调对接中心,提供"投诉+调解+裁决"一站式服务;开展"千名法官走访千家企业"和"百家企业进法院"活动,通过实地走访、交流访谈、问卷调查等方式,开展公益性宣讲及普法宣传,提供精准司法服务;针对涉企类案件,定期召开新闻发布会并公布典型案例;成立知识产权保护协会,制定《焦作市知识产权案件联合执法工作制度》,加强知识产权行政联合执法;制定《办理破产府院联动具体办法》,挂牌成立困境企业挽救中心,安排专人负责帮扶困境企业,设立破产援助专项资金等。

2. 法治社会建设方面

出台《多元化纠纷解决机制改革及诉源治理实施办法》；在全市各辖区综治中心设立非诉讼服务中心，实行"两块牌子、一套人马"，集约综治机构、人民调解委员会、行业调解委员会、仲裁机构、公证机构等进驻中心，使70%的纠纷在法院"门外"得到化解，20%的纠纷在法院"门口"得以化解；设立诉调对接工作站点，积极参与基层治理，打造"一公里法律服务圈"。

3. 法治政府建设方面

对于有重大影响的政府规章、规范性文件的制定、修订，以及与经常涉诉的行政工作相关的政府规章、规范性文件的制定、修订，邀请法院专业法官参与论证和指导；建立行政诉讼风险提示白皮书制度；出台《建立行政争议实质性化解联动机制意见》，挂牌成立焦作市行政争议实质性化解中心，制定《行政争议实质性化解工作对接流程制度》；出台《行政机关负责人出庭应诉办法》，建立行政机关负责人出庭应诉制度，全市法院开庭审理行政案件行政机关负责人出庭应诉率达到90%以上；出台《行政非诉执行案件联动机制意见》，对行政处罚等行政非诉案件强制执行的受理、裁定、实施等统一标准和程序，使行政处罚执行等落到实处。

4. 黄河流域生态保护和高质量发展方面

加大对黄河流域生态环境司法保护基地的司法宣传力度，主动服务和保障黄河流域生态建设。创新环境资源案件审理方式，加大与公安、检察、环保等部门的沟通力度，建立协调工作机制，召开新闻发布会，发布环境保护审判白皮书和典型案例，为加快沿黄生态带、生态城、森林城、水生态体系等重大项目建设提供司法服务保障，依法守护焦作的绿水青山。

（二）取得的成效

1. 优化营商环境取得"大突破"

一是服务企业一网通办。"一府两院"联合研发"焦作市府院通"平台,建立"企业纾困360平台"网上法院专区,实现诉讼服务、政务服务事项"一网通办",打通服务企业的"最后一公里"。二是涉企纠纷一站解决。"一府两院"联合设立了4个行政争议实质性化解中心、1个金融纠纷诉调对接中心、6个黄河流域生态环境司法保护基地,先后打造了"冬香好妈妈"工作站、"李玉香家事审判工作室"、焦作市医调委等一批特色品牌,为涉企纠纷提供"一揽子"解决方案。三是合同执行一键查询。法院执行局与住房公积金、不动产、医保、社保等部门联合建立了"点对点"执行信息网络查控系统,与市公安局联合签署了《执行联动战略合作协议》,由公安机关协助查找、监控被执行人和被执行车辆,有效提高了查人找物精准度,使涉企案件执行效率大幅提升。四是办理破产一步到位。府院之间加强沟通协调,采取引进战略投资人、提升破产管理人水平、召开债权人会议等多种方式,及时协调解决企业破产、重整过程中遇到的各种难题。2021年以来共帮助6家企业重整成功,其中好友轮胎全年预计增加产值3亿元,稳定就业600余人,真正实现了"涅槃重生"。

2. 矛盾纠纷化解迈向"实质化"

一是搭建立体化解网络。两级法院以构建常态化府院联动机制为依托,积极融入市域、县域社会治理,创新工作机制,构建党委领导、法院主导、政府支持、各行业各部门参与、市县乡村四级联动的立体矛盾纠纷化解网络,做到"小事不出村,大事不出乡"。2021年上半年,全市法院共委派委托调解案件11692件,调解结束案件11442件,调撤成功6705件,成功率达到58.6%。

二是提升专业化解水平。法院与公安交警部门结合,成立道交一体化处理中心,为群众提供一站式的道交纠纷解决服务。与卫生健康部门、司法行政部门结合,在全市建立"调(专业性调解)、保(定制医责险)、赔(理赔及时)、认(司法确认)、防(风险防控)"五位一体的医疗纠纷调处机制。与文旅部门结合,建立旅游诉调对接中心和四个旅游巡回法庭,防范化解旅游纠纷。同时还与金融智服、保险行业协会、税务、侨联等部门联合建立诉调工作机制,均获得良好效果。近年来,全市90%以上的医患纠纷、

80%以上的交通事故纠纷、近100%的旅游纠纷都在诉前得到化解。

三是深入基层社会治理。在全市乡镇（街道）成立78家家事调解工作室（站），化解家事纠纷、邻里纠纷，促进社区和谐和社会文明。以人民法庭为依托，与地方政府联合开展"无讼"村创建工作，推动将"万人成讼率"纳入辖区社会综合治理考评体系，指导矛盾纠纷排查预防工作；联合乡镇派出所、司法所建立"一庭两所"调解机制，增强纠纷调处效果；定期向辖区乡镇发放司法白皮书或司法建议书，助力地方政府依法行政，提升社会治理水平。温县北冷法庭辖区内66个行政村中有65个行政村"万人成讼率"低于1%，达到"无讼"村创建标准，占比达98.48%。温县262个行政村中有148个行政村"万人成讼率"低于1%，占比达56.49%。

3. 法治政府建设跑出"加速度"

一是司法服务职能前移。加大司法对依法行政的监督支持力度，在坚持"各守边界、互不越界"的前提下，通过会签文件、联合制定方案、规范程序等，主动提前参与政府重大决策事项，为经济社会发展通堵点、消痛点、解难点，将纠纷消除在萌芽状态。2020年10月，由于联动高效顺畅、及时到位，温县政府仅用21天时间，即完成266户、184间商铺的全部征迁签约任务，用时22天将7.4万平方米房屋全部拆除，未发生信访，也未产生遗留问题，创造了"温县征迁速度"。

二是推动行政争议实质性化解。出台《建立行政争议实质性化解联动机制意见》，挂牌成立行政争议实质性化解中心，针对涉行政机关裁量权适用和涉行政赔偿、行政调解以及土地房屋征收补偿协议等行政案件，加强行政化解、司法化解在程序、方法和效力确认等方面的对接、配合，推动高效、便捷、实质性地化解行政争议，目前已在3个县（区）设立行政争议实质性化解中心，协同妥善处理了涉南水北调工程、城际铁路等的案件，切实保障了重大工程实施和行政相对人合法权益。

三是推动行政机关负责人出庭应诉。制定印发《行政机关负责人出庭应诉办法》，定期通报行政机关涉诉案件中行政机关负责人出庭情况，推动将各级政府、行政机关负责人出庭应诉情况纳入依法行政考核体系，积极推动行政机关负责人出庭应诉。目前，全市法院行政机关负责人出庭应诉率达到54.5%，远高于2020年同期水平，其中博爱、温县、沁阳等基层法院行政机关负责人出庭应诉率达到90%以上。

三 焦作市继续深化提升府院联动工作的思考建议

（一）坚持党的领导

党的领导是全面依法治国、建设法治政府的根本保证，必须坚持党总揽全局、协调各方，发挥各级党委的领导作用，把法治政府建设摆到工作全局更加突出的位置。营商环境包括政务环境、市场环境、法治环境、人文环境等，优化营商环境的重要途径是持续深化体制机制创新，这涉及经济发展的各个领域，需要党来把方向、谋大局、定政策、促改革。营商环境评价指标体系共有20项一级指标、84项二级指标，几乎每个指标的优化提升，都需要多个党政机关的共同努力和密切配合。若想做到这一点，就必须坚持在市委的统一领导下，推动人大、政府、政协、司法机关互相支持、通力协作，树立良好的工作导向，营造浓厚的工作氛围，建立高效的工作机制。

（二）拓宽联动领域

目前，焦作市常态化府院联动机制以行政争议实质性化解、企业破产处置、矛盾纠纷实质性化解、执行难题破解为核心，联动领导小组尚未囊括全部职能部门。但常态化府院联动机制应该是一个开放的机制，要不断拓宽联动领域。一是横向拓展，探索在更多领域建立常态化府院联动机制。鼓励有关政府职能部门参与府院联动，把府院联动作为创新市域社会治理的重要突破口，统筹融合基层党建、综治、公安、民政、环保、司法等治理和服务网络，集成一张共建共治共享的市域社会治理联动网络。二是纵向延伸，延伸到乡（镇）村（街）一线。矛盾多产生在基层一线，更多地要依靠基层来解决。要积极吸纳各方力量参与社会治理，充分整合乡贤调解、人民调解、行政调解、行业调解、律师调解等各类调解资源，构建解纷前哨和阵地，吸纳基层管理和服务人员入网，促进联动向乡村一级拓展，做到村级突出守防线、乡（镇）突出主阵地、县级突出全兜底，有效防止矛盾外溢或上行，切实把社会矛盾纠纷解决在萌芽状态、解决在始发阶段、解决在基层。

（三）完善联动平台

加强线上线下平台建设，使联动机制运转更加顺畅。加快推进"府院通"系统平台落地运行，提升联动智慧化水平。在执行、办理破产、多元解纷等工作中，府院联动机制仍存在数据不通、信息不畅及联动环节烦琐、联动效率低下、单项联动多发、智能联动不足等问题，"府院通"平台有利于打通单项联动困境，畅通政府、法院、社会团体、市场主体等之间的智能协作，有利于提供精准便捷的政务和司法衔接服务。整合社会矛盾纠纷调处化解中心。构建1个中心N个平台的"1+N"工作格局，形成联合接访、矛盾调解、法律援助、诉讼服务等一体化的社会矛盾纠纷调处化解综合性中心，突出一站式服务，实现化解矛盾"只进一扇门"。

（四）提升联动效能

把握"平时""诉前""诉中""诉后"四个阶段，推动府院联动由终端解决向源头预防延伸。加大行政争议诉源治理力度，探索引入司法机关参与合法性论证，加强法律风险的识别、预警和防控，充分发挥司法机关对依法行政的辅助作用，通过严格执行因过错引发行政诉讼的责任追究、规范重大行政决策程序、强化行政执法监督等具体措施，从源头预防行政争议的产生。落实行政机关负责人出庭应诉制度，实现从象征性出庭到实质性应诉的转变。加强信息通报，定期发布审判白皮书和典型案例，发挥司法建议在促进依法行政、补齐管理短板方面的作用，助力政府依法决策。

（五）加大联动支持力度

将多元矛盾纠纷预防化解工作情况、行政争议实质性化解工作情况、行政机关负责人出庭应诉情况等纳入行政机关和法治政府绩效考核体系，提升联动针对性。加强财政保障，将联动平台建设、人员配置、工作经费等列入同级财政预算，实行专款专用。积极建立社会基金，探索建立行业矛盾纠纷化解基金和公益性社会矛盾纠纷化解基金，鼓励社会各界为纠纷解决服务提供捐赠、资助。

府院联动是深入贯彻习近平法治思想的具体实践，是践行以人民为中心发展思想的具体体现，是营造良好营商环境的具体措施，有助于高效解决群众"急难愁盼"问题、稳妥处置化解重大矛盾、协同推进营商环境优化，对于推进法治国家、法治政府、法治社会一体建设具有重要意义。焦作市构建完善府院联动机制的实践探索以提升依法行政和公正司法水平为核心，有效解决了行政司法执行困难、经济纠纷久拖不决、日常矛盾协调不畅等问题，切实保障了人民群众和市场主体的合法权益，有力促进了社会矛盾纠纷的源头化解和实质化解，必将有助于进一步优化法治化营商环境，助力焦作市治理体系和治理能力现代化取得更大成效。

B.10
河南加强知识产权保护和优化营商环境的实践与探索*

李丹颖　涂先明　李建伟**

摘　要： 知识产权是衡量一个国家和区域建设水平的重要指标，知识产权保护是推动营商环境进一步有序发展不可或缺的重要保障，对维护市场经济秩序、健全司法行政保护体制具有重要意义。河南省近年来知识产权保护取得显著成效，但也出现了一些新问题和新挑战，应通过完善制度建设、严格执法保护、加强司法保障等途径推进知识产权保护的法治化，进而助力河南建设一流营商环境。

关键词： 知识产权　营商环境　法治化

近年来，河南省委、省政府积极贯彻实施创新驱动发展战略，把加强知识产权保护、建设知识产权强省作为创造最优营商环境、全面建成小康社会、打造中西部地区科技创新高地的重要实现路径。2021年9月，中共中央、国务院印发了《知识产权强国建设纲要（2021—2035年）》，强调要建设支撑国际一流营商环境的知识产权保护体系。特别是要健全公正高效、管辖科学、权界清晰、系统完备的司法保护体制，要健全便捷高效、严格公正、公开透明的行政保护体系，要健全统一领导、衔接顺畅、快速高效的协同保护格局。

---

* 本报告为2021年度河南省知识产权软科学项目"知识产权分析评议对河南产业发展的作用研究"（项目编号：20210106038）的阶段性研究成果。

** 李丹颖，河南中州知识产权文化传播中心主任助理；涂先明，河南省知识产权局法律事务处处长；李建伟，河南中州知识产权文化传播中心主任。

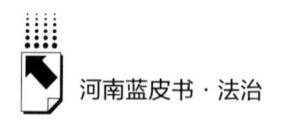

一　河南省知识产权保护环境优化情况

（一）知识产权数量与质量逐步提升

面对新冠肺炎疫情对经济发展的冲击，河南统筹推进疫情防控和各项业务工作的开展，实现量质齐升的好局面。2020年，全省专利申请量达到186369件（见图1），授权量达到122809件，分别同比增长29.4%、42.4%；其中，发明专利申请量和授权量分别为34412件和9183件，分别同比增长13.7%、31.4%，专利年授权量首次突破10万件；全省拥有有效发明专利43547件，较2019年同期增长16.7%，每万人口拥有有效发明专利4.52件，超额完成"十三五"目标任务。全省商标注册申请量为43.5万件，总有效商标注册量达到112.1万件。

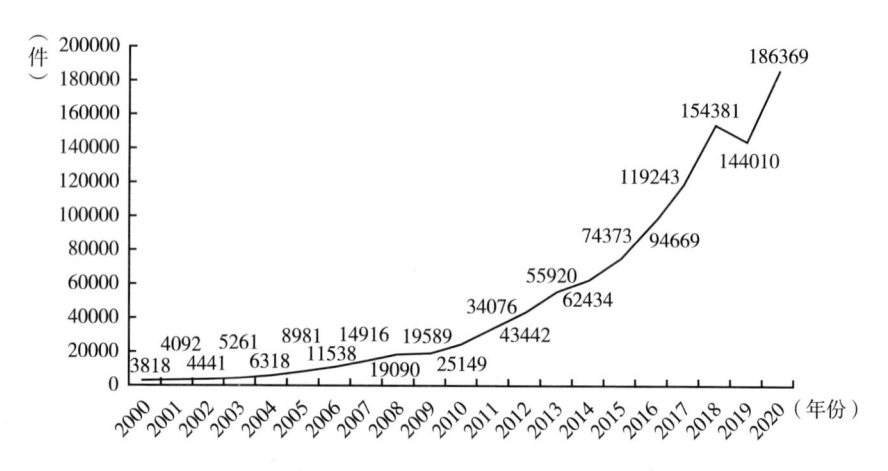

图1　2000~2020年河南省专利申请情况

资料来源：河南省知识产权局《河南省各地市专利申请情况统计》（2000~2020）。

专利质量稳步提高。积极推动专利事业高质量发展，将每万人口高价值发明专利拥有量达到3件作为河南省"十四五"时期发展目标。科学制定专利考核指标，将每万人口高价值发明专利拥有量纳入省政府对市、县的年度考核，引导市、县重视专利质量的提升。积极推进6个高价值专利培育中心的建设，引导企业加强产学研结合，形成一批引领河南省产业发展的专利。继续开展国外专利申请资助工作，鼓励企业做好海外专利布局，提高企业国际竞争力。鼓励贯标认证企业和知识产权强企建立知识产权海外预警机制，截至2019年底，共有2122户贯标认证企业建立知识产权海外预警机制，支持270户知识产权强企建立知识产权海外预警机制及应对方案，派出119名知识产权联络员为125户企业提供知识产权海外维权保护和专利预警保护服务。以奖代补支持企业通过PCT申请进行专利海外布局。加强对低质量专利申请的监控，对一些低质量的专利申请或者不以专利实施为目的的专利申请做好跟踪监控，并劝其自动撤回申请，节约国家宝贵的专利审查资源。

（二）知识产权保护政策法规体系逐步完善

为贯彻落实中共中央办公厅、国务院办公厅《关于强化知识产权保护的意见》文件精神，河南省委办公厅、省政府办公厅印发《关于强化知识产权保护的实施意见》，提出20条措施，从制度建设、监督管理、协同服务、平台支撑等出发，全方位提升知识产权保护能力，确保到2022年使侵权易发多发现象得到有效遏制，权利人维权"举证难、周期长、成本高、赔偿低"的局面明显改观，知识产权保护社会满意度显著提升，营商环境进一步改善。

大力推进《河南省专利保护条例》修订。河南省人大常委会2019年、2020年的《地方立法计划》均将《河南省专利保护条例》纳入立法调研计划。目前，《河南省专利保护条例》修订工作正在进行中，将进一步健全商业标志权益、商业秘密、著作权、地理标志等方面的地方保护制度，加强民事、刑事司法保护，依法严惩侵权行为，并将针对电子商务、高新技术等重点领域，展会、进出口等重点环节以及人工智能、5G等新技术，加大执法保护力度。

（三）知识产权保护平台建设取得新突破

建设国家知识产权局专利局专利审查协作河南中心、郑州商标审查协作

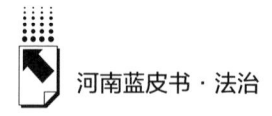

中心，实现知识产权注册便利化。运行以来，两个协作中心不断提升自身的知识产权审查能力，立足河南，提升了华北地区知识产权服务能力。

建立河南首个知识产权保护中心。2020年4月21日，中国（新乡）知识产权保护中心通过国家验收，正式投入运行，成为全省唯一获得国家知识产权局批准设立的知识产权保护中心。新乡市知识产权司法保护基地和新乡市知识产权纠纷调解委员会落户中国（新乡）知识产权保护中心。该保护中心面向新乡起重设备和电池产业开启专利审查"绿色通道"，缩短相关领域专利的授权、确权和维权周期，打通知识产权创造、运用、保护、管理和服务全链条，为企业发展提供更多便利条件。

继续大力支持中国郑州（创意产业）知识产权快速维权中心发展，拓宽服务领域。该中心于2017年3月22日正式授牌运行，是中部地区首个知识产权快速维权中心，是全国唯一一个外观设计专利全类别预审授权的快速维权中心。围绕郑州市主导产业发展需求，形成集创意产业外观专利申请授权、确权、维权于一体的"绿色通道"，开展审查确权、行政执法、维权援助、纠纷调解、司法衔接相联动的知识产权保护工作，建立专利快速维权机制，积极推进专利快速审查及快速确权工作，建立行政与司法衔接机制和行业保护机制。

积极开展知识产权维权援助服务。2020年，全省各中心累计提供知识产权维权咨询服务354次、侵权判定咨询服务28次。目前，全省拥有6个国家级知识产权维权援助中心，建立了18个省辖市维权援助分中心和127个产业集聚区知识产权维权援助工作站（见图2）。

（四）知识产权保护态势向更加严格转变

开展各类知识产权行政保护专项行动。坚持日常执法与专项行动相结合，出台《2020年河南省知识产权执法维权专项行动工作方案》，持续开展涵盖专利、商标、地理标志等保护的专项行动，形成严格保护知识产权的态势。2018~2020年，先后开展了以打击专利侵权为主的执法维权"雷霆""护航"等专项行动和打击商标侵权溯源行动、打击使用未注册商标违反商

国家级知识产权
维权援助中心
6个
4.0%

省辖市维权
援助分中心
18个
11.9%

产业集聚区知识产权
维权援助工作站
127个
84.1%

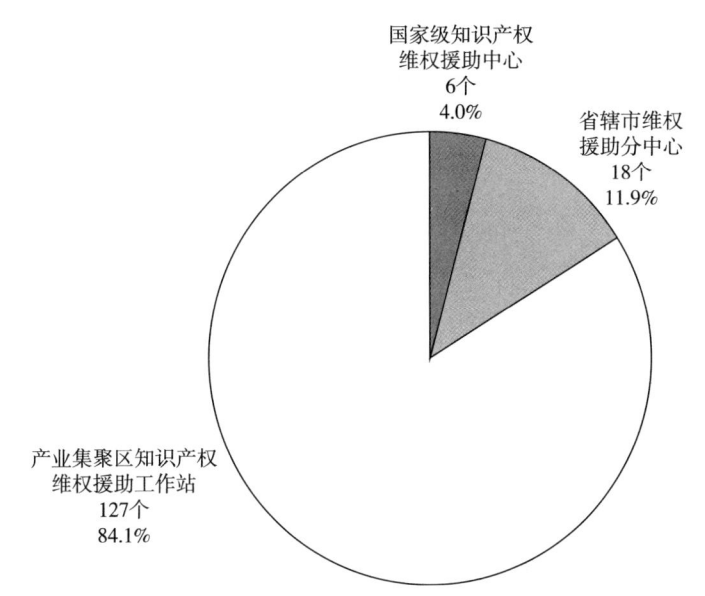

图2　2020年河南省各级知识产权维权援助机构数量及占比

资料来源：笔者根据相关数据整理。

标法禁用条款行为"净化"专项行动，在全省形成了严格保护知识产权的态势，促进河南营商环境进一步优化（见图3）。

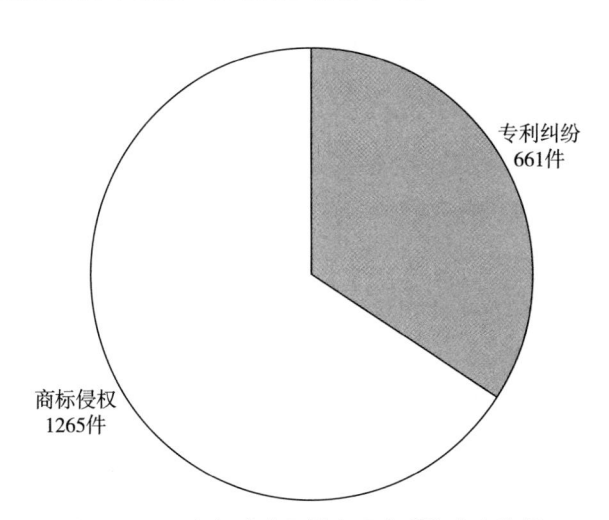

专利纠纷
661件

商标侵权
1265件

图3　2020年河南省累计办理专利执法案件量

资料来源：笔者根据相关数据整理。

129

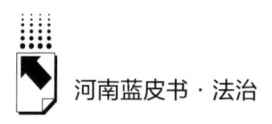

开展版权领域专项行动。省公安厅、省版权局、省文化和旅游厅等6部门联合开展打击网络侵权盗版"剑网2020"专项行动。开展植物新品种领域专项行动。省林业局连续三年开展打击侵犯林业植物新品种权专项行动，并于2020年开展打击制售假劣种苗和保护植物新品种权行动。开展海关"龙腾"知识产权保护专项行动。郑州海关开展代号为"龙腾2020"的专项行动，出台方案，确定"龙腾行动2020"重点企业目录。

加强执法协作机制建设，先后建立了省内10市执法协作机制、淮海经济区商标保护协作机制和华中地区专利执法协作调度中心。深化"晋冀鲁豫"知识产权跨区域执法协作，该协作范围目前已发展到15市，成为国内有重要影响的跨区域知识产权执法协作组织。2020年，晋冀鲁豫4省15地市市场监管局（知识产权局）正式签署《晋冀鲁豫四省跨地区知识产权执法维权保护合作协议》，在原合作协议基础上，将协作范围扩大到专利、商标、地理标志等各类知识产权案件的执法协作上。根据原合作协议，晋冀鲁豫4省将加强跨地区知识产权执法维权保护合作，进一步打通相关案件线索移送通道，加强在案件调查取证、处理文书送达、处理决定执行等方面的合作，推动建立知识产权侵权判定的互认机制，加强知识产权执法经验交流、仲裁调解、人才资源等服务资源共享。

（五）知识产权保护能力大幅提升

建立全国首个知识产权社会法庭，助力诉前调解。2013年4月25日，省高院与省知识产权局联合组建河南省知识产权社会法庭，该联合法庭设在河南省知识产权保护协会，完善了知识产权纠纷调解工作规则和制度、流程，面向高校、科研机构、知识产权中介机构、律所、企业聘请了24位知识产权社会法官，依托社会法官的知识产权专业优势，累计调解知识产权纠纷案件30余件，把知识产权矛盾纠纷化解在法院之外、诉讼之前，成为河南省建立诉调对接机制的有益尝试。

逐步完善知识产权司法保护保障机制。充分发挥知识产权司法保护体制的主导作用,实施严格化的知识产权司法保护。一是加大民事知识产权侵权诉讼判赔力度,着力有效解决"赔偿低"等问题。依法适用惩罚性侵权赔偿,对于恶意违法侵权、重复违法侵权者,用足用好各种法律威慑惩处处罚手段,支持相关权利人的合理惩罚性侵权赔偿诉讼请求。二是合理正确分配侵权举证责任,着力有效解决"举证难"的问题。在相关权利人依法提供了能够证明侵权事实成立的初步有效证据,穷尽其具有举证责任能力仍无法顺利取得能够证明侵权事实成立的全部证据时,法院将根据对责任适时进行转移,合理降低相关权利人的法律维权难度。三是创新完善司法保护机制,着力有效解决维权"成本高"等问题。建立并逐步完善全国知识产权专家跨域法律诉讼代理服务体系,打造网上立案诉讼服务平台,提供及时免费的法律在线诉讼调解、司法诉讼确认等服务,节约相关当事人的法律诉讼代理成本。四是充分发挥刑事诉讼审判的法律威慑作用,严厉惩处知识产权违法犯罪。

加强知识产权司法队伍和激励机制建设。一是整合打击侵犯知识产权犯罪力量。省公安厅整合侵权假冒犯罪打击职能,在食品药品环境犯罪侦查总队中专设知识产权与其他制售伪劣商品犯罪侦查支队,指导全省公安机关打击侵犯知识产权犯罪行为。二是组建检察机关知识产权专业队伍。落实知识产权案件集中管辖制度,省检察院指定郑州市和洛阳市检察院集中管辖全省知识产权案件。建立专业知识产权队伍。省检察院以评选优秀办案人和优秀办案团队等方式激励知识产权办案人员提高专业化水平。三是加强知识产权审判队伍专业化建设。完善省高院司法辅助人员配备体系,打造"审、助、书"配置齐全、技术调查官有效补充的专业审判队伍。建立郑州知识产权法庭并配备知识产权专业审判人员。郑州中院从市场管理部门、高等院校、科研院所、国家知识产权局专利局专利审查协作河南中心以及相关企业中选聘、招聘学者、教授48人担任技术调查官,35人作为司法辅助人员参与诉讼,在涉及农业、医药、网络通信、化工、建筑、食品等领域的技术问题时由其提供专业意见,充实了审判辅助力量。

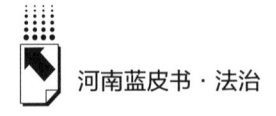

（六）知识产权与产业发展结合取得新突破

推动全省知识产权运营服务体系建设。目前郑州市、洛阳市分别成功获批国家知识产权运营服务体系建设重点城市，共获得中央财政3.5亿元专项重点项目支持资金。郑州市成功通过运营服务体系建设试点第三方中期绩效评价考核。郑州市批准设立总投资规模2亿元的郑州高新产业知识产权运营基金，加快建设中部知识产权运营中心并积极探索知识产权与金融服务结合新模式，举办知识产权拍卖会，发行知识产权信托产品。国家知识产权运营公共服务平台交易运营（郑州）试点平台建设顺利投入推进，即将正式投入运行并可交易。"信阳毛尖"成功入选2020年地理标志运用促进工程项目。

持续深入推进知识产权质押融资工作，加强与各类商业银行之间的战略融资合作，开展知识产权质押融资巡讲教育活动。做好知识产权质押融资工作，助力企业复工复产。2017~2020年，全省共实现专利质押融资总额98.76亿元，涉及项目665项。2020年，商标质押融资额达5.58亿元，涉及项目363项，为解决河南省中小企业贷款难、贷款贵的问题提供了知识产权方案。

二 河南知识产权法治化建设存在的问题及面临的挑战

（一）由重知识产权数量到重知识产权质量的转变

河南知识产权创造质量不高的问题依然突出，高质量高价值知识产权偏少。截至2020年底，全省共拥有有效发明专利43547件，万人有效发明专利拥有量为4.52件，与全国平均水平（15.8件）相比有很大差距；其中，高价值发明专利1379件，仅占有效发明专利总量的30%，每万人口高价值发明专利拥有量仅为1.43件，是全国平均水平（6.3件）的22.7%。

2021年5月,河南省知识产权局印发《推动知识产权高质量发展年度实施方案(2021)》,要求大力实施专利质量提升工程,提升高价值发明专利数量和质量,开展高价值专利培育中心建设,挖掘一批经济效益高的核心高价值专利,建设6~10个高价值专利培育中心。实施商标品牌战略,做好驰名商标认定申请指导,完善驰名商标的激励奖励政策。实施省地理标志运用促进工程,开展地理标志品牌提升行动,帮扶有关地区开展地理标志认定申请,助力乡村振兴。做好第三届河南省专利奖评选和中国专利奖组织工作,目前这一工作已进入紧张的评审阶段。这一系列措施,显示了河南对知识产权由重数量向重质量的转变。

(二)市场主体增加形成新考验

市场主体数量日益增加、活力迅速激发,对加强知识产权监管和保护、进一步优化营商环境提出了新的要求,给知识产权监管执法与行业管理部门带来了新的挑战。

截至2020年底,全省实有市场主体总量781.2万户,比上年增长11.9%。其中,2020年全省新设各类市场主体136.9万户,居国内第6位、中部6省第1位。由于各种复工复产优惠政策逐步落实,河南省实有企业数量逆势上升。2020年河南实有企业总量为214.97万户,比上年增长16.62%。企业数量稳步增长带动企业个体比继续提升,企业个体比由2018年的36.84%增至2020年的39.31%,相对提高了2.47个百分点。在政府一系列简政放权、减税降费等优惠政策鼓励下,河南民营经济发展强劲。截至2020年底,河南省实有私营企业总量为196.27万户,占实有企业总量的91.30%,比上年增长17.6%,已成为引领市场主体经济增长的"先头兵"和支撑国家经济社会发展的中坚力量(见图4)。

(三)行政、司法机关知识产权保护各环节各渠道缺乏衔接

知识产权行政权力保护体制主要存在行政执法作用手段弱、执法和行政惩罚的作用、力度不大,相关程序不够规范完善以及行政保护执法力度不

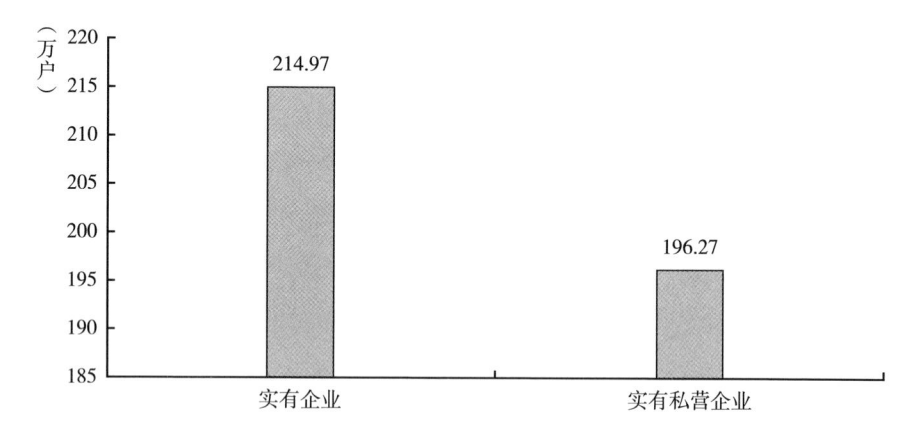

图4　2020年河南实有企业和实有私营企业数量

资料来源：笔者根据相关数据整理。

大、主动性不够，知识产权诉讼行政保护管理分散等突出问题。知识产权司法保护存在现有行政司法保护体系对审理知识产权诉讼案件的专业性和特殊性考虑不足、管辖权分散等问题。知识产权行政和司法保护机构之间联动不够紧密、衔接机制不畅通必然导致知识产权保护效率低下，各个机构之间互相推诿、缺乏一定的协调性，不同部门之间出现利益冲突，进而对政府的公信力造成一定的负面影响。因此，要关注知识产权案件中行政保护与司法保护存在交叉、相关案件处理标准不统一、案件移交渠道未完全建立、有案未移、有案难移等问题。

（四）知识产权保护和运用能力不足

当前，知识产权领域仍存在侵权易发多发现象，知识产权侵权违法行为呈现新型化、复杂化、高技术化等特点。知识产权维权效果差、成本高、赔偿低、周期长、索赔难的问题十分突出。同时，河南企业走向海外，参与海外投资、会展、贸易、技术合作、上市等，由于不熟悉国际知识产权规则，不了解专利检索、海外专利布局、知识产权预警分析等，遭到美国"337调查"、会展查扣、投资受阻等。

在知识产权运用方面，知识产权转化运用效益不高、运营平台载体不足、覆盖面不广、运营市场不够活跃、知识产权转移转化渠道不畅等问题还没有得到充分解决。知识产权转化存在"两难"问题。一方面，不少高校、科研院所存在大量"沉睡专利"，其中不乏高价值专利，它们难以被发现、被应用；另一方面，中小企业难以获取所需的专利技术，但又无处找寻相关专利。同时，知识产权质押问题比较突出，融资规模远未满足市场需求，许多拥有知识产权的企业难以获得贷款。

（五）知识产权文化宣传缺乏舆论环境

我国的知识产权舆论环境是以政府为主体的，其他社会力量和企业力量很少，这就形成了自上而下的传播体系，大众参与知识产权宣传的积极性不高。进入全媒体时代后，大众通过各种新媒体工具获得知识产权文化资源和信息，在这种背景下自上而下的知识产权文化传播体系、文化宣教模式很难充分调动民众的积极性。受众自主参与信息传播、主动生产信息、广泛进行个体化传播，在一定程度上弱化了政府对主流意识形态的管控能力和舆论引导的实效，如果政府缺乏与自媒体、多媒体的合作，有可能难以掌控文化传播中的意识形态。就知识产权行业来说，其传播较为小众，主要依赖官方媒介，自发的或社会媒介对其重视度不够，如果没有政府的有效引导，其发声程度和受关注度也较低。革新传播媒介，整合内外资源，用新技术、新传播手段加强知识产权文化传播迫在眉睫。

三 河南加强知识产权法治化建设的对策与建议

（一）加强制度建设，完善地方性法规政策体系

完善知识产权综合性立法。国家层面上，2021年9月中共中央、国务院印发的《知识产权强国建设纲要（2021—2035年）》提出：要构建门类齐全、结构严密、内外协调的法律体系。开展知识产权基础性法律研究，做好专门法律法规之间的衔接，增强法律法规的适用性和统一性。加快推

进专利法、商标法、著作权法和植物新品种保护条例等修改进程，以及专利法实施细则等行政法规的修订，为激励各类市场主体创新提供完善的制度和法律体系保障。《专利法》最新修改已完成，并于2021年6月正式实施。探索制定地理标志、外观设计等方面的专门法律法规，健全专门保护与商标保护相互协调的统一地理标志保护制度，加快大数据、人工智能、基因技术等新领域新业态的知识产权立法，重点加大侵权行为惩处力度，显著提高违法成本，实现知识产权地方立法的全领域覆盖。同时，要加快《河南省专利保护条例》修订进程，对符合省情实际、便于操作执行的有关商标、著作权、地理标志等方面的地方立法也要适时提上立法议程，有条件的省辖市，如郑、洛、新三市可尝试率先启动地方立法工作。法治环境是最好的营商环境，法治能依法平等保护各类市场主体的产权与合法权益，进一步完善法治化营商环境，能为河南经济创新和高质量发展提供强力司法支撑和制度保障。

（二）加强源头保护，提高知识产权审查质量和效率

通过深化落实国务院"放管服"改革部署，目前河南已拥有国家知识产权局专利局专利审查协作河南中心、郑州商标审查协作中心、中国郑州（创意产业）知识产权快速维权中心和中国（新乡）知识产权保护中心等国家级知识产权审查项目和维权平台，为河南周边及中部6省申请人申请专利、注册商标，提供了极大的便利。但是，严格审查模式，提高审查人员业务素质，提高案件的快速审查质量和数量，缩短审查周期、授权周期，仍然是当前的重要工作。要积极改进审查工作机制，在审查中协同运用集中审查、绿色通道、专利审查高速路（PPH）等多种审查模式，深入推进"互联网+"政务服务，充分利用新技术建设智能化专利商标审查和管理系统，优化审查流程，实现知识产权政务服务"一网通办"和"一站式"服务。

（三）推动行政司法衔接，加强知识产权保护能力

健全统一领导、衔接顺畅、快速高效的协同保护格局。坚持党中央集中统一领导，构建省市政府履职尽责、执法部门严格监管、司法机关公正司法、市场主体规范管理、行业组织自律自治、社会公众诚信守法的知识产权协同保护机制。明晰行政机关与司法机关的职责权限和管辖范围，健全知识产权行政保护与司法保护衔接机制，形成保护合作力量。

应当全面加强知识产权保护能力，形成行政确权、公证和仲裁、调解、行政诉讼复议裁决、行政诉讼仲裁执法、司法诉讼保护等之间的有效衔接，形成覆盖行政诉讼授权确权、行政复议裁决诉讼执法、司法权益保护诉讼裁判、维权诉讼法律援助、社会诚信及民事纠纷调解等与行政诉讼仲裁相互促进的知识产权保护工作治理机制，完善覆盖知识产权授权、用权、维权等多个社会关键环节的保护工作链条，构建协调、顺畅、高效的知识产权综合保护新格局。在解决维权难、赔偿低问题上下功夫，在提升公众维权意识的基础上，为公众维权提供坚强的后盾。

持续深化跨地区间、部门间协同执法援助，与各级公安、司法等有关部门联合做好信息沟通衔接协调工作，切实持续加大地区知识产权协同执法援助办案工作力度。应持续深入推进地区知识产权快速工作协同执法保护保障体系建设，组织协调共同建立郑洛新自主创新示范区、中国（河南）自由贸易试验区执法协作机制，跨行政区域协同执法快速协作保障机制进一步完善深化。持续加强在受理查处商标违法侵权案件过程中的中国驰名商标保护管理工作；切实做好国家地理专用标志和官方专用标志的保护管理工作。积极探索建立健全知识产权纠纷案件多元化解决工作机制和完善知识产权维权咨询援助处理机制。

（四）加大执法力度，强化知识产权专项执法保护

持续深入开展保护执法专项联合行动，严厉打击各类知识产权的侵权假冒行为。不断加强执法指导管理工作，统一执法办案标准，规范执法办

理流程，联合各地执法督办重大案件。推进全省知识产权侵权纠纷案件检验检测鉴定专业技术服务支撑体系项目建设，启动知识产权侵权纠纷检验鉴定技术支撑体系建设工作。按照知识产权保护专项行动实施方案中的总体部署要求，继续组织联合协力推进发明专利、商标、地理标志等各类知识产权领域的执法专项行动；大力支持中国郑州（创意产业）知识产权快速维权中心建设发展，加快推进中国（新乡）知识产权保护中心建设、运行，推进省级知识产权保护中心申建工作。继续组织开展"雷霆""护航""溯源""铁拳"等知识产权执法专项行动，持续加大对展会等重点区域、电子商务等重点服务行业核心领域和其他关系国计民生的重点行业领域的知识产权保护力度。

（五）创新监管方式，推进知识产权监管公平公正

加快完善信用相关制度和工作流程机制，推动"双随机、一公开"信用监管模式在日常信用监管服务领域中的全方位覆盖。实施地理标志保护工程。各级知识产权管理部门应当充分发挥市场机制的职能，加快推进移动端和互联网、大数据和企业现代化与人工智能等信息行业相关前沿技术在我国企业信用市场监管领域的推广应用，积极探索推行"互联网+监管""人工智能+监管"等新一代信用市场监管模式。积极推进知识产权代理行业的信用建设，以信用信息作为基础，协同构建知识产权监管新机制。建立以知识产权代理机构诚信度、合规度、践约度为指标的信用评价体系，进行事前、事中、事后全链条监管，加大主动监管的力度，即通过事前以信用承诺管理机制为重点、事中实施协同信用分类监管、事后注重联合奖惩的信用监管模式，提高监管的预见性、针对性和有效性。

（六）加强舆情监测，推动知识产权宣传工作机制建设

建立舆情监测和应对处置工作机制，就舆情监控及突发事件处置、做好舆情监测提出具体要求；通过维权援助举报投诉热线，全方位在各领域加强知识产权舆情监测，做好舆论引导。定期公开发布各领域知识产权保护典型

案例。每年度对省高院、省检察院、省公安厅、省市场监管局、郑州海关等单位涉及专利、商标、地理标志、版权、商业秘密、植物新品种等领域有影响力的知识产权保护典型案例和保护状况进行公布。加强公益宣传，推动知识产权保护宣传进企业、进单位、进学校、进网络、进社区。

构建内容新颖、形式多样、融合发展的知识产权文化传播矩阵。以知识产权宣传周、中国专利周、知识产权巡讲和其他重大知识产权活动开展为契机，打造传统媒体和新兴媒体融合发展的知识产权文化传播平台，拓展社交媒体、短视频、客户端等新媒体渠道，依托《河南日报》《大河报》等主流媒体阵地及融媒体平台，创新宣传内容、形式和手段，加强涉外知识产权宣传。

（七）加强信用体系建设，推动知识产权公共服务体系建设

知识产权管理部门要利用现有的公权力，依托互联网平台技术，结合大数据，加强知识产权代理行业信息平台的建设，对知识产权代理机构信用信息进行记录、完善、整合，打造关键信息集成中心，进行信息披露和公开。对每一个被评单位主体的诚信情况进行持续跟踪和评价，并及时在各大平台上发布奖惩信息，建立"白名单""黑名单"等制度，及时获知每一个被评单位主体当前的诚信度和水平，并在全社会范围内对通过知识产权信用体系获得的评价信息进行记录、积累和传递。

加强覆盖全面、服务规范、智能高效的公共服务供给。实施河南省知识产权公共服务智能化建设工程，完善地方知识产权大数据中心和公共服务平台建设，拓展各类知识产权基础信息开放深度、广度，实现与经济、科技、金融、法律等信息的共享融合。在郑州已经建成2个WIPO技术与创新支持中心（TISC）服务网点的基础上，推动经济发达活跃的洛阳、新乡、许昌等地继续申建TISC，从而构建政府引导、多元参与、互联共享的全省知识产权公共服务体系。

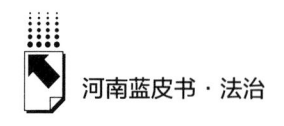

参考文献

李根：《持之以恒推进法治化营商环境建设》，《贵州日报》2021年9月22日。

王佳：《黑龙江省法治营商环境优化进程中知识产权保护研究》，《黑龙江省政法管理干部学院学报》2020年第2期。

李杰、谢商华：《加强知识产权保护 塑造良好营商环境》，《四川省情》2019年第10期。

B.11 河南民营经济高质量发展的法治保障研究

周欣宇[*]

摘 要： 法治化营商环境是市场化、国际化的前提和基础，只有依靠法治才能实现营商环境的全面优化，只有法治才能给民营企业带来更加稳健、可期待的发展前景。河南为推动构建公开透明、可预期的法治化营商环境，不断优化促进民营经济高质量发展的法治保障举措，用法治化营商环境助推全省营商环境的全面优化。

关键词： 民营经济 营商环境 法治化

中共中央在"十四五"规划纲要中提出，优化民营经济发展环境，依法平等保护民营企业产权和企业经营者权益。"十三五"时期，河南省不断推进营商环境优化工作，特别是加快法治化营商环境建设，使得民营企业及其经营者的权益保护制度日益完善。2020年河南全省新设企业44.21万户，同比增长4.38%，其中新设私营企业42.12万户，同比增长4.17%，占新设企业的95.27%。[①] 进入新发展阶段，民营经济对经济社会发展的贡献力度持续增大，对依法保障其产权等合法权益的需求也相应地增加。但是当前对民营企业合法权益的法治保障还存在力度不够、机制

---

[*] 周欣宇，河南省社会科学院助理研究员。
[①] 《河南省市场监管局发布〈2020年河南省市场主体发展总体情况分析报告〉》，河南省市场监管局网站，2021年2月2日，http://scjg.henan.gov.cn/2021/02-02/2090191.html。

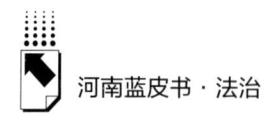

运行不够顺畅等问题，完善民营企业合法权益的法治保障体系，是优化民营经济发展环境，促进非公有制经济健康发展，破除制约民营企业发展壁垒的重要手段。

一 河南省以法治保障民营经济发展的具体举措

近年来，河南省各级机关通过一系列的简政放权改革，不断强化对市场主体的行政服务意识，为以民营企业为主的市场主体的准入和经营提供便利。各级人大、政法等机关不断提升立法、执法和司法服务能力，加大民营企业合法权益保护力度，持续优化营商环境，并取得显著成效。

（一）优化法治化营商环境，保障民营企业合法权益

1. 及时推动优化营商环境立法，加强优化营商环境权力监督

2020年，在新冠肺炎疫情的不利影响下，省人大积极推动《河南省优化营商环境条例》立法工作，旨在打造全省公开透明、可预期的营商环境，在法律制度上对市场主体合法权益加强保护。2020年11月28日该条例获表决通过，将于2021年1月1日实施。《河南省优化营商环境条例》的实施，将为全省进一步优化营商环境提供有效的地方法规支撑。在加强地方立法保障、优化法治化营商环境的同时，省人大常委会就吸引民营经济投资、为民营企业健康发展提供司法保障等开展专项监督，通过组织代表视察、听取优化营商环境司法保障专项工作报告等形式，督促各级司法机关牢固树立服务意识，为优化法治化营商环境持续提供司法保障。

2. 营造高效便捷的司法环境，加大民营企业保护力度

2020年，省法院、省检察院相继印发《河南省高级人民法院优化营商法治环境更好服务保障中原更加出彩的指导意见》《河南法院全面提升司法水平优化法治化营商环境工作方案》《河南省人民检察院关于新冠肺炎疫情防控期间积极服务保障企业复工复产的八条意见》等一系列司法文件，不

断改进办案方式，规范司法行为。对民营企业及其经营者在企业市场活动中涉嫌经济领域相关犯罪的，全省司法机关严格落实宽严相济刑事政策，把企业经营中的轻微违法或创新经营模式探索与严重的刑事违法犯罪区分开，给民营企业及其经营者真正提供宽松的市场竞争空间。结合常态化开展的扫黑除恶斗争，司法机关对侵害民营企业合法经营权益的违法犯罪行为，坚决予以打击，给民营企业发展提供全方位司法保障。

3.贯彻宽严相济刑事政策，确保无罪企业经营者不受刑事追究

全省各级法院、检察机关在办理涉企业刑事犯罪案件时，坚持各类企业法律面前一律平等，严格区分经济犯罪与经济纠纷、企业财产与个人财产、合同诈骗与民事欺诈、非法集资与正当融资等行为。检察机关对民营企业负责人涉经营类犯罪的，依法能不批准逮捕的不批准逮捕、能做不起诉处理的做不起诉处理；各级法院对被羁押企业经营者依法变更强制措施、对不应认定为犯罪的企业经营者宣告无罪，坚决防止将民事责任变为刑事责任，确保无罪企业经营者不受刑事追究。

（二）简政放权，促进民营企业等各类市场主体数量稳健增长

2021年6月，河南全省开始开展"万人助万企"活动，从全省广大干部进企业、助企业入手，进一步优化全省企业发展的营商环境，给企业传递要建设法治政府和服务型政府的明确信号，吸引更多优质民营企业来河南投资兴业。2013年河南省市场监管部门牵头实施简政放权改革以来，市场主体准入门槛持续降低，特别是实施工商登记"多证合一"和"证照分离"改革以来，企业开办时间持续压缩，社会投资创业热情被充分激发。2013~2020年，河南省实有各类市场主体数量一直呈稳健增长态势，由2013年的258.53万户持续增长到2020年的781.17万户（见图1）。

企业这种市场主体形式在组织结构、抗风险能力、拉动经济发展和促进就业等方面都有着优于个体工商户的先天优势。在市场主体数量快速增长的同时，河南省实有企业个体比也在不断提高，实现了市场主体结构的持续优化（见图2）。

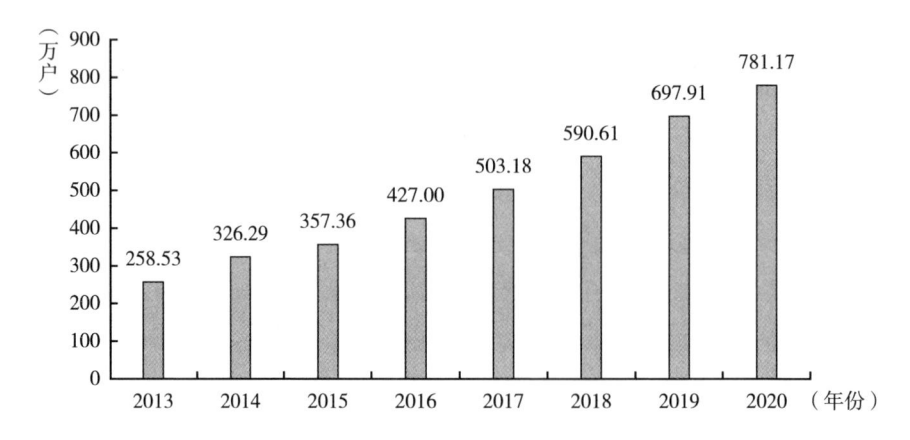

图1　2013～2020年河南省实有各类市场主体数量

资料来源：河南省市场监管局《2020年河南省市场主体发展总体情况分析报告》。

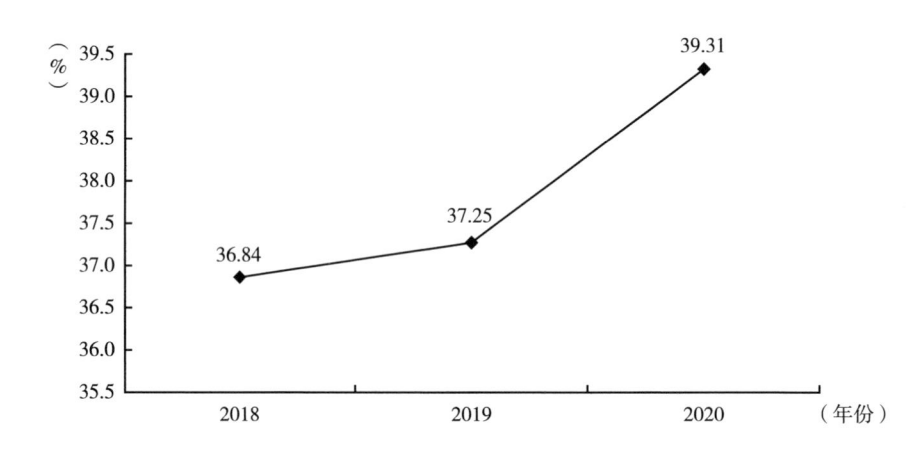

图2　2018～2020年河南省实有企业个体比

资料来源：河南省市场监管局《2020年河南省市场主体发展总体情况分析报告》。

截至2020年底，河南实有私营企业196.27万户，占实有企业总量的91.30%，同比增长了17.60%，成为增速最快的市场主体类型，也成为带动市场主体数量增长的"头雁"和支撑全省经济发展的中坚力量（见图3）。

国有、集体及其控股企业
17.68万户
占比8.22%
同比增长7.64%

外商投资企业
10243户
占比0.48%
同比增长0.97%

私营企业
196.27万户
占比91.30%
同比增长17.60%

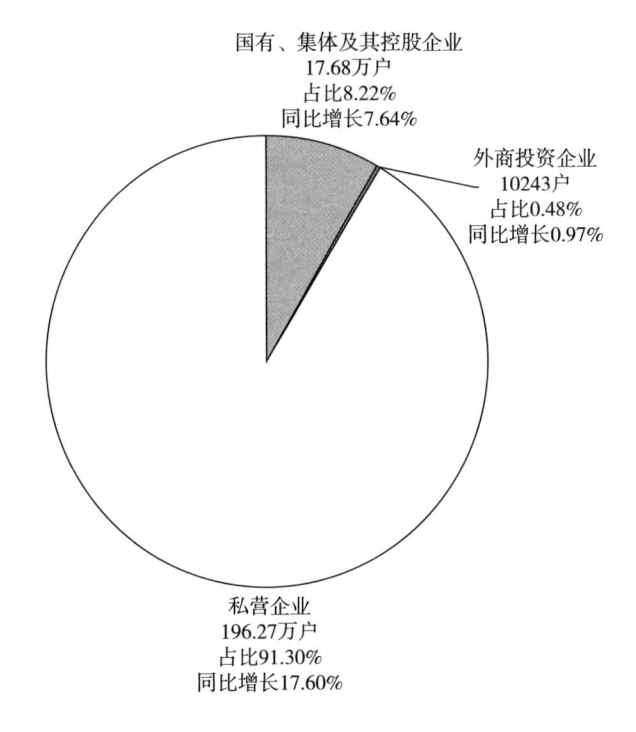

图3　2020年河南省实有各类企业发展情况

资料来源：河南省市场监管局《2020年河南省市场主体发展总体情况分析报告》。

二　河南以法治保障民营经济高质量发展存在的困难和问题

（一）立法系统性不足，优化营商环境法律体系不够完备

保障民营企业营商环境的具体实施规则、条例、办法等文件法律效力位阶较低，缺乏稳定性，民营企业民主参与度不够，立法的民主性、规范化水平不高。[①] 在优化营商环境进程中，要发挥法治固根本利长远作用，重点在于

---

① 杨在云、张颖婕：《"放管服"改革背景下玉溪市优化民营企业法治化营商环境研究》，《创造》2021年第5期。

科学系统的相关立法。近年来，河南省对标世界银行营商环境评价指标体系，吸收全国先进地区的立法经验，在地方立法上做了很多努力，相继出台一批致力于提升河南营商环境水平的地方立法，如《河南省优化营商环境条例》这一推动全省优化营商环境的指导性地方法规。到目前为止，全省的营商环境立法还存在规定领域相对分散的问题，没有聚焦如何通过保护民营企业产权和其他合法权益来营造促进民营企业投资兴业的良好环境。关于优化法治化营商环境的地方立法，更多按照部门法的分类方式制定地方立法规划，导致这些地方法规在对民营经济投资相关行为开展规制保护时，无法协调统一发挥最大作用，解决实际问题的能力不足，保护力度不够，影响民营企业投资信心。

（二）严格依法执法力度不够，市场主体公正执法的感受不强

一是严格依法公正执法不够到位。虽然全省行政执法活动正在积极落实行政执法"三项制度"，但是一些执法机关更在意形式上的执法公开、执法公正，没有把"三项制度"的本质要求在每一个执法案件中加以体现。在行政执法标准掌握上，还存在对公有制企业相对宽松，而对中小企业这类民营企业相对严格的问题。相对于国有、集体等公有制企业，作为执法对象的民营企业还存在一定程度的不平等感受。

二是部分政府机关公务人员政务服务意识不强。当前河南为进一步优化营商环境，正在全省公务人员中开展"万人助万企"活动，要求各级政府机关工作人员躬身入局，真正为当地企业特别是民营企业提供优质的上门服务，真正帮助企业完成疫情下复工复产、产能提升、稳健生产经营等目标。但在行政服务简政放权后，部分公务人员深入企业开展政务服务的意识还有所欠缺，认为"万人助万企"活动的开展，仅仅是一次活动，因而存在很强的应付心理，一定程度上影响了为全省企业服务、优化营商环境大局的形成。

三是还存在"亲疏有别"的选择性竞争执法。[1] 虽然对优化营商环境执

---

[1] 蒋博涵：《法治化营商环境：内涵、困境与进路》，《长春理工大学学报》（社会科学版）2021年第2期。

法的规定长期以来要求对市场主体公平公正执法,但是基于所有制、企业归属地等方面的原因,民营企业特别是外来民营企业还是行政执法中选择性竞争执法的最直接受害者。虽然优化营商环境立法和制度规范也在不断完善执法行为的负面清单,但是一些隐性的选择性竞争执法问题仍然存在,如一些中小型民营企业的经营管理者经验相对欠缺,在企业合规经营上与国有企业等大型企业存在一定差距,如果没有行政机关对企业合规经营的相关引导,企业就可能陷入经营困境并最终退出市场竞争。

(三)司法保障机制建设不够完善,民营企业矛盾纠纷解决难

一是民营企业产权特别是知识产权司法保护制度不够完善。知识产权是中小型民营企业获得市场竞争优势的重要依托。民营企业知识产权维权难,主要体现在知识产权审判刑事、民事、行政"三审合一"制度推广不足,民营企业知识产权维权举证难,知识产权惩罚性赔偿制度没有完全建立,民营企业知识产权受侵犯后维权周期长、维权成本高等方面。

二是民营企业矛盾纠纷解决机制不够完善。民营企业在生产经营和市场竞争中产生矛盾纠纷时,解决途径多数是时间成本、资金成本相对较高的诉讼方式,民间调解、司法调解、商事仲裁等纠纷解决程序选用不多。而法院诉讼程序又存在实质进入难问题,一些法院还存在不区分纠纷类型和实际案情,强制引入诉前调解的现象。民营企业的抗风险能力相对于国有企业等大型企业原本就有不小差距,在动辄一个月甚至更长的调解期限内,一些企业很可能因为纠纷不能及时得到解决而真正陷入困境,甚至被迫破产清算。

三是生效法律文书执行难。执行难一直以来都是困扰民事纠纷解决的重大难题,从基本解决执行难阶段目标的实现,到当前健全解决执行难长效机制、切实解决执行难工作的常态化,人民法院都在为解决生效法律文书的执行难问题不断努力。但是我国诚信体系的缺失和诚信意识不足,导致当前切实解决执行难问题难以在短时间内实现重大突破,民营企业等市场主体一旦陷入民事纠纷,就可能被拖入十分不利于经营的困难境地。

四是市场主体依法退出难。办理破产指标是世界银行营商环境评价指标

体系的重要组成部分。河南全省办理破产指标水平不但低于世界水平，更低于国内发达地区水平。破产实务操作指南欠缺，导致破产案件办理周期长、破产管理费用高。在本地经营的民营企业等市场主体根据《破产法》退出市场时，较少可操作性强的破产程序，这会影响市场主体退出效率，也会相应降低对外来投资的吸引力。

（四）民营企业守法合规经营意识不强，影响全省营商环境大局

部分民营企业及其经营者受成长基础和成长经历的限制，尊法学法守法意识不强，没有合法性评估程序，导致一些经营决策因为违反法律强制性规定而不能发生效力，影响自身在市场上的商业信誉。一些民营企业在经营管理中欠缺法律意识，屡屡因为欠薪、商业合作不当等陷入刑事、民事案件纠纷，在社会上形成不良影响，劳动者在就业时会选择避开这类企业，导致企业发展受限。市场上这类不合规企业的数量得不到明显降低，一定程度上也会影响全省的营商环境大局，其他有投资意向的市场主体在选择投资地点时，可能会为回避这些风险而转投其他地方。

三 河南提升民营经济高质量发展法治保障水平的对策建议

（一）从民营经济关注的重点难点入手完善地方立法

1. 围绕民营企业经营需求开展地方立法

民营企业在地方生产经营中，重点关注的是产权保护、行政执法、行政许可审批、税费缴纳等与企业利益直接相关的地方法律和政策。在开展地方立法工作时，要深入企业开展调研，了解企业对地方法律法规、行政政策的需求建议，从而在有关民营企业等市场主体生产经营的地方立法中做到有的放矢，多出台针对性强的地方法规，多出台受民营企业欢迎的、好用的地方法规和市场管理政策。

2. 切实开展地方法规和政策规定清理工作

全省有关市场主体生产经营的地方法规、司法文件、行政政策等规范性文件在不同时期存在不同的规定，在出台新规定的同时，要做到与旧法规和政策的顺畅衔接，不能出现前后矛盾、无法操作的不利局面。这也要求在地方立法进程中，不断梳理与营商环境有关的已有法规和政策规定，认真查找还没有规定的空白地带，不断推进新法规和政策的制定、出台；找到与新规定不相适应的旧规定并加以修改，实现新旧融合；找到与新规定相悖的法律和政策，并予以废止。

3. 建立完善企业市场准入负面清单制度

各类企业进入市场开展生产经营，必须有一个统一的准入标准，以解决针对不同企业类型准入标准不统一的问题。在实际操作中，市场准入负面清单的出台完善，可以为市场监管等企业市场准入登记许可部门的工作制定出严格的框架，凡是负面清单之外的登记准入申请，依法必须准许，政务服务部门不能依据负面清单之外的理由阻止民营企业等市场主体在本地开立、投入生产经营。

（二）坚持依法行政，不断提升政务服务水平

1. 依法规范行政执法行为

要明晰行政执法权限，合理配置执法力量，对执法活动多、工作压力大的基层行政执法单位，要配齐配强执法力量，减少事务性活动，使之专注于行政执法业务，切实提升执法专业、合规水平。要加强对行政执法的监督，建立事前监督、事中监督、事后监督相结合的立体全方位行政执法监督体系，严格落实"三项制度"，使行政执法真正在公众关注下开展，在增强执法公信力的同时给公众以法治教育。

2. 切实提升政府机关政务服务水平

以"万人助万企"活动开展为契机，把为民营经济发展提供政务服务作为首要目标，推动行政机关公务人员真正树立行政服务意识，走出机关，走进企业、工厂，了解市场主体对政务服务的需求和建议，从市场主体不满

意的地方做起，真正让政务服务满足企业核心需求，让企业进得来、留得住、出效益。

3. 强化反垄断和反不正当竞争执法

民营企业的市场爆发力和占有市场的机会来源于创新，来源于法律对知识产权的充分有效保护。要强化反垄断执法，对占领市场支配地位的大企业等市场主体，以更加严格的标准开展反垄断执法。要给以中小企业为代表的民营经济更大的发展空间，充分鼓励竞争，加大执法力度，排除限制竞争行为，给予中小企业依靠知识产权取得市场地位突破的机会，不断在全省形成鼓励创新、鼓励竞争的市场竞争氛围，形成良性循环的法治化营商环境。

（三）以提升司法质效为抓手加强民营经济合法权益保障

1. 以信息化助推司法审判高效开展

向智能化要效率，通过建立智能化审判模式，全面推进互联网审判，以技术支撑提升审判效能，提升诉讼的便利性和经济性。在民营企业案件审理中，在被侵权企业需要付出高额成本证明侵权事实和侵权损失时，要充分运用信息化手段，减轻企业维权的举证负担，真正减轻企业诉累。

2. 真正激活多元化矛盾纠纷解决机制

诉讼外调解、诉前调解、商事仲裁等矛盾纠纷的多元化解决方式，是疏导各类纠纷、减轻人民法院司法审判压力的重要举措。很多涉及民营企业的经济纠纷，案情简单，也容易处理，要把这类纠纷引入不同的矛盾纠纷解决渠道中，通过多元化的矛盾纠纷解决机制，为法院减轻司法审判压力，这样既能使法院有更多精力处理更加复杂的案件纠纷，同时也可以进一步提升法院审判工作质效。

3. 依法审慎办理涉民营企业经营者犯罪案件

司法机关要明确规范办理涉民营企业案件的执法司法标准，严格把握好企业正常经营与违法犯罪之间的界限，坚决防止将民事责任变为刑事责任。对民营企业涉嫌几类企业经营相关犯罪的，做到不该捕的坚决不捕、不该起诉的坚决不起诉、能够从轻的坚决适用轻刑罚，依法审慎从轻办理涉企违法犯罪案件，为企业经营者创新管理模式和经营方法提供宽松的司法环境。

（四）发挥自觉守法作用，助力民营经济高质量发展

1. 开展普法教育，提升民营企业经营者的守法意识

开展多种形式的企业经营相关法律法规宣传宣讲，使民营企业经营者真正深入了解、学习企业经营相关的各类法律法规，认识到守法的重要性、违法的危害性。促进民营企业经营者从思想上遵从法律、信仰法律，自觉养成依法办事、诚信经营、公平竞争的经营思想和做事理念，不因企业规模大小或实力强弱而变化。从企业管理经营到与其他企业、经济组织的业务往来和矛盾纠纷处置，企业家都要以法治为最高信仰，自觉知法、尊法、学法、守法、用法，用法律思维辅助决策，用法律方法解决问题。

2. 强化诚实信用建设，提高民营企业经营者的诚信经营意识

持续完善企业及企业经营者信用信息网络平台公示制度，在能够查询到的信息公示平台上，对企业及企业经营者存在的失信行为、造成的社会后果等内容予以公开。进一步加大失信信息与企业融资、纳税义务减免等业务的联动力度，让诚信企业在融资、经营中持续受惠，让失信企业在经营中认识到失信对企业经营生存所带来的不利影响。通过一系列的组合措施，促进民营企业家带领企业员工自觉守法，承担企业社会责任。企业不但要遵守守法经营、照章纳税的最低规则，还要追求负起社会责任、做高尚企业的更高准则。

3. 强化民营企业经营者的守法引领地位

全社会要充分认识民营企业经营者在守法引领方面的重要地位，发挥企业经营者在尊法学法守法用法方面的良好带动作用，使企业经营者自觉弘扬优良的企业家精神。培养优秀的企业家群体，发掘企业家精神，营造全社会尊重企业家、企业家主动承担社会责任的良好氛围。

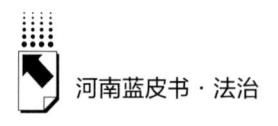

参考文献

戴琳、孙涛：《比较视阈下的法治化营商环境建设：差距识别与弥合进路——基于世界银行〈营商环境报告〉的分析》，《辽宁省社会主义学院学报》2020年第4期。

邓小军、梁子川：《民营企业法治化营商环境的作用机理与优化路径》，《经济论坛》2020年第10期。

姚苹：《优化营商环境的法治化路径分析》，《贵阳市委党校学报》2021年第2期。

郭清梅：《新时代完善民营企业法治化营商环境研究》，《河北省社会主义学院学报》2020年第3期。

袁莉：《营商法治环境评价内容与标准——基于推动民营经济高质量发展的视角》，《西南民族大学学报》（人文社会科学版）2020年第10期。

范坤：《云南营造法治化营商环境的实践与思考》，《中国司法》2020年第11期。

宋琳琳、邓巍：《优化法治化营商环境的有效路径——以辽宁省营商环境建设为例》，《沈阳干部学刊》2020年第3期。

钱玉文：《我国法治化营商环境构建路径探析——以江苏省经验为研究样本》，《上海财经大学学报》（哲学社会科学版）2020年第3期。

B.12
开封市办理破产案件的经验总结和优化建议

宋自学 张燕喃[*]

摘　要： 近年来，开封市法院破产案件的审理呈现出企业破产总体数量呈上升趋势、破产主体类型单一等特点，通过采取严把立案关、完善审理企业破产案件的操作规范等措施，解决了实践中遇到的一些难题。接下来，开封市法院将通过科学管控审限缩短案件审理周期、加强金融机构对破产程序的参与和支持等途径，推动破产案件审判质效不断提高，为开封市法治化营商环境不断优化提供司法保障。

关键词： 办理破产　营商环境　开封市

近几年，一批不符合社会主义市场经济规律要求的企业陆续向人民法院申请破产，法院审理的破产案件数量大幅度增加，破产案件的审理涉及国有商业银行债权和社会稳定，因此受到政府及社会各界高度重视和关注。开封市法院的破产案件审理虽起步较早，但专业化审判也是自2017年开始，近年来妥善审结了一批破产案件，取得了较好的法律效果和社会效果，但在实践中也遇到一些问题亟待解决。

---

[*] 宋自学，开封市中级人民法院民一庭庭长；张燕喃，开封市中级人民法院民一庭审判员。

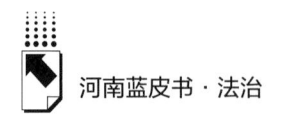

一　企业破产案件的基本情况及特点

2017年，开封市法院共计收案7件；2018年收案80件，其中含"僵尸企业"68件；2019年收案15件；2020年收案63件，其中含"僵尸企业"42件；2021年，共收到申请26件。2017～2021年，开封市法院受理的破产案件中，申请人为债务人的有128件，申请人为债权人的有63件。从破产企业的性质来看，房地产企业有19件，工业企业有59件，商业及服务业企业有112件。从破产企业的规模来看，总资产超过5亿元的企业破产案件有12件。

从破产案件的审理情况看，开封市法院破产案件的审理呈现以下几个特点。一是企业破产数量总体呈上升趋势。从2017年开始，刨除集中清理"僵尸企业"案件的2018年的68件和2020年的80件，受理的案件逐年增加。二是从申请主体来看，刨除"僵尸企业"的申请人为债务人的情况，申请破产的主体多为债权人。三是破产主体类型单一。受理的破产案件中，刨除"僵尸企业"主体为国有企业和集体企业，其他案件均为有限责任公司，包含工业企业、房地产企业和商业及服务业企业，其中房地产企业占比较大。四是破产案件工作量大，法律关系复杂，审理周期长。绝大部分破产企业是经营十几年甚至几十年的老企业，破产清算中资产的清理、评估，债权、债务的调查、确认等工作难度大。破产案件的审理不仅涉及企业与其债权人、债务人之间的各类合同关系，还有其与工商、税务、劳动等行政管理部门之间的行政管理关系，法律关系复杂。破产案件的审理周期比普通案件长，一般都在二年以上。五是破产企业资产变现难。有的破产企业地理位置偏僻，厂房、设备陈旧老化，资产难以变现；有的破产企业房地产证件不全，不能办理过户手续，致使法院难以处理。六是债权清收难。破产企业对外债权形成时间长，大部分已过诉讼时效，有的债务人下落不明，有的无力清偿。七是财产分配率低。由于破产企业职工的欠发工资、养老保险金、集资款在第一顺序予以清偿，在支付破产费用和清偿职工欠款后，用于清偿第二顺序和第三顺序的破产财产较少，一般债权人的清偿比例大部分为零。

二 审理破产案件过程中总结的做法和经验

（一）严把立案关，防止企业假破产、真逃债

破产案件的受理必须符合《中华人民共和国企业破产法》（以下简称《企业破产法》）的要求，对债务人进行形式要件和实质要件上的审查。企业进入破产程序前，必须依法进行严格的审计，对不符合法定立案条件、破产准备工作不到位的企业严禁进入破产程序。为防止恶意破产、假破产现象的发生，开封市充分利用听证制度的优势，在立案审查阶段组织债权人、职工代表和其他与破产企业相关的人员就拟破产企业是否符合破产条件、是否存在假破产嫌疑进行调查、举证、质证和辩论，将破产立案工作全程公开，将立案工作置于当事人和社会的监督之下。

（二）完善审理企业破产案件的操作规范

程序公正是司法公正的重要一环，严格遵循法定程序，是人民法院依法办理破产案件的基本保证。2019年10月28日，开封中院出台了《关于开展全面提升破产审判水平营造法治化营商环境活动的工作方案》，并按照程序建立健全破产案件繁简分流机制，提高破产案件办理效率，形成了破产案件申请与受理、案件管辖、申报和确定破产债权、破产财产范围界定、破产和解与破产企业整顿、破产宣告、债权人会议、破产财产的变现与分配、破产终结等方面的操作规则，这对于依法维护破产案件当事人的合法权益，保障审理企业破产案件工作合法、有序进行发挥了重要作用。

（三）不断加强对管理人的监督和指导

管理人工作影响整个破产案件工作的进程、效果。在选任管理人上，开封市法院依法采取了由管理人报名、法院择优选取的程序。在发布完招募管理人公告后要求管理人报送报名材料，以及报送管理人工作人员、管理人工

作思路、具体的结案时间、费用收取标准等。之后邀请本院审管办、技术处、政治部、执行局、纪检派员参与，且由纪检全程监督。管理人在办理破产案件的同时，要求定期将办理破产工作进程书面报告法院。每年年初定期对管理人工作进行考核，且于2020年3月27日正式印发了《河南省开封市中级人民法院破产管理人考核办法（试行）》，对管理人分阶段、全方位进行考核，并对考核内容、考核名次进行公示，另对考核名次靠后的管理人进行约谈，在下一年度考核名次仍靠后的管理人，限制其接案数量。

（四）妥善筹备第一次债权人会议

《企业破产法》第62条规定，第一次债权人会议由人民法院召集，自债权申报期限届满之日起15日内召开。为了第一次债权人会议的顺利召开，应精心准备，确保万无一失，合议庭在第一次债权人会议前，充分研判破产企业情况，制定合理高效的处置方案，必要时寻求债务人所在地党委、政府的支持。会议进程中，掌握会议节奏、有效把控会议局面，及时制止个别债权人的无理要求，防止出现混乱。

（五）妥善安置职工，保持社会稳定

在办理破产案件中，妥善安置企业职工是一项重要工作，特别是在办理"僵尸企业"破产过程中。"僵尸企业"涉及全市国有企业和集体企业，大部分企业在2000年前后就已停止生产，企业停摆。随着集中处置的"僵尸企业"数量增多，原破产企业潜在的问题暴露，住房、水电、欠发工资、集资款、劳动保险、医疗费等问题成为职工上访的导火索，而要解决这些问题难度相当大。开封市在集中处置"僵尸企业"破产清算过程中，始终将社会稳定放在第一位，为妥善解决职工问题，法院预破产主管部门积极配合，对可能发生的不稳定因素提前制定预案，规划应对措施。要求管理人对职工的问题依法依规解决，对不能解决的问题积极引导，宣讲法律知识，争取职工的理解和支持。

（六）加大协调力度，争取各部门支持

与其说办理破产是一个案件，不如说办理破产是一个项目，破产案件的审理涉及债务人即破产企业正常营业过程中的各个部门，包括企业的主管部门以及财政、金融、劳动、土地等职能部门。为此，开封市法院尤为注重与党委、政府的沟通协调，并积极争取党委、政府及各部门的支持。在办理破产案件的过程中，针对专门性问题，多次召开问题协调会，处理好与各部门之间的关系，积极处理管理人在办理破产案件时的各种问题和困难。

2021年，开封市人大在制定《开封市营商环境实施条例》的过程中，十分重视"府院联动"工作，开封中院在《开封市营商环境实施条例》制定过程中，建言献策，积极主动向人大提供意见和建议。2021年9月份，开封中院制定了《关于建立开封市企业破产处置协调联动机制》，并经市委同意，规定了由市委常委、常务副市长担任总召集人，副市长、市中级人民法院院长为副总召集人，市中级人民法院、市人民检察院、市发改委、市公安局、市工业和信息化局、市民政局、市司法局、市财政局、市人社局、市自然资源和规划局、市住建局、市生态环境局、市商务局、市市场监管局、市信访局、市金融监管局、市税务局、中国人民银行开封市中心支行、开封银保监分局参与的联席会议制度。常态化"府院联动"机制的建立，加大了政府对破产案件的重视力度，提高了工作效率，缩短了办理破产审限。

三 破产案件审理中存在的困难和问题

（一）办理破产案件周期普遍较长、长期未结案件存量大、破产案件审理难度逐年递增

根据河南省高级人民法院2021年9月8日通报，开封市1~2年未审结的破产案件有14件，2~3年的有9件，3~5年的有1件，合计24件，居全省后位。

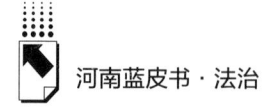

审理周期长的原因在于，破产程序中的重要举措均需债权人会议表决通过后方可实施，部分债权人受自身利益局限，或在破产程序认识上存在偏差，对管理人所拟定的各种议案持很大抵触情绪而投反对票，导致破产程序无法顺利运行。破产案件衍生诉讼多，且法律关系复杂、事实真伪不明，往往经历一审、二审，审理周期长。房地产企业破产案件中存在数量庞大的承租人、业主，对破产财产处置存在抵触情绪，清理难度较大。破产企业多为无财产、无人员、无账册的"三无企业"，或其实际控制人拒不配合法院及管理人对债务人财产、账册等重要文件的接管，因未能有效接管相关账册，致使管理人核查债权工作进程受到影响，对外追收债权时账册不全导致证据不足，回收难度大。另外，受市场行情影响，商业地产项目财产处置遇"冷"，多次拍卖流拍，进而导致破产程序推进缓慢。

（二）社会保障体系不健全，职工保障和就业安置难度大

在破产案件特别是本市集中处置的两批"僵尸企业"案件中，安置职工是首先需要考虑的问题。由于"僵尸企业"早已停止营业，长期拖欠劳动者养老等社保费用，企业在停止经营期间，劳动者与企业之间的劳动关系存在诸多问题。开封市目前的破产衍生案件，绝大部分是劳动争议案件。因此，破产案件中如果不能有效处置职工安置问题，极易造成上访等不稳定因素。

（三）"府院联动"机制不够健全

办理破产是一个多部门、多层级参与的重大项目，涉及法院、政府、管理人、债权人等多个群体，故加强各群体之间的有效互动，特别是健全"府院联动"机制，对办理破产案件有十分重大的意义。但目前，虽然法院与政府之间沟通没有障碍，常态化的"府院联动"机制也初具形态，但由于破产企业相对于一般企业存在的问题和困难更多，需要社会、政府给予更多优惠，特别是民营破产企业，基本得不到正常支持和救助，政策的缺失成为开封市破产行业发展的短板。

（四）破产管理人专业性、积极性、责任感有待加强

开封市破产案件的爆发始于 2017 年，大多数破产管理人从未参与过破产案件的办理，为解决破产管理人能力和经验不足的问题，开封采取了老带新、传帮带的方式，着力改变破产管理人普遍能力不足的现状。经过近几年的发展壮大，破产管理人的履职水平进一步提高，但在审核债权、一审裁判上诉等方面仍存在懈怠、不敢承担责任、不愿承担责任等现象。部分破产管理人业务能力欠缺，沟通协调能力不足，处理问题较为草率，遇到疑难复杂问题时往往存在依赖法院和逃避的思想；部分管理人无法兼顾破产案件与其他诉讼案件，在两类案件发生冲突时往往前者让位于后者；还有部分管理人缺乏担当意识，由于破产法律规定原则性较强，实践中有很多空白需要管理人根据法理结合实际情况作出决策，但管理人出于责任后果的考虑，往往久拖不决，导致破产进程推进缓慢，易引发信访风险。

（五）房地产企业破产案件问题多发

经济形势的变化使房地产企业在开封的经营越来越困难，随着问题楼盘处置的推进，进入破产程序的房地产企业增多。从 2017 年起，开封市共受理民营企业破产案件 59 件，其中房地产企业 19 件。由于前期房地产企业不同程度吸收存款，且涉及大量购房户，而购房户的原始法律关系繁多，故在处理房地产企业破产案件时，为维护社会稳定，人民法院慎之又慎，但仍存在接管、公益债认定等困难。

（六）破产专业审判机制亟待完善

受制于开封市经济社会发展水平、清算与破产案件数量、审判专业力量、破产管理人数量等因素，开封尚未建立破产法庭或破产清算审判庭，在一定程度上影响当地破产案件的办理质效。

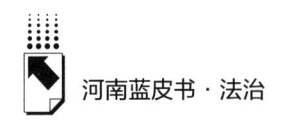

四 思考和建议

（一）科学管控审限，缩短案件审理周期

根据省法院的通报，开封市辖区法院1年以上未结破产案件共计24件，数量较多。为改变此现状，综合分析全市法院近年来破产案件的审理情况，开封市拟规定不同案件的审理期限："无产可破"案件3个月内审结；债权债务关系明确的简单案件6个月内审结；普通案件12个月内审结；等等。只有平均审理周期逐步缩短，"办理破产"对进一步推动地区营商环境持续优化、实现社会资源优化配置和产业结构转型升级的职能作用才得以充分体现。

（二）集中清理长期未结案件，甩掉历史遗留包袱

2021年以来，开封市对1年以上未结的破产案件逐案建立台账、逐案听取汇报、"一案一策"、制定工作方案、确定结案时间，并由专人负责督办。在办理长期未结破产案件时，更要注重与政府的沟通协调力度，并实行院领导包案制，2年以上未结破产案件全部由"一把手"包案，1年以上案件由分管院领导包案，负责对清理工作督促检查，并协调解决案件具体困难。

（三）探索多元化资产处置方式，提升债权"回收率"

从受理破产案件之初，即在破产企业的破产程序选择上，就要着眼于提高破产财产的保值增值水平，努力实现破产财产价值的最大化，最大限度保护债权人、债务人的权益。在处置破产企业资产时，注重以市场化为导向，指导管理人结合破产财产特点，采取招募、邀约、电子化等方式引入专业的资产经营机构，对破产财产进行包装、宣传，加快资产变现。对立案时系破产清算程序的案件符合转破产重整的，只要符合转破产重整程序，依法予以支持，以最大限度提高债权"回收率"。

（四）深入推进"府院联动"机制

建立高规格的企业破产风险处置工作领导小组，以便全面协调破产审判中的府院联动事项，协调完善破产配套制度，加强部门合作。切实建立政府各部门与法院"互联互通、信息共享、合力处置"的常态、长效联动工作机制，统筹协调解决好企业破产处置工作中涉及民生保障、社会稳定、财产接管、税收申报等方面的问题，保障破产程序平稳有序推进。进一步制定府院联动任务清单，联合印发《府院联动备忘录任务清单》，以府院联席会议制度总框架为基础，完善府院常态会商制度，推进两法衔接、监督写作及行政公益诉讼工作。2021年9月，开封中院向开封市委出具《关于建立开封市企业破产处置协调联动机制》的报告，进一步推动"府院联动"常态化机制的建立。

（五）加强金融机构对破产程序的参与和支持

金融机构在破产程序中占有举足轻重的地位，多为破产企业的抵押债权人，从其自身利益出发，在大多数破产案件，特别是破产重整案件中，多数金融机构持反对意见。因此，应鼓励金融机构进一步完善、明确内部管理流程，合理下放表决权，促进金融机构在破产程序尤其是重整程序中积极高效行使表决权，鼓励符合条件的金融机构依法设立不良资产处置基金，参与企业重整。支持私募股权投资基金、产业投资基金、不良资产处置基金等各类基金在破产程序中按照市场化、法治化原则向符合国家产业政策方向的重整企业提供融资支持，鼓励金融机构对重整后企业的合理融资需求参照正常企业依法依规予以审批，进一步做好重整企业的信用修复。

（六）进一步加大对破产管理人的监管与惩戒力度

破产案件数量的增长及关联企业破产、重整案件逐渐增多，案件复杂程度的变化都对破产审判工作、管理人履职能力提出更高要求，尤其是对管理人规范履职提出迫切要求。开封市在每年第一季度的考核中，对管理人个案

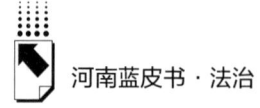

进行考评，在管理人不能勤勉尽责、忠实履职时，对未按时保质完成的项目进行相应分数的扣减，扣减分数作为确定管理人下一年度收案的主要依据。在管理人不能忠实、勤勉履职及有其他违规违法行为的，根据《最高人民法院关于审理企业破产案件指定管理人的规定》及《河南省高级人民法院关于规范企业破产案件管理人的规定》对管理人进行惩戒，严重者予以除名。进一步强化管理人履职监督机制，提升管理人职业素养，实现管理人队伍的优胜劣汰。

B.13
新乡法院开展破产审判的司法实践与探索

尚志东 王 抗*

摘　要： 近年来，新乡市两级法院在提升破产案件审判质效、优化营商环境层面均进行了实践与创新。新乡市两级法院在完善破产案件识别与应对机制、提升破产案件"回收率"、加强破产审判专业化、强化对管理人的监督与指导、提升债权人的参与积极性等层面进行了卓有成效的探索，对改善破产审判的发展趋势起到了积极作用，新乡法院据此总结固化经验并提出一系列优化破产审判、改善营商环境的建议。

关键词： 营商环境　破产审判　市场化　制度设计

随着我国经济结构调整升级，由高速发展向高质量发展的转型在经济建设过程中越发重要，因此着眼于优化营商环境可谓适逢其时。早在2017年7月13日，李克强总理就在关于深化"放管服"改革的会议讲话中提到"营商环境就是生产力"。自2004年至今，世界银行陆续发布了17份《营商环境报告》，在《营商环境报告2020》中，相较于2019年的排名，我国总体营商环境排名提升15位，达到第31位，而其中较为重要的、涉及司法活动的指标之一即为"办理破产"（resolving insolvency）[①]，是否能有效提升

---

* 尚志东，新乡市中级人民法院副院长；王抗，新乡市中级人民法院强制清算与破产庭副庭长。
① 在2012年前，《营商环境报告》中衡量破产的指数为"关闭企业"（closing a business）；自2012年起，改称为"办理破产"（resolving insolvency），但其中各项子指标未有变化。

"办理破产"水平、相关制度准备是否完善、破产案件的"回收率"究竟如何、债权人能否充分参与破产程序、从事本行业的人员是否专业,均是评价破产案件办理能否对营商环境产生正面影响的重要因素。因此,聚焦"办理破产"对于地区营商环境的正面意义,也是评价一个地区破产司法制度是否完备的重要指标。近年来,新乡市两级法院(即新乡市中级人民法院及各辖区基层人民法院)在创新破产案件办理模式、优化营商环境、促进市场发展方面均进行了一系列有益的探索,本报告拟在介绍此类制度性与实践性探索的基础上,分析完善破产案件办理、优化营商环境的发展趋势,并对未来破产审判工作如何进一步优化提出相关建议。

一 破产案件识别与应对机制的建设与发展

(一)新乡在创新破产识别与应对层面的实践探索

破产案件识别与应对机制,即通过高效、制度化的手段识别企业是否具备破产原因,对于具备破产原因的企业有针对性地通过预重整、重整或和解等手段化解企业风险,或通过清算方式实现市场优胜劣汰。关于破产企业的状况识别与应对,新乡市两级法院采取了多种措施。

一是在新乡两级法院官网、微博、公众号等平台开设营商环境专栏,发布破产工作信息,及时更新破产案件审理状况,通过各种媒体报道宣传新乡市法院典型案例与经验做法,推广关于识别企业破产的有关经验。同时由两级法院组织人员到企业、社区进行法律宣传,指导企业利用破产制度化解危机,及时对破产企业进行回访,从源头深化市场主体对破产制度的基本认识,鼓励各类型市场主体通过破产制度解决企业风险,合法行使权利。二是通过提前介入指导、分批次受理、快速指定管理人、缩短公告期限、合并召开债权人会议、府院联动集中协调等一系列措施,以提前、快速掌握企业的风险原因,进而推进"僵尸企业"的快速出清以及有价值企业的尽快挽救。三是通过多方参与的听证会制度,召集各利害关系人参与破产案件听证会，识别企业是否具有挽救价值，并对有再生可能的企业实施司法救治，帮助其实现重生。四是根据实际情况灵活识别引发企业风险的真实因素，制定有针对性的工作思路，形成制度化的文件指引。在疫情防控常态化的背景下，《最高人民法院关于依法妥善审理涉新冠肺炎疫情民事案件若干问题的指导意见（二）》出台，旨在为审理涉及新冠肺炎疫情的各类型民事案件提供方向指引，覆盖合同关系、劳动关系等法律关系，该文件同时强调了在破产案件中审慎认定破产原因的内容。[①] 依照最高人民法院的相关精神，新乡市中级人民法院在审理破产案件时充分考虑了企业的经营现状与客观情况，制定了《支持企业渡过疫情难关，提供司法服务保障的若干意见》与《关于切实加强审执工作助力优化营商环境改善的若干意见》，下发了《2020年优化营商环境专项工作方案》等文件，完善了关于市场主体救治与退出机制的有关内容，并协同新乡市总工会联合下发了《关于做好法律服务工作助力企业复工复产的通知》，为疫情防控常态化时期的复工复产提供制度保障。

（二）破产案件识别与应对机制的发展方向

当前，不论在新乡市范围内抑或是全国范围内，市场主体整体运用破产程序解决债务危机的意识并不强，从而导致企业出现破产原因后未能及时申请破产，破产财产价值贬损率较高，具有重整价值的企业往往因此错过最佳救治时机。此类情况的改善亟待法院与政府相关部门加大协作力度，建立完善的预警机制。具体而言，在当下的司法实践中，一方面，需要协调市场监管、税务、公安、银监以及社保公积金等部门，建立企业风险分类预警机制，在行政指标信息与司法审判、执行数据之间，建立起快

---

① 《最高人民法院关于依法妥善审理涉新冠肺炎疫情民事案件若干问题的指导意见（二）》第18点指出："人民法院在审查企业是否符合破产受理条件时，要注意审查企业陷入困境是否因疫情或者疫情防控措施所致而进行区别对待。对于疫情爆发前经营状况良好，因疫情或者疫情防控措施影响而导致经营、资金周转困难无法清偿到期债务的企业，要结合企业持续经营能力、所在行业的发展前景等因素全面判定企业清偿能力，防止简单依据特定时期的企业资金流和资产负债情况，裁定原本具备生存能力的企业进入破产程序。"

速、流畅的信息交换机制，在大数据、互联网的背景下，建设数据共享系统，定期分析研判辖区企业的真实经营情况、财务状况以及潜在的社会问题，尽快确定风险化解思路，防止企业价值在日益严峻的困境中不断减损。① 另一方面，新乡市乃至各地有必要进一步完善危困企业信息库，实时跟进危机企业状况，提前预备有针对性的解困方案，根据危机企业的现实状况，采取庭外重组、预重整、司法重整、清算或和解等不同的工作思路。同时，需进一步完善破产案件应对机制。具体而言，可通过协调本地区的土地、房屋、规划及招商等主管部门，完善对于重整企业的招商引资机制。而针对破产清算案件中的大宗资产处置，重整案件中的战略投资人招募、股权投资等事项，则需要在土地性质变更、资产过户、股权变更登记便捷化等层面予以统筹。另外，在企业风险识别阶段，还可以通过与社保部门建立长期沟通机制，准确识别长期未缴、欠缴社保或公积金的"僵尸企业"，尽早地将此类"僵尸企业"从市场出清，同时在职工债权的调查层面由有关部门协助管理人开展相关工作。

二 着力提升破产案件"回收率"

关于什么样的破产制度才是最优的破产制度，破产司法活动中的利益相关方都存在不同认识。对于优先债权人而言，其目标为能够在最短的时间内变卖财产、及时止损；对于普通债权人而言，则着眼于尽可能地提高债权的清偿比例，探求最高比例的清偿方案；对于职工而言，更重要的是避免失业，保证未来一段时间的基本生活供给；对于股东而言，又需要极力避免企业破产清算，防止其投资颗粒无收；对于暂无债权债务关系但与破产企业保持长期合作关系的合作方而言，则希望企业的核心经营尽快恢复，整体业务得到保留；对于一地政府机关而言，良好的

---

① 陆晓燕：《"府院联动"的建构与边界——围绕后疫情时代市场化破产中的政府定位展开》，《法律适用》2020年第17期。

破产制度旨在满足以上各方需求，同时妥善回收欠缴的税款、社会保险等费用，以求各方利益最大程度上的均衡。对于诸多诉求，《营商环境报告》进行了归纳，最终以"回收率"作为评价办理破产是否优秀的重要指标。"回收率"通过标准函数公式计算而来，三项变量分别为破产时间、破产成本和破产结果。而近年来，新乡市两级法院在如何提升破产案件"回收率"这一问题上，亦进行了较为丰富的实践探索，为此后形成制度性文件提供了思路。

（一）关于提升"回收率"的探索与实践

1. 简化流程、节约成本、提升破产审判质效

为进一步提高破产案件的审理效率，有效节约司法资源，削减破产案件审理成本，新乡市中院贯彻落实河南省高级人民法院发布的《关于探索破产案件繁简分流建立简单破产案件快速审理机制的指导意见》，并执行了河南省高级人民法院印发的《关于审理企业破产案件破产成本管理的指引》，在不损害各方合法权益的前提下，对于破产财产较少、债权人人数较少、债务人成立时间较短以及债务人主要财产或线索灭失的案件适用简易审理模式。通过采取简化文书送达，召开债权人会议，创新债权申报、核查、评估、拍卖，依法合理缩减相关环节等方式提高审理效率。经统计，2020年新乡市两级法院适用简易程序结案10件，平均结案时间为0.83年。通过采取简化程序、召开网络债权人会议等一系列改革举措，新乡市两级法院全年已结破产案件平均成本（破产费用）占破产财产价值比例降低至5%以内，远低于全国平均值22%。[①] 参考其他国家破产案件成本水平，美国破产成本占破产财产的比例为10%，日本破产成本占破产财产的比例为4.5%，英国

[①] 徐阳光、韩玥：《营商环境中办理破产指标的"回收率"研究》，中国清算网，2021年6月16日，http://www.yunqingsuan.com/news/detail/86817。其中法院费用（0.5%）、律师费（5%~10%），通知和公布费用（1%），破产代表费（5%~10%），会计师、估价员、检查员和其他专业人员的费用（7%），拍卖师费用（1%~5%），服务提供者和（或）政府征收费（5%）。

破产成本占破产财产的比例为6%，挪威破产成本占破产财产的比例仅为1%。[1] 结合前述数据来看，在进行了一系列有益的探索之后，新乡市法院的破产成本水平已控制良好，基本指标已经接近先进地区水平。

从破产案件办理结果来看，自2018年以来，在落后产能出清与过剩产能化解方面，新乡市两级法院高效完成了119家国有"僵尸企业"的集中破产处置，占当时河南省"僵尸企业"破产案件的1/4多。前述国有"僵尸企业"破产案件于2019年5月21日全部终结破产程序，累计化解企业债务近23亿元，妥善安置职工1.3万余人，收回划拨土地788.75亩，处置企业资产5.1亿元，有效地化解了"僵尸企业"长期占用土地、劳动力及其他社会资源，以及市场生产要素利用率低下、生产要素错配等问题，对于优化营商环境、盘活市场要素有着积极意义。此外，结合新乡市两级法院审理情况来看，2020年已结破产案件担保债权清偿率超过90%，平均债权回收率提高到60%以上。

2. 探索预重整制度的全新路径

2019年11月，最高人民法院发布了《全国法院民商事审判工作会议纪要》，该纪要第115条专门指出庭外重组协议的效力可延续至重整期间，为预重整的司法实践提供了更为规则化的指引。预重整情形下，重整方案基于债务人与各方协商产生，无须待裁定受理重整后再拟定。因此，预重整能有效缩短重整案件的审理时间，提高审理效率，但因新乡市两级法院缺乏规范的预重整制度和实践，所以预重整工作在新乡司法实践中的理论准备尚不充足，直接导致的现实问题即为破产案件审理受到程序性事项束缚较多，重整案件的审理周期较长，企业的债务化解、职工就业等短期问题难免形格势禁。对此，为避免程序性工作对企业困境化解的掣肘，新乡市中院借鉴了各地法院在预重整层面的经验，加强对破产案件在破产申请审查程序中的甄别，并指导新乡市原阳县法院创制了适用"庭外重组"模式的首个案例——新乡市黄

---

[1] The Word Bank, "Doing Business 2020: Comparing Business Regulation in 190 Economies," https://documents.worldbank.org/en/publication/documents－reports/documentdetail/333201574776852632/doing－business－2020－comparing－business－regulation－in－190－economies－economy－profile－of－costa－rica.

河精细化工有限公司（以下简称"黄河化工"）庭外重组案。

注册于新乡市的黄河化工是我国最大的氟化盐生产商，其氟化盐生产处于国内先进水平，国内市场占有率达70%。黄河化工的主要产品为"氟化钾"，产品每年销往全球，企业年产值达10亿元人民币以上，年利税接近4000万元。但几年来，囿于企业盲目扩张、产区建设投入高昂、疫情导致出口贸易迟滞、市场出现萎缩等，黄河化工的资金流动性不足，日常生产经营举步维艰。在凭借自身力量难以脱困的情况下，黄河化工于2020年9月9日向河南省新乡市原阳县人民法院（以下简称"原阳县法院"）申请破产重整。经审查，原阳县法院确认本案之要枢在于债务人企业的特殊性，因化工企业生产资料多为易变质、存在贬值风险的设备或化学原料，一旦因司法程序持续时间过长对企业正常经营秩序形成干扰，将对此类企业的生产经营造成不可逆转的打击。因此对于此类企业而言，危机化解的关键不仅在于摆脱积重难返的困境，更在于以较高的效率解"燃眉之急"，使其以最快速度重回良性运营的轨道。

为此，经新乡市中院指导，原阳县法院协调有关方面采取了尽快恢复生产、优先管理资产、加快公司治理、进行债转股重组的"四同步"举措，并迅速达成了继续供货协议，黄河化工在停产一周后即恢复了生产。最终通过债转股与引入投资人的方式，该案债权回收率达到100%，债权人权益及社会效益得以兼顾。在职工权益保障层面，该案预重整制度亦发挥了独特优势，包括125名身体障碍人士在内的近400名企业员工就业问题得以解决，确保了区域社会生态的良好与稳定。

3. 长效府院联动保障机制的完善

对于企业而言，不论清算还是重整，均涉及企业的职工安置、复杂的税费缴纳问题，重整成功脱困的企业还涉及企业信用修复等诸多问题。结合司法实践经验来看，此类社会问题均非一朝一夕或仅凭司法机关就能独立解决。[1] 若要完成一项社会化的破产工作，而非仅仅着眼于司法程序的完结，

---

[1] 周继业：《人民法院破产审判——江苏实践与经验》，法律出版社，2018，第1页。

政府各部门的支持无疑不可或缺。① 我国相关制度性文件亦指出转变政府职能对于优化营商环境、加强司法行政协调的重要性。② 因此，府院联动机制对于提升破产审判效率、助力企业摆脱长期困境具有深远的意义。

新乡市两级法院通过府院联动机制推动解决了破产案件中的诸多疑难问题，但一般局限于个案协调，缺乏长效机制，效率不高。经新乡市中院推动，2020年10月27日，新乡市府院联动联席会议办公室发布了《新乡市破产工作府院联动联席会议制度》，由市政府常务副市长担任联席会议总召集人，相关市领导、市法院主要领导担任副总召集人，各成员单位分管负责同志为联席会议成员。政法委、市法院、市检察院、工信局、公安局、司法局、财政局、税务局等20个部门作为成员单位，定期召开联席会议，推动解决破产审判涉及的债务核算、员工安置、税费清缴、企业信用修复、优惠政策的给予、便捷化工商注销、"无产可破"案件中的破产费用保障、产权瑕疵的更正以及逃废债司法惩处等重点难点问题，旨在提高破产工作协调性和效率。工作模式上，联席会议根据需要随时召开，负责听取企业破产处置情况报告、研究解决破产涉及的全局性事项，也可以针对个案召开专题会议以解决特定领域问题，形成会议纪要供各方贯彻落实。2020年11月17日，新乡市政府与新乡市中院共同召开全市破产联席工作会议，召集各有关职能部门及县区政府共同推动解决破产案件办理中存在的疑难问题，制定了问题台账，明确责任主体和完成时限，为破产案件办理提供了更加有力的保障。

（二）关于继续提升"回收率"的发展路径

1. 预重整发展趋势预测及建议

在预重整的实践层面，根据新乡市中院的工作经验以及个案中已取得的

---

① 王欣新：《府院联动机制与破产案件审理》，《人民法院报》2018年2月7日。
② 《优化营商环境条例》中要求"优化营商环境应当深刻转变政府职能，强化协同联动，完善法治保障"。国家发改委等部门关于《加快完善市场主体退出制度改革方案》明确指出，应当加强司法与行政协调配合。地方各级人民政府应积极支持陷入财务困境、符合破产条件的企业进行重整或破产清算。

良好社会效益，未来预重整工作的发展将遵循降低预重整门槛、消除预重整障碍及阻力的处理原则，整体的预重整司法实践发展将朝着"少司法干预、多当事人谈判"的市场化方向进行。对法院的工作而言，最重要的是在尊重市场主体意思自治的前提下，审查预重整中制定的重整计划草案，确定计划是否涵盖全体债权人、涉及的利益主体究竟有多少、是否存在损害部分债权人权益的行为。同时，法院应当监督预重整的通知、披露工作，参照美国《联邦破产法》的规定[①]，应满足信息披露达到"真实、全面、充分"的要求，包括资产评估报告以及审计报告等文件应当向全体债权人披露，对于债权债务情况以及债权调整方式亦应明确说明，并将债权人的异议程序进一步纳入其中，确保最大限度保障全体债权人知情权。此外，法院还需做好相关衔接工作，确保预重整中重整计划草案符合法律规定，符合《企业破产法》对于重整计划草案的底线要求；在预重整管理人监督层面，还应当充分发挥府院联动机制的积极作用，辅助判断债务人企业是否具备重整价值、其重整计划草案是否具备可行性；在法院工作中，还应当积极召开听证会，对预重整进行审查，在听取多方面意见的前提下决定是否批准当事人的重整计划草案，对于债务人企业的资产状况、债权人清偿率、重整计划草案的可行性等事项进行讨论，以实现缩短企业脱困时间、优化营商环境的根本目的。

2. 府院联动机制完善的进一步建议

一是建立"双向联动"的府院联动机制。当前，《新乡市破产工作府院联动联席会议制度》尚为纲领性文件，工作采取随时召开、随时听取的形式，依然是以破产受理法院为主的"单向联动"，具有一定的局限性。本报告认为，可在形成联动机制的基础上，成立联动联席会议常态化工作委员会，由政法委、市法院、市检察院、工信局、公安局、司法局、财政局、税务局等形成常态化工作汇报与讨论机制。在具体的常态机制内部，可依照工

[①] 美国《联邦破产法》第1126条规定了预重整的信息披露必须满足第1125条（a）规定的充分标准，包含以下两点：第一，预重整程序的信息披露必须符合可适用的非破产法法律对于信息披露的充分性说明；第二，如若没有可适用的非破产法法律，则债务人需向债权人披露资产负债表、利润表及相关的审计评估报告，以便债权人作出理性判断。

作内容、职权分设不同负责板块与领域，承担包括危及企业状况定期调研与反馈、破产衍生社会问题处理、破产案件中的企业财产调查、税务以及劳动等协调工作。并由常态化机制主导，负责法院及政府不同部门间的组织、协调工作，更好地落实破产府院联动机制的常态化运行。①

二是建立健全稳定保障体系。对于破产清算企业人员的安置，是市场化破产工作中的痛点，也是仅凭市场化模式难以解决的短板问题。需由政府运用其"有形之手"，充分调度现有资源，使劳动力资源充分配置，满足市场的客观需求，以实现劳动力要素快速匹配、生产能力激活、营商环境优化的目的。在具体操作上，可考虑通过"人随资产走"的方式进行安置，确保职工的技术经验可以继续发挥作用，并可同步通过再就业培训的方式，协助企业职工按岗就业，匹配其适宜的工作；在欠付薪酬问题上，设立破产职工债权保障基金，保障其职工工资、社会保险以及经济补偿金的及时兑付，实现破产案件中职工问题的充分解决。②

此外，在破产清算注销、税款及滞纳金等清缴受偿层面，需协调有关部门进一步确立司法文书在办理企业注销、税费清缴等方面的效力；在破产重整案件制度中，需进一步强化重整企业的信用修复制度，包括但不限于金融信用修复、工商和税务信息修复以及环保与安监质检等特定行业修复。各主管部门可对信用修复的时间、条件、程序以及范围作出明确规定，避免当前司法实践中常见的模糊化状态以及具体规则的缺位。

三 推进破产审判专业化

（一）破产审判庭设立及处理案件情况

在2007年新的《企业破产法》实施前，新乡市两级法院均无专门的破

---

① 郭娅丽：《破产处置"僵尸企业"中府院联动机制建设的经济法分析》，《经济法研究》2018年第1期。
② 陆晓燕：《"府院联动"的建构与边界——围绕后疫情时代市场化破产中的政府定位展开》，《法律适用》2020年第17期。

产审判机构或团队，由于破产案件属于特殊的商事案件，一般由商事审判庭办理，并且破产企业多为国企，审理的专业化和市场化程度较低。后新乡市中院成立了相对固定的合议庭办理破产案件，但承办法官仍以办理一般诉讼案件为主，绩效考核也未加以区分。随着破产案件数量增加，新乡市中院不断充实破产审判力量，并于2017年11月7日设立清算与破产审判庭，截至2021年，已经拥有员额法官4人，法官助理和书记员6人，建立了一支专门从事破产案件审理的法官队伍；新乡市各基层法院也组建了固定的破产审判团队负责破产案件的审理，在新乡市内形成了破产案件专业化审判的基本工作制度和绩效考核体系。从办案数量看，清算与破产审判庭成立之前，新乡市两级法院旧存破产案件仅为62件，其中强制清算、破产清算、重整案件44件。相比较而言，从2017年11月新乡市中院清算与破产审判庭设立至2019年，新乡市两级法院共审查、受理各类破产案件409件，其中强制清算、破产清算、重整案件241件，占同期全省破产案件的16.30%，收案数量有了大幅提升。

（二）破产审判专业化的趋势分析

整体而言，破产审判人员的数量增长、专业化程度提升以及审理案件逐步增多是遵循市场经济发展规律、优化营商环境、提升破产案件审判质效的必然要求，可以预见新乡市在未来破产案件的受理数量、破产审判人员的数量上都将保持一定的增长。视角拓展到全国范围内，有观点认为，具备条件的基层法院应当根据需要着力建设专业的破产审判法庭，[1]增强破产案件的审判能力。在北京、浙江、江苏、广东等陆续推动破产法庭设立的趋势下，推广破产法庭的建设确实是回应市场消化破产案件需求、实现企业再造与不良产能出清的必要举措。从破产合议庭、破产审判团队、破产审判庭、破产法庭再到专门的破产法院，都是破产审判顺应市场经济需求不断提升专业化水平的结果，在全国经济机构转型升级、推动经济高质量发展的背景下，破

---

[1] 张艳丽：《破产重整制度有效运行的问题与出路》，《法学杂志》2016年第6期。

产审判的集中管辖和专业化、市场化程度进一步提升是大势所趋，相信最高人民法院、各级法院对各地破产法庭的设立，破产案件与相关民事、刑事案件的转接协调程序，案件的审理考核规则[1]等具体事项会制定较为详细的规则。

四 提升对管理人指导监督与考核水平

（一）管理人对于破产程序的意义

在破产程序中，管理人经法院指定，负责破产案件中的各项具体工作，是专门服务于整体程序的专业化机构。欲实现破产工作的常态化、法治化，提升管理人的工作水平，必须制定一套适用于管理人工作的严格规范。鉴于我国并没有一套整体的管理人行业自治制度，因此各地方均因地制宜，建立了不同的管理人选拔制度与管理制度，以求促进破产司法程序的专业化与高效率。在管理人的选任、考核与监督层面，新乡市两级法院逐步形成了独特的制度体系。

（二）新乡两级法院关于管理人制度的探索

在当前司法实践下，就管理人的选任，新乡市中院根据破产案件的难易程度、社会影响等因素，不断细化管理人选定的方式和相应等级，综合运用摇号、抽签、轮候随机和竞争评审等方式科学选任管理人。实践当中，新乡市中院根据案件的不同情况基本上形成了四级选任办法，即对无产可破和资产较少、法律关系简单的案件，通过轮候的方式在本地管理人名册内选任；对有产可破但不复杂的一般案件通过随机摇号的方式在本地管理人名册范围内选任；对重大复杂的案件通过竞争评审加随机摇号的方式，从河南省内管

---

[1] 江苏省南京市中级人民法院已进行了关于破产案件考核规则的设计尝试，但依照案件折抵普通一审案件的做法具有一定的随意性。

理人名册中予以遴选；对影响特别重大或特别复杂的案件，则扩大至从全国管理人名册范围内选任，做到有的放矢、因"案"制宜、节约司法资源。总体而言，上述举措旨在实现管理人选任程序效率与公平的统一，兼顾依法制定与因"案"制宜的统一。

在制度层面，新乡市中院于2019年即已制定了《关于破产案件管理人监督指导的实施意见》及《破产案件管理人监督管理和考核办法》。在河南省高级人民法院2020年9月印发的《关于审理企业破产案件破产成本管理的指引》的基础上，新乡市中院于2020年制定了《新乡市中级人民法院关于规范破产案件选任管理人工作的意见》，对管理人工作采取平时考核、年度考核与个案考核相结合的方式，形成了管理人指导、监督、考核体系，提高管理人工作积极性，以解决管理人流动性较大、对于管理人工作成效评价机制不统一的问题。此外，新乡市中院在2020年还推动成立了新乡市破产管理人协会，管理人协会的主管单位为市司法局，由市中院进行业务指导，通过协会加强管理人培训和考核管理，旨在促进新乡市管理人业务水平和履职能力的快速提升、整体提升，也致力约束管理人勤勉尽责、忠诚履职。

（三）管理人制度未来发展方向分析

在新乡市中院的司法实践与相关经验探索下，可以预见，为了高效办理破产案件、充分调动资源办理破产案件，未来全国各地的管理人选任工作将采取更为适宜的随机与竞争相结合的制度模式，以取代过去在部分地区盛行的"随机为主"的较为随意的选任模式。在选任程序上，随着破产审判市场化不断增强，选任的主体也逐渐由法院为主转向债权人和各利害关系方为主，不断增加债权人在选任工作中的参与权和决策权，而管理人队伍也随着市场化的发展逐渐由临时机构向更为独立的市场主体过渡，进而不断在市场竞争中实现优胜劣汰。而在工作内容上，将逐步淘汰法院决定破产决策、管理人执行决策的模式，转而通过管理人培训、业务水平提升等工作，逐步提升管理人的工作水平，建立健全管理人的监督考核体系，建立法院主导监督工作、管理人负责破产案件的职责体系，逐渐培养有能力的现代化管理人团队。[①] 同时，通过研判各类型破产案件中常见的管理人履职风险、管理人常规请示事项，以及破产案件中管理人难以自行解决的难点痛点，提炼出其中的关键所在，归纳出管理人面临的常见问题，形成相应的统一工作思路并贯彻落实。提前会同管理人进行沟通对接，做到思想统一、及时沟通、随时处理。避免管理人消极怠工、以各种原因推衍塞责而未能积极履职的问题，保证管理人工作高效开展。

五 加强债权人权益保护，提高债权人对于重整程序的参与积极性

（一）债权人权益与破产案件的关系

鉴于当前《企业破产法》对于债权人知情权、监督权的保护仍然不够，存在大量债权人难以触及之处，因此新乡市两级法院重点着眼于通过网络通信技术拓宽债权人参与监督的渠道，保障债权人的参与权。具体而言，新乡市中院在管理人选任更换和重整识别程序中不断增加债权人的话语权，在重整方案和清算分配方案中更加注重优先保护债权人的权利和提高清偿率。另外，通过召开网络债权人会议的方式，妥善解决了在大型破产案件中由债权人众多导致的会议召开难题。在新乡市中级人民法院受理的新飞公司合并重整案中，在新乡市中级人民法院的主导下，通过网络会议的形式，新飞公司合并重整案第一次债权人会议的参会率达到90%以上，该案件第二次债权人会议的参会率高达95%以上，约800户债权人通过登录全国企业破产重整案件信息网正式参会，于会上聆听了该案件各项工作报告，并借由网络平台方便快捷地对重整计划草案进行表决。有赖于前期的充分沟通和信息公开，债权人会议各项表决均顺利通过。而在财产处置层面，新乡市中院经与淘宝网协商，确定通过淘宝网司法拍卖平台以公开方式处置破产财产，并开

---

① 卫子豪：《破产管理人制度的完善》，《人民司法》2021年第1期。

通了破产财产处置专用账户，实现了网络处置破产财产常态化，确保处置过程公开、透明。

(二) 进一步保障债权人权益有待机制的完善

如前所述，通过多种方式提高债权人对程序的参与度、保障债权人监督权，符合关于企业价值稳定与最大化的经济原理，也是保护债权人合法权益的应有之义。可以预见的是，通过互联网平台召开债权人会议、进行资产处置必将成为此后破产案件的常规做法。但仅在司法层面设计债权人全面参与程序的策略显然并不完美，落实债权人的参与与监督还需要制度层面的设计与构建。

因此，立法机关应当进一步明确债权人会议在破产案件中的各项职权，从管理人的选任到债务的财产处置等事项均予以规定。譬如债权人参与管理人的随机指定或遴选流程，对于债权人申请更换管理人的情形予以更为明确的规定或指引[①]，厘清当前法律法规中涉及债权人会议及债权人委员会之间权责不清或重叠的部分。对于《企业破产法》当前未予充分考虑的债权人异议救济制度予以设计，完善对于债权人意见的回馈机制等；当然，应当同步推进破产案件的信息化流程，通过智慧法院的形式，进行破产案件信息的"电子化""数据化"改革，以高度发达的网络信息平台为基础，编纂数字化破产案件卷宗材料，缩短债权人了解案件情况、提交相应意见或进行通知、送达的时间，进而提高破产程序的透明度，充分保障债权人随时可以知悉破产程序的最新情况，以弥补债权人和管理人间信息不对称的不足。

---

① 王欣新：《营商环境破产评价指标的内容解读与立法完善》，《法治研究》2021年第3期。

专题篇
Special Reports

B.14
河南法院提升"办理破产"指标质效助推营商环境优化报告[*]

李红芬 王文科 秦权[**]

摘 要： 2018年以来，全省法院对照"办理破产"指标，全面加强破产审判工作，在破产案件数量高位运行的情况下，推进国有"僵尸企业"破产处置取得明显成效，"办理破产"指标大幅提升。同时，全省法院破产案件审判工作中也存在一些问题亟待解决，如破产审判制度规范不够健全等法院内部问题，以及社会大众对企业破产存在认识偏差等法院外部问题。

关键词： "办理破产"指标 营商环境 河南法院

---

[*] 本报告所有数据均来自河南省高级人民法院。
[**] 李红芬，河南省高级人民法院清算与破产审判庭庭长，三级高级法官；王文科，河南省高级人民法院清算与破产审判庭副庭长，四级高级法官；秦权，河南省高级人民法院清算与破产审判庭法官助理。

社会主义市场主体救治和退出机制是否健全,是衡量社会主义市场经济体系是否完善的标志之一。党的十八大以来,以习近平同志为核心的党中央高度重视发展和完善社会主义市场经济,多次对健全市场化救治和退出机制、完善企业破产制度、处置"僵尸企业"作出安排部署。河南法院在最高法院的有力指导、省委的坚强领导和省政府的大力支持下,坚决贯彻落实党中央、省委决策部署,切实发挥破产审判职能,积极服务全省供给侧结构性改革和优化营商环境大局。特别是2018年以来,全省法院以省委、省政府处置千家"僵尸企业"为契机,全面加强破产审判工作,得到了最高法院和省委、省政府的充分肯定。

一 总体情况及主要特点

2018~2020年,全省法院共审查破产(含强制清算,下同)申请2002件,审查后受理1584件,审结破产案件1743件(含旧存案件680件)(见图1)。共清理债务1805亿元,其中金融债务443.42亿元;清偿债权503.43亿元,其中职工债权102.33亿元;盘活价值658.64亿元的资产,其中土地10.91万亩,房屋1319万平方米;妥善安置职工24.22万人。

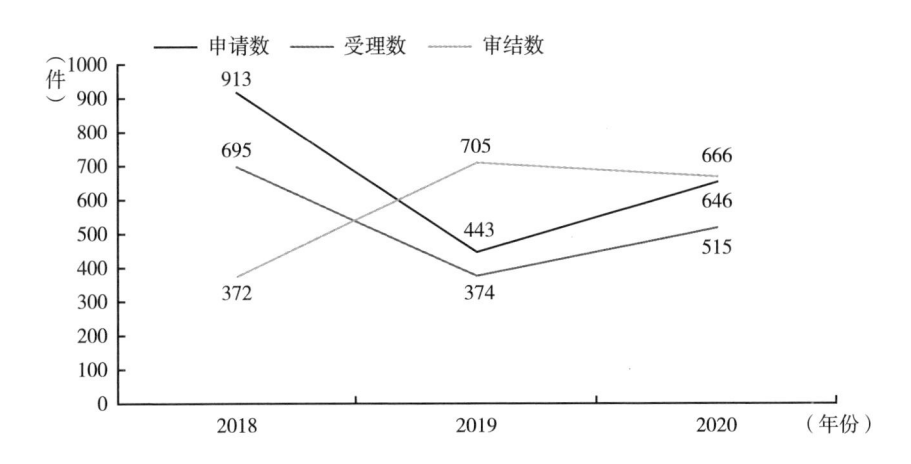

图1 2018~2020年破产申请、受理、审结案件数

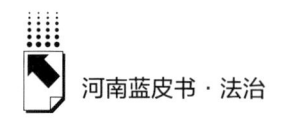

2018年以来，全省法院破产审判工作呈现出以下特点。

（一）破产案件数量高位运行

2018～2020年，全省法院破产案件申请数、受理数、审结数较2015～2017年分别增长438.2%、385.9%、993.2%（见图2）。但不同地区收结案情况不均衡，收结案数最多的地区较收结案数最少的地区均多出10倍以上（见图3、图4）。破产案件总量增长迅猛，原因一是供给侧结构性改革背景下，优胜劣汰市场机制发挥作用，以及疫情对企业造成不利影响，符合破产条件的企业增多，且省政府启动千家"僵尸企业"处置，大量国有"僵尸企业"进入破产程序；二是社会对破产的认知度和接受度有所提升，企业申请破产意愿增强；三是河南高院指导全省法院转变破产审判理念，由审慎受理转向依法积极受理，立案渠道进一步畅通。

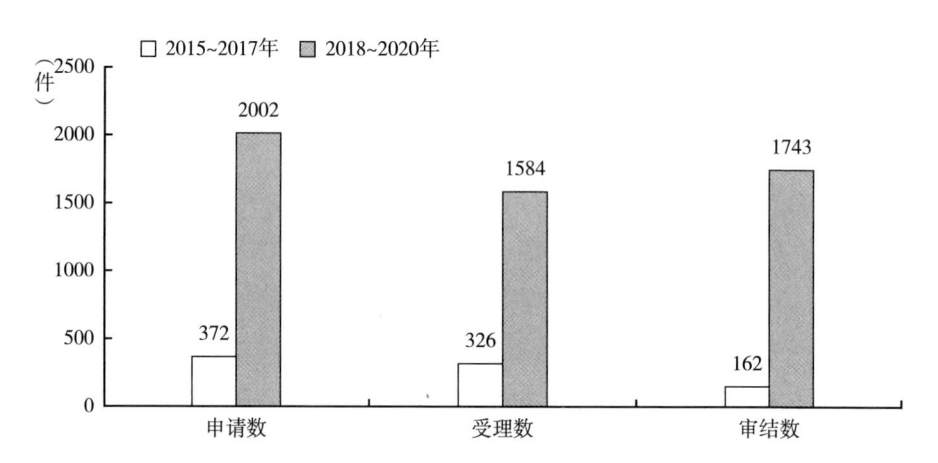

图2 2015～2017年与2018～2020年河南法院破产申请、受理、审结案件数对比

（二）民营企业占比较高

2018～2020年受理的破产案件中，民营企业有951家，国有企业有526家，集体企业有49家，其他性质企业有20家，分别占61.5%、34.0%、

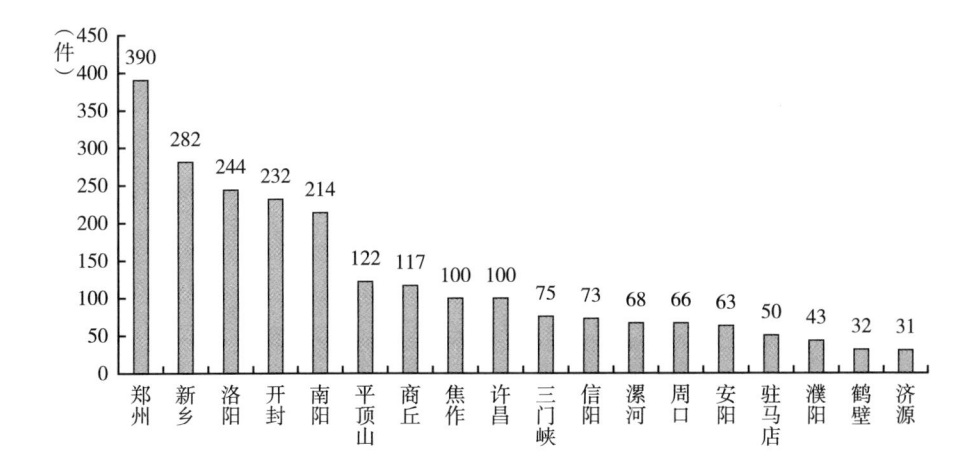

图3　2018~2020年河南各中院破产案件收案数

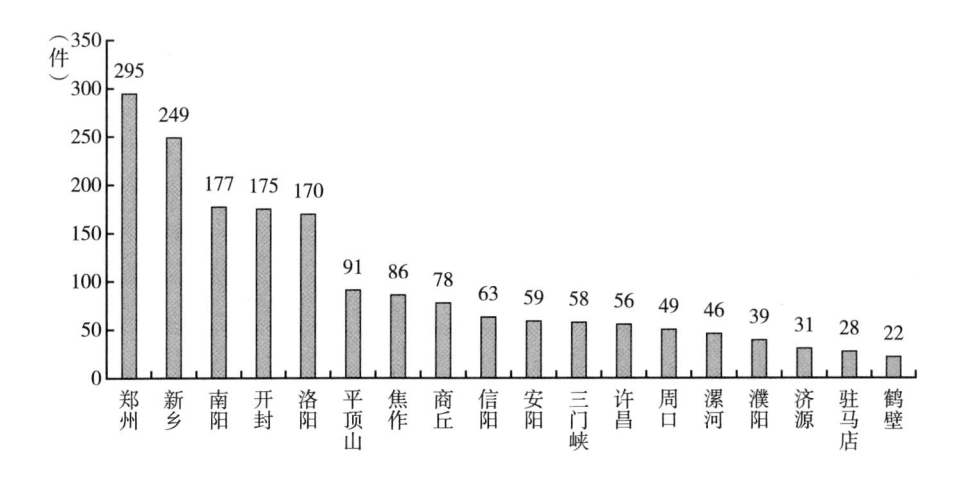

图4　2018~2020年河南各中院破产案件结案数

3.2%和1.3%（见图5）。其中2018年国有企业占比最高，为56.33%，主要是因为一批国有"僵尸企业"进入破产程序进行处置。2019年、2020年结构发生变化，民营企业占比分别为81.5%和79.8%，与市场主体总体结构和全国破产案件整体情况契合。

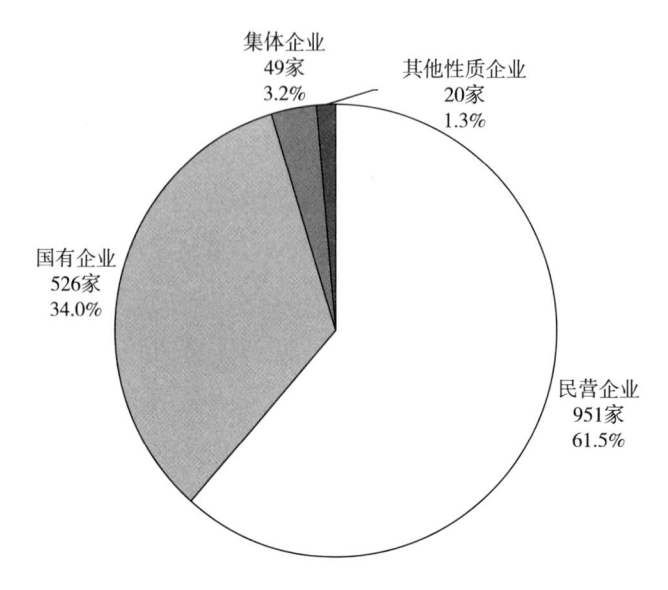

图5 2018~2020年河南法院受理破产案件性质分布

（三）破产企业行业集中度较高

2018~2020年，已受理的破产案件共涉及国民经济行业分类中的11个门类，其中制造业企业787家，占比为46.8%，批发和零售业346家，房地产业109家，租赁和商业服务业153家，建筑业55家，制造业、批发和零售业、租赁和商业服务业、建筑业、房地产业5个门类的破产企业数量占总数的91.5%（见图6），其他行业134家，包括农、林、牧、渔业42家，采矿业36家，住宿和餐饮业22家，交通运输、仓储和邮政业21家，科教文卫行业7家，信息传输、软件和信息技术服务业6家。建筑业和房地产业企业破产数量3年来依次为46家、57家和63家，呈逐年增长态势。

破产原因主要有以下几方面。一是部分企业生产经营理念落后或管理水平较差，无法适应市场形势变化，丧失市场竞争力。二是部分民营企业盲目扩张，在扩大生产过程中拆借资金，有的还对外非法集资，导致企业利息负担沉重、流动资金减少、资金链断裂，以房地产企业最为典型。三是各企业之间相互担保，一家企业破产或资金链断裂，其他企业连带被拖入困境。

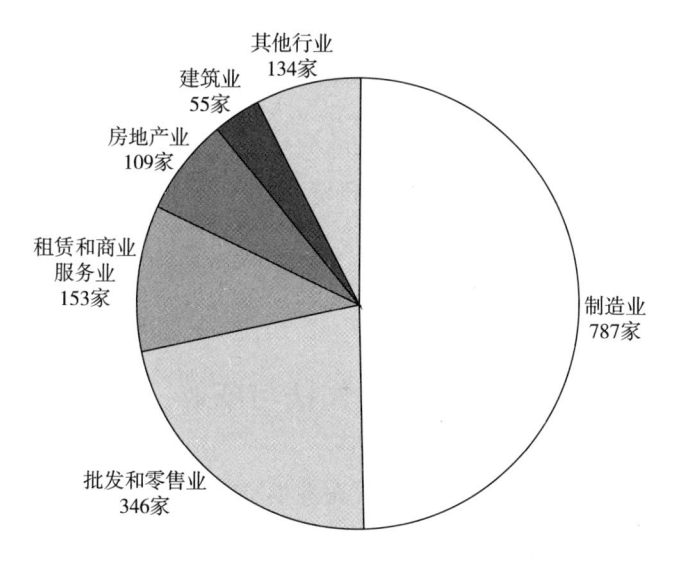

河南法院提升"办理破产"指标质效助推营商环境优化报告

图6 2018~2020年受理破产案件企业行业分布

（饼图数据：制造业787家；批发和零售业346家；租赁和商业服务业153家；房地产业109家；建筑业55家；其他行业134家）

（四）国有"僵尸企业"破产处置成效明显

2018~2020年，共审结纳入省政府国有"僵尸企业"处置名册的企业破产案件458件（驳回或撤回破产申请11件），使446家企业有序出清，1家企业重整新生，有力保障了全省国企改革攻坚工作如期完成。通过处置"僵尸企业"共清理债务277亿元，其中金融债务74.5亿元，处置资产变现21.8亿元，释放土地9196亩、房屋13.5万平方米，清偿各类债权16.95亿元，其中职工债权12.8亿元、金融债权3.6亿元，安置职工近8万人。

（五）长期未结案件清理迅速

2018年5月以来，河南高院坚持不懈开展全省法院长期未结破产案件清理专项活动，采取常态化督促、现场督办、定期通报、重点约谈等督导方式，务求工作实效。两年多来，清理范围由10年以上案件逐步扩大到1年以上案件。截至2021年9月，共清理10年及以上案件272件，5~10年案件174件，3~5年案件136件，1~3年案件555件。1年以上长期未结案件合计清理1137件，历史包袱大大减轻。

（六）"办理破产"指标大幅提升

根据省发改委委托第三方开展的营商环境评价报告，全省"办理破产"指标平均得分由 2018 年的 38.95 提高至 2020 年的 66.24，全省破产案件的平均债权回收率由 2018 年的 5.6% 提升至 2020 年的 30.31%，全省已结破产案件平均办理时间由 2018 年的 2219 天缩短至 2021 年 1~9 月的 409 天。

二 主要做法与成效

河南高院充分认识到破产审判在服务供给侧结构性改革、助力经济转型升级方面的重要意义，2018 年以来持续发力，成立"僵尸企业"破产审判工作领导小组和清算与破产审判庭，狠抓破产审判工作，取得显著成效。

（一）开门立案，畅通依法破产通道

引导全省法院转变工作理念，消除对破产案件周期长、难题多、涉及面广的顾虑，对符合法定破产条件的一律依法受理，不得在法律规定之外设置附加条件，并将破产案件受理数作为提升破产审判工作水平、营造法治化营商环境专项活动的重要考核指标。2018~2020 年共受理破产案件 1584 件，破产申请的受理率达 79.2%。为"僵尸企业"破产立案开辟绿色通道，提前介入识别，为企业是否属于"僵尸企业"以及采用何种方式处置提供法律意见；对申请所需材料一时难以准备齐全的，先收取现有材料并进行预审查，一次性告知所欠缺材料再限期提交；集中办案资源，调整人员配置，简化工作流程，推动"僵尸企业"分批、分类进入破产程序。加大"执转破"推进力度，2018~2020 年共受理"执转破"案件 413 件，审结 192 件，化解执行案件 2922 件。其中 2020 年受理 169 件，审结 137 件，同比分别增长 284.1% 和 621.1%。

（二）繁简分流，促进审判质效提升

河南法院落实《全国法院破产审判工作会议纪要》要求，积极探索破

产案件的繁简分流、分类处置，缩短审理用时，保障债权人权益尽早实现。一是对难易程度不同的案件设置不同的内控审限，明确简单、普通、重大复杂案件的标准，要求分别在6个月、12个月、24个月内审结。二是建立简单破产案件快速审理机制，出台《关于探索破产案件繁简分流建立简单破产案件快速审理机制的指导意见》，丰富信息化手段运用，对各流程环节采取更简便高效的操作方式，对法律未明确规定期限或期限有幅度空间的工作环节明确时限要求，尽量缩短期限，提升效率。2020年审结简单破产案件187件，平均用时56.5天。三是对重大复杂案件集中力量重点突破，采取在全省或全国范围竞争选聘管理人、院领导参与审理、上级法院下沉跟案等方式，加大重点案件推进力度。平顶山、新乡、南阳等中院院长亲自办理重大复杂破产案件，保障了案件依法高效平稳审结。通过上述措施，破产案件审理时间大幅缩短，2019年全省法院审结案件的平均审理用时同比缩短43.5%，2020年较2019年再缩短45.1%，2021年1～9月较2020年已再缩短40.6%。周口中院审理的莲花健康集团重整案，从受理破产重整申请到重整计划执行完毕，用时不到5个月。

（三）开源节流，实现破产财产保值增值

努力促成资产整体转让。力图通过资产整体转让，最大限度发挥资产效用，提高债权清偿率。如洛阳麦达斯铝业破产清算案，审理法院考虑到拆分拍卖必然导致资产大幅贬值，故虽已经历3次流拍仍优先考虑整体拍卖，管理人多方联系意向买受人，最终以3.94亿元成交，较起拍价溢价31.3%。许昌子翔教育咨询有限公司破产清算案，通过招商引资将公司名下的子翔学校整体转让给国内领先的民办教育机构继续办学，提升了资产处置效益，保留了当地教育资源。优先适用网络拍卖。建立管理人为变价主体、人民法院监督、尊重债权人意思自治、变价规则灵活的破产财产网络拍卖通道，对普通资产首先通过网络询价和网络拍卖处置。2019年、2020年分别通过网络拍卖平台处置资产变现15.56亿元和53.7亿元。积极协调政府平台公司收储。对因手续不全、房地分离以及其他原因暂时难以处置的破产财产，由政

府平台公司参照评估价或最后流拍价收购,仅在国有"僵尸企业"破产案件中,全省各级政府平台公司就收储资产16.9亿元,其中瑕疵资产2.29亿元,实现了防止国有资产流失和加快案件进程"一石二鸟"的效果。济源中院审理的贝迪汽车空调公司破产清算案,因土地、厂房等价值较大,历经多次拍卖、变卖均未成功,通过"府院联动",最终由国有资本运营公司济源纳米产业园公司受让了贝迪汽车空调公司的全部资产,既使破产财产得以成功处置,也为产业园后续入驻企业节省了建厂成本。控制破产成本支出。出台《关于审理企业破产案件破产成本管理的指引》,从拍卖费、审计评估费、管理人报酬等各方面加强规范、创新方式,对破产程序中各项支出形成制度化监管。

(四)因企施策,帮助危困企业重整新生

注重发挥破产法律制度对企业的挽救功能,对虽然一时陷入困境,但仍有挽救价值和希望的企业通过破产重整努力挽救。2018年以来,全省法院共受理破产重整案件331件,审结291件。2018~2020年,重整案件结案数逐年提升,2020年重整案件结案数占比为15.6%,较2019年提高10个百分点。在重整过程中,指导审理法院因企施策、开拓创新,努力寻找最优重整方案。如新乡中院审理的新飞电器3家公司合并重整案,在重整计划执行期间以股权网络拍卖形式引入重整投资人,"出售式重整"取得成功;郑州中院审理的河南省煤层气公司重整案以"预重整转和解"方式使企业继续经营,省建设集团重整案将施工方工程款作为共益债务,消除了重整期间挂靠项目工程款支付的法律障碍;平顶山中院审理的瑞邦置业重整案、洛阳中院审理的洛阳九创重型机械重整案均采取预重整模式,进入重整程序后重整计划草案顺利通过;开封中院审理的世纪嘉源房地产公司破产清算转重整案,采取以共益债务代垫代建,房屋建成后继续履行购房合同的模式,使普通债权的清偿率由清算模式下的2.2%提高到51.58%。2018年以来,全省法院成功重整企业215家,中孚实业、莲花健康两家上市公司以及大用实业、飘安集团等一批知名企业通过重整恢复活力。

（五）多措并举，提升队伍专业水平

全省法院采取多种举措，积极推进破产法官和破产管理人两支队伍的专业化建设。第一，配齐配强破产审判力量。河南高院及多数中院均成立了清算与破产审判庭，各中级人民法院配备不少于3名专业破产审判法官，专职办理破产案件。基层法院配备1~2名破产审判法官，优先办理破产案件。形成了一支基本满足工作需要的破产审判队伍。第二，强化对管理人队伍的支持和规范。河南高院出台《关于规范企业破产案件管理人工作若干问题的意见》，建立管理人承诺制度、报告制度、评价制度和惩戒制度。开封、平顶山、许昌、商丘等13市成立了破产管理人协会。洛阳、平顶山、三门峡、济源等7市建立了管理人报酬保障基金。郑州、新乡等14家中院出台了进一步细化管理人选任、管理和指导管理人工作的规范性文件。组织中院对全省破产管理人进行2020年度考核及通报；对4个履职不力的管理人依规惩戒；责令违反限制分案规定的有关法院更换管理人，激励管理人队伍提高能力、改进作风。第三，注重提升队伍专业能力。河南高院每年举办全省破产审判业务培训班，连续5年与省社科院、河南大学等单位共同主办中原破产法高峰论坛，召开"民法典与破产法的衔接问题"研讨会，到部分中院召开破产及衍生诉讼审理情况分析讲评会。引导破产法官围绕问题深入调研撰写文章，一批优秀调研成果在省级以上学术刊物刊发或在省内外学术论坛获奖，省法院破产庭和部分中院的法官在中国破产法论坛等全国性学术交流会议中发言。郑州中院依托破产管理人协会每月召开破产法沙龙，已连续举办20余期（2020年上半年因疫情暂停），为实务中疑难复杂问题的处理提供了有益思路。

（六）纠偏正向，防治恶意破产行为

对人大代表、政协委员督办和人民群众来信来访反映的问题线索认真核查，指导中基层法院破除地方保护主义等的干扰，防范、打击"假破产、真逃债"行为。如濮阳某纸业公司申请破产案，企业资产占用方为对抗执

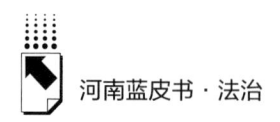

行，与个别小额债权人恶意串通申请破产，河南高院督促审理法院查明上述事实后，破产申请被依法驳回；济源某纸业公司破产清算案和开封某棉业公司破产清算案，在进入破产程序后，企业财产长期对外出租，不进行财产清算和分配，经河南高院督办，两案问题均已纠正，破产程序均已终结。

（七）多方联动，形成更强工作合力

一是联动上下级法院。河南高院主要领导对破产审判工作多次提出具体要求，对重点工作进行安排部署；分管院领导多次赴各中院调研督导破产审判工作，并对部分重点案件跟踪指导；清算与破产审判庭每名法官划片对接各中院，在政策解读、信息共享、案件推进、业务研讨等方面保持良好、充分的互动，促进了案件质效提升。二是联动其他政法机关。在省委政法委的大力支持下，建立了省级政法机关协同推进破产案件联席会议机制，省委政法委及河南高院主要领导亲自参加联席会议，协调解决了多起破产案件涉及的刑民交叉问题。三是联动政府相关部门。河南高院与省政府积极沟通协调，共同构建府院联动机制。2018年省国企改革领导小组印发《关于加强府院联动推进国有僵尸企业破产工作的意见》，针对"僵尸企业"破产中的普遍性难点问题——明确处理意见；2020年省优化营商环境工作领导小组印发《河南省办理破产提升专项行动方案》，规定县级以上政府应建立企业破产府院联动机制，并明确了政府相关部门在企业破产中的职责。各市陆续出台建立府院联动机制的文件，洛阳还就破产案件涉及的税务处理、工商变更、不动产处置、信用修复等重点问题会同相关市直部门分别出台文件加以解决，多方联动使破产工作的合力进一步增强。

三 存在的问题

企业破产案件与法院其他案件区别非常大，不仅要判断是非，还要解决具体问题；不仅要处理司法方面的问题，还要处理职工安置、工商税务登记等许多非司法方面的问题；不仅需要法院推进工作，还需要作为管理人的政

府清算组、社会中介机构积极履职。实践中，制约工作进展的主要问题包括法院内部和法院外部两方面。

（一）内部问题

一是破产案件的入口仍需进一步拓宽。破产案件能够依法受理是发挥破产制度价值作用的前提，破产审判的能力水平也需要在办理破产案件的过程中不断积累提升。但目前全省各地市破产案件收案数不均衡，个别地市两级法院每年受理破产案件只有几件，"执转破"机制较少适用，影响了破产审判工作的常态化开展。

二是破产审判的制度规范不够健全。破产审判现有制度供给仍存在缺失，缺少破产案件办理规程、管理人工作指引等详细具体的工作规范，缺少对具体问题的裁判规则等类型的业务指导文件，导致各地对同类问题的处理存在不同做法，一些案件中，法官、管理人工作随意性较强。

三是信息化建设与先进地区仍有差距。目前，法官办案时使用的破产重整案件法官工作平台功能不健全，一些管理工作无法通过平台实现。如河南高院对简单、普通、复杂破产案件规定了内控审理期限，但目前无法通过信息化系统对案件自动分类并对临期、超期案件自动预警，暂时只能通过人工方式进行统计管理，影响了督办的及时性和有效性。部分法院在办理破产案件过程中，仍采用传统办案模式，未能运用网络化、信息化等先进手段促进破产案件效率的提升，对办理时间和破产成本均形成拖累。而国内外破产审判先进地区法院信息化建设已经比较完善，美国的破产案件管理已基本实现电子化，以著名的雷曼兄弟破产案为例，律师在提出破产申请时没有提交一张纸质文件，完全使用电子化的文档递送。广州建立全国首个智慧破产审理系统，可支持10多万名债权人同时申报债权、参加网络债权人会议。

四是破产审判队伍建设有待进一步加强。虽然各中级人民法院基本上都能够做到专人办理破产案件，但除郑州、洛阳、平顶山、南阳等少数中院能做到专人专职外，其他多数法院的破产审判法官仍然承担了大量的普通民商事案件的审判任务，由于普通案件的审限压力，导致法官的精力仍主要放在办理普通民商事案件上，对破产审判学习不够、思考不多，创新、好用的工作做法和有分量的调研成果较少。另外，虽然多数法院按照最高法院《关于强制清算与破产案件单独绩效考核的通知》要求，对破产案件确定一定折抵比例或者对破产审判部门、法官单独考核，但有的折算系数设置得不尽合理，不能客观评价法官的工作量，有的法院破产案件游离在考核体系之外，影响了法官办理破产案件的积极性。此外，有的法院破产审判岗位法官流动过快，导致工作稳定性、连续性受到影响，也制约了法官专业水平的提高。

（二）外部问题

一是管理人能力素质参差不齐。虽然近年来全省破产管理人队伍建设大有改观，但仍处于起步、规范的阶段，整体上与破产审判先进地区同行仍有较大差距。在一些案件中，法院选任管理人程序不规范、把关不严格，指定的管理人不能完全胜任工作。一些案件中由于管理人法律专业能力欠缺、工作思路不清、协调沟通能力不强、不够勤勉履职等，程序推进迟缓，职工、债权人信访等，影响了案件质效。有的案件由清算组担任管理人，但个别案件的清算组怠于履职，非但没有成为程序的积极推进者，反而成为办案的阻碍。

二是社会大众对企业破产存在认识偏差。主要有以下几个方面的问题。第一，由于长期以来的历史原因与客观原因，社会各界对破产法律制度认识不深，"破产丢人"的思想观念较为普遍，以及存在"破产就是让企业死掉""破产就是逃债"等片面认识，即使企业符合破产条件，债权人、债务人往往不倾向于申请破产，直到企业"油尽灯枯"，不得已才选择破产。这种情况不仅导致破产案件数量少，而且导致大量企业进入破产程序过晚，企业状况已经差到难以挽救，造成清偿率低、重整成功案件少，对营商环境评价产生负面影响。第二，一些破产企业意图利用破产程序逃废债。个别案件中，存在破产企业有关人员拒不提供财务账册等资料、企业负债与资产规模失衡、资产去向不明、部分债务真实性存疑等情形，可能存在转移、隐匿财产或个别清偿、虚构债务等非法行为，破产企业及其实际控制人具有恶意利用破产程序逃废债的嫌疑。目前，有关法院已将存在虚假破产嫌疑的案件移交公安机关调查。第三,一些政法机关、行政单位、金融机构对破产程序的特殊效力和统一公平清偿的作用认知不足,破产与刑事查封等程序经常发生冲突,管理人在开立临时账户、调查落实破产企业资产状况、办理破产企业涉税事务等工作中,遇到不予配合、手续烦琐的情况较为普遍。

三是破产配套制度不健全。如破产管理人薪酬短缺。"僵尸企业"破产案件中经常有企业"无产可破"的情况,管理人在办理该类"无产可破"案件时,不仅可能无法获得管理人报酬,还可能因为公告、刻章等破产事务推进而垫付部分支出。虽然部分管理人一开始可能以抓住先机、积累经验的心态积极履职,但长此以往必然会严重挫伤管理人的履职积极性。又如部分案件中资产难处置,许多案件因历史原因,破产企业的土地和房屋产权手续不全、产权不清,补办有关手续困难重重;有的土地涉及政府整体规划,在政府规划未确定前不允许处置,有的因此导致资产处置事项被长期搁置。再如企业涉税问题,由于税务部门内部规定以及系统操作层面对破产企业税务处理没有专门设计,由此产生诸多问题,如历史欠税和破产中资产处置产生税款的减免、破产清算程序终结后清税证明的出具以及税号的注销、重整成功企业税务登记证的更换、历史财务记录的隔断等。此外,还有职工安置、企业注销登记、重整企业信用修复等问题,都对破产案件的质效产生了一定制约。在美国、英国等许多国家,破产管理权和破产审判权分立,政府成立破产监管机构,保障破产法的有效实施和破产制度的顺畅运行。国内在深圳已经通过《深圳经济特区个人破产条例》,率先建立破产行政事务管理部门,探索破产行政事务与审判事务的分离与协作,摆脱破产配套制度机制不健全、破产衍生问题解决难的困境。

四 对策与建议

(一)建设高素质的专业队伍,夯实工作根基

一是加强破产审判队伍建设。第一,配备与当地市场主体数量和经济规

模相匹配的破产审判力量，鼓励更多中院设立破产审判庭，在经济体量较大的地区考虑设置破产法庭。将破产衍生诉讼交由破产审判部门集中审理，提高破产衍生诉讼案件审判质量。第二，建立符合司法规律、客观体现破产法官工作量的绩效考核办法，使破产审判法官能够将主要精力放在破产审判上。第三，组织更多的业务培训和交流研讨活动，避免破产审判法官频繁调整，做好人才的梯度培养，提升破产审判法官的专业能力，保持工作的延续性。

二是加强对破产管理人队伍的培育、管理和监督。第一，优化管理人选任模式，禁止不经公开程序直接指定，更多采取竞争方式，还可以尝试由占有一定债权份额的债权人联合推荐，再由法院审查的方式确定管理人。第二，推进破产管理人协会建设，有条件时建立省级管理人协会，通过协会加强管理人履职保障和行业自律。第三，对管理人进行公开、严格的日常管理和考核，及时进行升降级、淘汰或增补，定期更新管理人名册。第四，对存在不当行为的管理人公开惩戒、严肃追责。压实管理人责任，激发管理人工作积极性，提高破产案件办理质效。

（二）畅通破产案件出入口，缩短案件办理用时

一是畅通破产案件立案渠道。只有让该进的破产案件进得来、出得去，才能真正发挥破产制度在市场主体挽救和退出方面的价值作用，应把破产案件受理数作为评价破产工作水平高低的前置要素，加强对破产案件立案情况的监督检查。规范执行案件移送破产审查工作，推动"执转破"工作广泛开展，拓宽破产案件入口，实现破产审判工作常态化。

二是严格落实繁简分流机制。对破产案件准确识别，分类处置；重大复杂案件应切实发挥领导干部带头作用，确有必要时借助上级机关和当地党委、政府力量；简单破产案件应一律适用快速审理机制，缩短各环节时限，并在公告、审计评估、召开债权人会议、终结破产程序等方面简化程序，切实提高破产审判效率。

三是大力清理长期未结案件。继续把长期未结案件清理作为重点工作大力推进，并把压力向管理人传导。对存在刑民交叉、重大信访隐患等复杂问

题的案件，充分借助当地政府、政法委和上级法院的力量，共同协调解决。同时要加强审限管理，避免案件"边清边积"，尽快形成收结案的良性循环。

（三）提效益、保价值、降成本，着力提高债权清偿率

一是完善重整的启动和审理机制。准确把握重整制度精神，对当事人提出的重整申请综合各方面因素进行审查，既坚持多重整、少清算的价值导向，又要防止个别债务人利用重整逃避债务。指导管理人对重整计划草案进行科学设计，力争最大限度维护更广泛债权人利益，还要做到债务整理与营业整合相统一，使重整后的企业能够实现新的发展。对于大型企业拟进行破产重整的，可以尝试进行预重整。

二是注重做好破产财产的保值增值。加强对破产财产的监管，充分利用债务人不当处分财产行为无效制度，避免破产财产的流失与贬值。结合实际提高破产财产处置收益和效率，对不会产生新的亏损的业务，在受理后继续开展；根据债务人财产状况，优先考虑整体转让债务人财产；对于债务人财产中未竣工的建筑物，引入共益债务继续建设完工。加强对破产企业财产的清收力度，充分利用代位权、撤销权等债权保全制度清收债权。与税务部门积极沟通，降低破产企业税费负担，加强对破产程序中各项费用支出的审查，着力控制破产成本。

三是加强破产审判信息化建设。向破产审判信息化建设先进法院学习，充分发挥"一网两平台"作用，有效利用网络电商平台、移动办公软件等，实现破产案件的高效办理、破产财产的快速处置、审判质效及营商环境评价相关指标的实时调取、管理人指定及监督的公开透明，为提高办案效率、节约办案成本、加强监督指导提供强大助力。

（四）改善内外部工作条件和环境，保障破产制度顺畅运行

一是建立健全破产审判的制度机制。制定破产案件办理指南、破产管理人工作指引，增强破产案件办理的规范性和统一性。加强重整案件办理的规

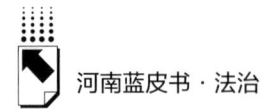

范化，加大对预重整制度的理论研究和实践探索，提高重整、和解程序的适用率和成功率。聚焦实践中的刑民交叉、房地产企业重整等重点、难点问题，深入调查研究，为解决问题提供合法、统一、有效的操作指引。

二是强化外部配套制度支撑。破产法实施以来的司法实践证明，离开政府相关部门的支持配合，破产案件的推进必然步履艰难、效果不佳。法院应与政府积极沟通，建立常态化的府院联动机制，明确相关部门在企业破产中的职责和权力边界，依法参与企业破产，就破产案件的费用保障、资产处置、信用修复、税务和工商注销等方面出台文件政策。可借鉴国外及深圳、温州的做法，明确政府有关部门负责破产相关行政事务。

三是加大对破产法律制度的宣传力度。通过各种渠道和形式宣传破产法律制度，总结推广通过破产程序挽救企业、化解"执行难"等方面的成功案例，引导公众转变对破产制度的认识，提高社会大众对破产的参与度和支持度，增强债权人、债务人对符合破产条件的企业及时申请破产的意识。积极争取党委、政府支持，纠正个别执法、司法机关在企业进入破产程序后，不依法解除对破产财产的保全或不中止执行的行为。对涉嫌"假破产、真逃债"的案件认真评查，发现情形严重、性质恶劣、社会影响不好的案件，及时向全社会通报，树立正确的破产审判导向，净化破产审判环境。

B.15
郑州市"保护中小投资者"指标建设的经验与思考

郑州市中级人民法院优化营商环境课题组*

摘　要： 郑州市作为国家中心城市，近年来通过加强专业化队伍建设、提升中小投资者利益司法保护水平、做好涉证券类中小投资者案件化解和加强"保护中小投资者"法律宣传，在中小投资者保护指标建设上取得了较大进步。接下来，郑州市将通过解决现有问题进一步提升中小投资者保护水平。

关键词： 营商环境　中小投资者保护　诉讼多元化解

一　"保护中小投资者"的内涵与意义

"保护中小投资者"（"protect minority investors"）指标主要考察在利益冲突的情况下，少数持股者受到的保护，以及在公司治理结构中股东的权利，考察中小股东权利行使引发的纠纷、损害公司利益责任纠纷、损害公司股东权益纠纷、证券内幕交易纠纷、证券虚假陈述等群体性证券侵权纠纷的诉讼便利度，以及上述纠纷的多元化解和维权救济服务。

---

* 组长：李志增，郑州市中级人民法院党组书记、院长。成员：王季，郑州市中级人民法院审判委员会专职委员；陈鹏涛，郑州市中级人民法院执行局综合处处长；高志强，郑州市中级人民法院清算与破产庭庭长；邢彦堂、陈丕运，郑州市中级人民法院清算与破产庭副庭长；刘尊超、邰源、关杨、王松洋、贺敬林，郑州市中级人民法院审判人员。执笔：关杨。

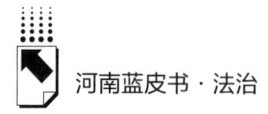

"保护中小投资者"这一指标源于加科夫（Djankov）和博塔（Porta）发表于2008年的著名文章《自我交易的经济学》。该文章提出，控制公司的人，无论是管理者、控股股东，还是二者兼而有之，都可以利用其权力将公司财富转移给自己，而不与其他投资者共享。这种自我交易的形式包括管理层特权、过度补偿、转移定价、滥用公司机会，以及通过金融交易来转移财富，甚至直接盗窃公司资产。作者指出，选择完全依靠市场这只"看不见的手"来解决这一问题显然不可行，立法上也鲜有国家选择这一路径。其原因在于，一方面，监管缺位放大了公司控制者面对的"拿钱走人"的诱惑，公司因此股份减值甚至破产的可能性根本无法阻却这种诱惑。另一方面，通过立法完全禁止任何形式的自我交易在普通法系国家存在了较长的一段时间。然而，此种路径同样不足取，因为并非所有的自我交易均有害于公司。如董事或者高管基于对公司的了解与信任，以优惠条件向公司提供资金或场所，降低公司的融资与信息搜寻成本，禁绝此类交易反而对公司不利。因此，自20世纪20年代始，普通法系国家均通过成文法废止了自我交易绝对无效的普通法传统。因而，对于存在潜在巨大利益冲突的自我交易，如何兴利除弊，既保护中小投资者，又避免戕害有利于公司的自我交易，成为中小投资者指标评估的重要内容。

除却上述传统情形下中小投资者作为公司少数股东的问题，证券期货资本市场的快速发展为中小投资者保护带来了新的问题。通常而言，中小投资者具有以下特征。

（一）资金实力弱、组织性差

中小投资者用于投资的资金数额较少，通常为10万元以下且账户变动较少，资金长期处于闲置状态。资本市场，尤其是证券市场进入门槛低，长期以来汇集了社会各个阶层，从刚刚迈入大学校门的大学生到退休老人，几乎人人都参与资本市场股票、基金甚至期货的投资活动。多样化的来源、参差不齐的投资知识水平使得广大中小投资者在人数众多的同时又极度缺乏组织性，故有"散户"这一形象生动的称呼。

（二）专业知识与技能不足

资本市场，尤其是期货市场最显著的特征就是高收益与高风险并存，对参与者的专业知识与技能有着较高的要求。然而，资本市场的周期性又模糊了资本市场的高风险特征，尤其是2020年底的一波牛市，使不少中小投资者树立了"证券行业稳赚不赔"的理念，这种盲目心态又使他们在风险来临时手足无措。

（三）维权意识较弱

中小投资者由于专业知识与技能不足，缺乏分析上市公司财务信息和甄别信息真伪的能力，在作出投资决策时往往仅凭直觉或他人建议，难以发现证券市场的侵权行为。即使发现侵权行为的存在，中小投资者个人相比上市公司维权力量屡弱。较高的维权成本和难度使得中小投资者往往采取被动忍受的态度，这也助长了不法分子侵害中小投资者合法权益的气焰。

鉴于中小投资者的上述特点，我国非常重视对中小投资者权益的保护。根据《公司法》和《证券法》的规定，中小投资者的权利主要包括以下几类：知情权，即投资者享有的获取投资标的相关信息的权利；公平交易权，即作为市场参与者，享有与其他主体平等交易的机会和权利；资产所有权，即投资者对于其投资形成的资产的所有权和处分权；收益权，主要包括投资所得股票利息或股东分红；参与管理权，即投资者参与所投公司经营决策的权利。同时，根据持股性质的不同，股东分为优先股股东和普通股股东，前者享有固定收益权利并丧失经营管理公司的权利，后者享有经营决策权但没有固定收益权利。

二 郑州市"保护中小投资者"指标建设的经验

世界银行《营商环境报告》的中小投资者保护指标包含两个二级指标，即"纠纷调解指数"和"股东治理指数"。纠纷调解指数衡量利益冲突的调控能力，分为3个方面：关联方交易的透明度（披露程度指数）、股东对自我交易提起诉讼及问责（董事责任程度指数）以及股东诉讼中获取证据和股东诉讼中的法律费用分担（股东诉讼便利度指数）。股东治理指数衡量股东在公司治理中的权利大小，也分为3个方面：制定公司重大决策时股东权利（股东权利指数），用于防止不适当的董事会结构和自我固化的保障措施（所有权和管理控制指数）以及公司所有权、薪酬、审计和财务的透明度（公司透明度指数）。

与世界银行《营商环境报告》侧重于考察各国立法不同，我国针对各地营商环境的评估更侧重于法律制度的落实。就具体指标而言，包含3个二级指标：诉讼便利度、多元纠纷化解便利度、维权救济服务，实质上是对世界银行纠纷调解指数这一指标的细化。郑州2020年全市市场主体数量为137.31万户，是全国第8个市场主体超过100万户的省会城市，法治化营商环境建设成效初显。近两年，郑州市委、市政府高度重视"保护中小投资者"指标建设，营造鼓励投资、保护投资的法治社会氛围，在2020年全国营商环境评价的"保护中小投资者"指标评价中取得了第21位的优异成绩，成为2020年营商便利度提升最快的城市之一，并在全国优化营商环境经验交流现场会上介绍经验。近年来，在"保护中小投资者"指标建设方面，郑州市主要采取了以下一系列措施。

（一）加强专业化队伍建设

郑州"保护中小投资者"建设专班由市营商环境办牵头组建，负责国家和省营商环境评价集中填报。专班人员由对证券期货、公司法律制度精通的一线法官和证监局、金融局等政府相关专业人员组成。专班定期召开会议，对中小投资者保护相关法律动态、先进经验开展研究并制定落实方案。

做好中小投资者保护司法工作离不开专业审判队伍。郑州市中级人民法院对证券期货、公司类纠纷实行专业化审理，民事审判第四庭负责证券期货类纠纷，民事审判第五庭负责公司类纠纷。同时，郑州市两级15家法院，均设立专业审判庭或者合议庭审理证券期货、公司类案件，配备员额法官及司法辅助人员75名。

（二）提升中小投资者利益司法保护水平

1. 加强审判指导性文件制定，统一裁判标准

郑州市中级人民法院针对"保护中小投资者"涉及的具体案由逐个研究，制定了《民事诉讼和执行程序中试行律师调查令的若干意见》《民事诉讼程序繁简分流改革实施细则（试行）》《公司决议纠纷审判指引》等14份指导性文件，规范裁判尺度，统一裁判标准，确保精准适用法律法规，保护中小投资者对法律制度的信赖预期（见表1）。

表1　郑州市中级人民法院涉"保护中小投资者"指导性文件制定情况

序号	指导性文件名称	主要内容
1	《关于适用小额诉讼操作指引》	建立小额速调机制，降低中小投资者诉讼成本
2	《关于建立期货纠纷诉调对接工作机制的实施意见》	与郑州商品交易所签订，就期货纠纷诉调对接工作机制开展合作
3	《关于建立证券期货纠纷诉调对接机制合作备忘录》	与中证资本市场法律服务中心河南调解站签订，就证券期货纠纷诉调对接机制开展合作
4	《关于建立多元化纠纷解决机制的相关规定》	对公司纠纷、证券期货纠纷的诉调对接、委托调解、规范调解等行为进行了规定
5	《关于依法化解群体性证券侵权民事纠纷的程序指引（试行）》	对群体性证券侵权纠纷审理过程中的小额诉讼、多元化解、示范判决机制等作出了规定
6	《简化速裁快审诉讼程序规范（试行）》	对民事诉讼程序繁简分流的标准、调解及司法确认、速裁程序等进行了全面规定
7	《民事诉讼程序繁简分流改革实施细则（试行）》	
8	《民事诉讼和执行程序中试行律师调查令的若干意见》	对律师调查令的申请和签发进行了明确规定
9	《书证提出命令意见》	便利中小投资者参与诉讼，提升其举证能力
10	《疫情防控及灾后重建期间保护中小投资者相关案件办理指导意见》	对受新冠肺炎疫情防控及洪涝灾害影响的中小投资者在诉讼费缴纳、网上立案等方面予以便利

续表

序号	指导性文件名称	主要内容
11	《关于疫情防控期间建立证券纠纷在线诉调对接工作机制的实施办法（试行）》	对郑州市新冠肺炎疫情防控及洪涝灾后重建时期开展证券纠纷在线诉调对接工作作出规定，创新矛盾纠纷多元化解工作方式
12	《股东知情权纠纷审判指引》	对股东知情权保护的范围、股东查阅复制资料的方式等进行规定，为中小股东行使知情权提供司法保护标准
13	《公司决议纠纷审判指引》	针对有限责任公司中小股东请求法院认定决议不成立、无效或者可撤销的案件，从保护中小股东的权益出发，明确公司决议不成立、无效和可撤销的裁判标准
14	《证券纠纷裁判指引》	规范涉及中小投资者的证券纠纷的审理、调解

资料来源：根据相关文件资料整理。

2. 推行繁简分流，发挥改革试点优势

根据《全国人民代表大会常务委员会关于授权最高人民法院在部分地区开展民事诉讼程序繁简分流改革试点工作的决定》，作为最高法院繁简分流试点单位，郑州市中级人民法院从司法确认程序、小额诉讼程序、简易程序规则、独任制适用范围、电子诉讼规则等方面对民事诉讼程序繁简分流进行了全面规定，全市法院民事案件均实行繁简分流。截至2021年底，全市基层法院65%的公司类纠纷适用简易程序审理，其中45%的纠纷适用速裁程序；郑州市中级人民法院35%的公司类纠纷适用独任审理，两级法院审限同比压缩30%以上。

3. 程序创新助力提升小股东诉讼能力

推行律师调查令、书证提交命令制度。律师调查令是律师在民事诉讼中无法取得相关证据时向法院申请签发的，旨在授权向有关单位和个人收集证据的文件。根据《郑州市中级人民法院关于民事诉讼和执行程序中试行律师调查令的若干意见》，当事人及其诉讼代理人因客观原因不能自行收集证据的情况下，经案件代理律师书面申请，可以向人民法院申请律师调查令。

据统计，2020~2021年上半年郑州市两级法院共签发律师调查令、书证提交命令5500余份，其中涉及证券期货、公司类案件530多份。

（三）借力一站式多元解纷和一站式诉讼服务中心"两个一站式"建设，做好涉证券类中小投资者案件化解

上市公司往往通过内幕交易、不正当关联交易、虚假陈述等形式侵害投资者权益。其中，虚假陈述是指信息披露义务人违反证券法律规定，在证券发行或交易过程中对重大事件作出违背事实真相的虚假记载、误导性陈述，或者在披露信息时出现重大遗漏、不正当披露信息的行为。

针对当前投资者保护案件呈现复杂多样、专业性强和波及面广的特点，作为河南省内审理证券纠纷的唯一中级人民法院，郑州市中级人民法院建立示范判决机制、纠纷多元化解机制等，高效规范审理了多件证券群体性纠纷。例如林州重机集团证券虚假陈述责任索赔案中，林州重机未对子公司予以资本化的其他应付款利息与母公司抵减的财务费用合并抵消，导致合并利润表虚减财务费用1124.41万元，虚增利润总额1124.41万元，相关违法事实由证监会相关处罚决定书予以确认。经郑州市中级人民法院调解，投资者赔付比例在60%左右。

同时，郑州市中级人民法院建立在线调解机制，委托专业机构为特邀调解组织，出台证券群体性侵权纠纷处理机制，建立调解员库及速调机制，加强多元化解机制建设。据统计，经过同证券监督管理部门的诉调对接，79%的案件通过调解结案或者撤诉；公司类纠纷中29%的案件通过调解结案（见表2）。

表2 2020年1月至2021年6月郑州市中级人民法院
审结涉"保护中小投资者"案件情况

单位：件

序号	案由	案件数	调解结案数
1	股东资格确认纠纷	96	22
2	股东名册记载纠纷	3	2
3	请求变更公司登记纠纷	76	21

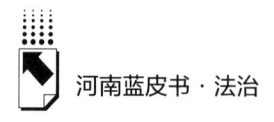

续表

序号	案由	案件数	调解结案数
4	股东出资纠纷	93	24
5	新增资本认购纠纷	17	4
6	股东知情权纠纷	91	25
7	请求公司收购股份纠纷	10	2
8	股权转让纠纷	850	260
9	公司决议效力确认纠纷	10	1
10	公司决议撤销纠纷	4	2
11	公司设立纠纷	8	0
12	公司证照返还纠纷	21	4
13	发起人责任纠纷	2	0
14	公司盈余分配纠纷	38	14
15	损害股东利益责任纠纷	18	6
16	损害公司利益责任纠纷	66	22
17	股东损害公司债权人利益纠纷	48	12
18	公司关联交易损害纠纷	3	1
19	公司合并纠纷	1	1
20	公司分立纠纷	1	0
21	公司减资纠纷	3	1
22	公司增资纠纷	9	2
23	公司解散纠纷	103	39
24	清算责任纠纷	60	16
25	股票交易纠纷	2	1
26	证券投资基金交易纠纷	2	1
27	公司债券交易纠纷	2	1
28	证券虚假陈述责任纠纷	267	219
29	融资融券交易纠纷	4	0
30	营业信托纠纷	2	0
31	民事信托纠纷	3	0

资料来源：根据郑州市中级人民法院案件资料整理。

（四）构建府院联动机制，加强"保护中小投资者"法律宣传，营造法治社会氛围

郑州市整合法院、省证监局、市金融工作局及相关行业组织，围绕建设

保护中小投资者法治环境、高效低成本处理相关纠纷的共同目标,建立普法宣传和纠纷化解府院联动机制,凸显工作合力。

郑州市中级人民法院还会同河南财经政法大学、律师协会等,定期开展公司法案例阅读会,重点对法律适用进行案例研究。截至2021年5月份,已经连续开展10期,共5500余名法律专业人士参与。邀请范健教授等国内知名学者出席,切实提升了郑州及河南法律从业人员对保护中小投资者相关法律适用的理论和实践水平。

此外,郑州市中级人民法院制定下发营商环境提升方案,开展法官进社区、进投资场所、进企业进行"保护中小投资者"法律宣传和"5·15"保护投资者宣传活动及证券机构合规经营培训。建立典型案例发布机制,利用法院公众号、网站发布"保护中小投资者"典型案例45件,召开新闻发布会发布典型案例2次。

三 郑州市"保护中小投资者"指标建设中存在的问题

一是中小投资者权益保护社会关注度仍有待提高。中小投资者尤其是证券期货投资者人数众多,维权意识较弱,且针对"保护中小投资者"的宣传普法在深度和广度上仍有待加强,社会对中小投资者的范围、权利、维权途径等法律认识不足,风险防范意识和维权能力有待进一步提高。

二是股东知情权案件执行难度大。股东知情权是中小股东了解公司状况、行使股东权利、参与公司经营的重要保障。但是,法院裁判支持中小股东的知情权后,公司一方不履行判决甚至主张公司资料不存在或者缺失,查阅公司账册等权利落空的情况依然存在,导致股东知情权难以落到实处。

三是中小投资者维权救济服务水平有待提升。当前中小投资者仍面临维权经济成本高、周期长、途径少等问题。主要问题包括中小投资者维权救济服务供给不足,司法机关、行政机关和行业组织在中小投资者维权救济服务方面协调联动水平不高等,中小投资者急需便捷高效的维权救济渠道。

四是律师调查令使用成效有待提升。郑州中院推行律师调查令、书证提

交命令制度后，一方面出具大量调查令，便利了律师取证；另一方面为了应对实际执行时的各种情况，律师在申请和使用调查令过程中往往需要频繁地在法院和协查单位间沟通，极大增加了法官和律师的时间成本。

五是中小投资者缺少便利维权渠道。虽然郑州市中级人民法院着力推行"两个一站式建设"，但郑州市尚未针对中小投资者设立一站式、低成本、多渠道维权救济服务，在为中小投资者提供低成本、便利化维权渠道上仍有进步空间。

四 对策与建议

（一）进一步提高中小投资者权益保护社会关注度

继续加强"保护中小投资者"的宣传普法。具体措施包括落实营商环境提升方案举措，联合证券监督管理部门、金融部门以及法律服务机构，持续宣传中小投资者保护的法律制度并定期发布典型案例，提高投资者安全和法律意识，增强社会关注度。同时，与大河财立方投资者教育基地、黄河投资者教育基地等省内证券期货投资者教育基地开展合作，通过合办投资者教育活动、增设法律服务站等方式做好中小投资者教育。

（二）改进"保护中小投资者"诉调对接及专业平台运用

贯彻落实证券期货、公司纠纷多元化解机制，依靠与郑州商品交易所、中证资本市场法律服务中心河南调解站合作的诉调对接平台，做好证券期货纠纷等案件中的投资者保护工作。同时联合市场监管部门和行业组织继续完善保护中小投资者纠纷多元化解机制，通过在线纠纷化解平台为中小投资者提供"一站式"维权救济服务。

（三）加大股东知情权案件执行力度

通过强制执行措施将股东知情权案件执行落到实处，充分运用搜查等直接强制执行措施和罚款、拘留、限制消费等间接强制执行措施，促使被执行人履行义务。穷尽执行措施后，仍然没有查找到执行依据所确定的公司资料，或者查明资料损毁、灭失的，将有关线索移送相关主管部门。

（四）进一步提升中小投资者维权救济服务水平

着力提升中小投资者维权救济服务供给，多口径降低中小投资者维权成本。市场监管部门继续完善监管政策，通过设立中小股东服务窗口等方式为中小股东提供救济，同时建立覆盖管辖范围的诚信记录数据库并实现部门间共享，完善守信激励和失信惩戒机制；对于中小股东针对公司违法运营等违法行为的举报及时受理、坚决查处；法院通过设立中小投资者服务窗口，诉讼费缓交、免交等方式降低中小投资者维权成本。

营造良好的营商环境，加强法治是必然要求。习近平总书记指出，中国将不断完善市场化、法治化、国际化的营商环境。[①]"保护中小投资者"作为营商环境评价的重要指标，是营商环境指标建设的重点工作。作为国家中心城市，郑州市通过加强府院联动，整合资源，多渠道加强中小投资者保护，取得了较大进步。2022年，郑州市将对标标杆城市持续优化中小投资者保护指标，力争在保护中小投资者指标建设方面取得更大进步。

---

① 《习近平在第二届中国国际进口博览会开幕式上的主旨演讲》，"新华网客户端"百家号，2019年11月5日，https：//baijiahaobaiducom/s？id＝1649328084054562963&wfr＝spider&for＝pc。

B.16
郑州法院"办理破产"指标经验总结与对策建议

郑州市中级人民法院优化营商环境课题组*

摘　要： 世界银行对营商环境评价的11个指标中，有5项指标指向法院，其审判质效的好坏直接影响相关指标的评价结果，只有按照评价指标的要求做好每一项审判执行工作，才能确保不因法院的审判工作影响营商环境的评价，影响当地经济社会的高质量发展。2018年以来，郑州两级法院高度重视营商环境建设工作，在办理破产方面采取了诸多新措施，取得了一定的成绩，但也遇到了一些困难，需要在下一步实践探索中加以解决。

关键词： 办理破产　法治化营商环境　郑州法院

法治既是市场经济的内在要求，也是其良性运行的根本保障。2019年2月25日，习近平总书记在中央全面依法治国委员会第二次会议上提出"法治是最好的营商环境"①，这一重要论断深刻阐明了法治和营商环境的关系。促进司法公正，才能有效发挥法治固根本、稳预期、利长远的保障作用；将

---

* 组长：李志增，郑州市中级人民法院党组书记、院长。成员：王季，郑州市中级人民法院审判委员会专职委员；陈鹏涛，郑州市中级人民法院执行局综合处处长；高志强，郑州市中级人民法院清算与破产庭庭长；邢彦堂、陈丕运，郑州市中级人民法院清算与破产庭副庭长；刘尊超、郜源、关杨、王松洋、贺敬林，郑州市中级人民法院审判人员。执笔：郜源。
① 《习近平主持召开中央全面依法治国委员会第二次会议并发表重要讲话》，中国政府网，2019年2月25日，http://www.gov.cn/xinwen/2019-02/25/content_5368422.htm。

优化营商环境全面纳入法治化轨道,才能持续推进法治化营商环境建设。

公正司法是解决社会纠纷、维护社会秩序、保障社会公正的最后一道关口,也是依法治国的基本底线,更是法治化营商环境的有力保障。近年来,郑州两级法院高度重视优化营商环境工作,认真学习贯彻国务院《优化营商环境条例》和《河南省优化营商环境条例》,在省法院的直接指导、市委坚强领导、政府支持、人大监督下,围绕建设一流法治化营商环境的目标,立足司法职能,以问题为导向,积极创新改革,取得了明显成效。在2020年国家发改委营商环境评价中,郑州市法院牵头负责的"办理破产"指标进入全国前20名,郑州市被评为办理破产指标标杆城市。

一 破产审判的原则

破产案件审判不同于一般的民事案件,其具有案件标的大、社会影响力广、案情复杂等特点,在承办此类案件时,不仅需要法官的努力工作,更需要管理人、债权人、债务人、投资人等利益相关方的协调与配合。郑州两级法院在审理各类破产案件后,总结归纳出了以下四项原则,为破产审判事务提供理论保障。一是坚持市场化原则。向社会公开招募投资人,由市场判断破产企业是否具有挽救价值和可行性,对市场不认可的破产企业,快速出清。破产财产通过淘宝、京东等网络平台处置,由市场决定财产价值,实现债权人利益最大化。二是坚持法治化原则。不论破产企业是否为国有企业、民营企业,均要求管理人严格按照法律规定开展各项工作,核查资产、审查债务,引导和监督债权人、债务人、职工、投资人等各利益相关方按照法律规定行使权利,严防债务人恶意利用破产程序"逃废债"。三是坚持公开、透明的原则。破产审判的各个环节、管理人的各项工作全部向债权人、债务人、职工、投资人等各利益相关方公开,接受各利益相关方的反映,并要求管理人针对各利益相关方的反映进行答复,必要时召开专项听证会予以协调解决。四是坚持公平、公正原则。破产程序中各利益相关方的诉求各不相同,相互交织,矛盾重重,郑州两级法院在办理破产案件过程中,既充分听

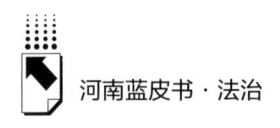

取各利益相关方的意见,又要求管理人作出决策或向债权人会议提交方案时,一定要考虑各利益相关方的意见,公平公正处理每一笔债权的审核、每一项财产的核查、每一份合同的履行或解除、每一组债权人的权益。

二 提升破产指标采取的创新举措

提高破产审判质量,优化世界银行破产指标,不仅需要在案件审判上下功夫,还需要拓宽视野,将注意力拓展至案件之外。近年来,郑州两级法院采取多种创新举措,切实提升破产事务办理水平。

(一)多渠道提高破产审判效率

从严落实《河南省高级人民法院关于探索破产案件繁简分流建立简单破产案件快速审理机制的意见》,实现"无产可破"案件3个月内审结,简单案件6个月内审结,一般案件12个月内审结,重大复杂案件24个月内审结。

健全破产案件成本管理制度,规范和降低破产费用支出。充分利用中原破产智慧管理平台,推进破产审判工作。积极引导管理人通过互联网召开债权人会议、询价、处置资产,并通过网络和管理人建立定期沟通机制,确保管理人的各项工作快速有序推进;研究制定《关于规范破产财产变现处置问题的实施意见》《关于破产企业经营融资的暂行办法(试行)》《审理企业破产案件指定管理人实施办法》《破产案件管理人工作规程》等制度文件,监督规范破产费用的支出使用。

(二)探索庭外重组、预重整和破产重整、和解制度的衔接

研究制定《关于规范破产重整程序中招募投资人的实施意见(试行)》《关于庭内重整与庭外重组衔接制度操作指引(试行)》《审理预重整案件工作规程(试行)》等文件,创新预重整模式,对有持续经营价值的企业,积极适用重整、和解及整体出售等方式进行救治。

在河南省煤层气公司重整案件中，探索了一条"预重整＋和解"的独特路径，通过法院的路径规划、债务人的多轮谈判，最终实现了破产和解，消减了债权人的对立和抵触情绪，有效地维护了社会稳定，对于大型企业具有很好的示范作用。此案也是河南法院系统中第一例预重整案件。

（三）建立破产工作府院联动机制

在郑州市中院的积极推动下，市政府于2020年10月下发《郑州市人民政府关于建立破产事务府院联席会议制度的通知》，详细规定了联席会议制度运行规则及各职能部门主要职责，为下一步解决破产审判中的职工社保、财产接管、资产处置、金融协调、费用保障、社会稳定及税务等破产事务问题奠定了基础，为构建破产工作协调机制提供了制度保障。

在河南省建设集团重整案中，法院有效利用府院联动机制，多次联合省国资委共同召开管理人、托管组、建设集团、法律服务团队、审计服务团队、评估服务团队联合会议，强化"府院企"三方联动，从平常的"车上开会、路上办公、工地见面"，到疫情防控期间的"见在公园、谈在路边、会在网上"，确保日事日毕、无缝衔接，高效推进建设集团重整成功。

（四）疫情防控、洪涝灾害期间探索性推进破产工作

研究制定《关于做好疫情防控期间破产审判工作的指导意见》《关于进一步做好抢险救灾及灾后重建和疫情防控期间破产审判工作的指导意见》。在抢险救灾、灾后重建及疫情防控期间，充分利用破产案件管理系统平台召开听证会、选任管理人评审会、债权人会议、工作推进会，积极引导申请人、债权人、债务人、管理人及其他利害关系人通过网络参加会议；在灾情、疫情突发后，对于债务人财产、印章、档案、账簿、文书等资料的保管、交接工作作出指导性处理意见。

由市财政局牵头，建立了破产援助资金制度，解决"无产可破"案件的费用问题。2020年，共计16件"无产可破"案件申请了破产援助资金，共申报32万元。

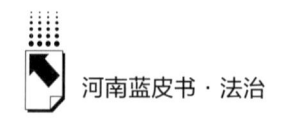

（五）加强破产管理人的管理与考核，提升破产审判业务水平

充分发挥管理人协会自治功能，推动行业自治管理。管理人协会依据市法院《破产案件管理人工作规程》中的考核内容，制定具体考核细则和评分标准，对协会成员从工作业绩、团队建设、学习培训、活动参与等方面进行全面综合考评，促使各管理人及其从业人员提升业务水平和职业道德素养。

市法院连续5年主办"中原破产法高峰论坛"，先后推出以"发现问题、碰撞观点、寻找答案"为目标的"中原破产法实务沙龙"、以"提升破产从业人员业务能力、提高社会各界破产保护理念"为宗旨的"中原破产法业务培训"，提升审判人员、管理人队伍破产业务水平。截至2021年8月，共举办22期中原破产法实务沙龙，组织15期业务培训，举办5届高峰论坛，30000余人次参加了各项学习活动，提升了破产审判工作人员和管理人专业水平，传播了破产保护理念。

三 破产审判质效提升情况

（一）破产案件数量大幅提升

2018年，全市法院审结破产案件66件；2019年，全市法院审结破产案件79件；2020年，审结破产案件137件。2021年1~8月份，审结破产案件86件。总体来看，审结破产案件数量提升明显。

（二）案件办理效率明显提升

2018年，案均审理天数为2282.8天；2019年，案均审理天数为993.1天，同比减少1289.7天；2020年，案均审理天数为452.6天，同比减少540.5天；2021年1~8月份，案均审理天数为188天。总体来看，案均审理天数缩短，办理效率大幅提高。

（三）案均成本有效降低

2019年，全市法院破产案案均费用为85.83万元；2020年，全市法院破产案案均费用为57.96万元；2021年1~8月，全市法院破产案案均费用为42.83万元。总体来看，全市法院破产案件成本下降，规范和降低破产费用效果显著。

（四）破产事务公开程度提高、案件知情权保障充分

郑州两级法院自2021年1月试运行中原破产智慧管理平台以来，召开线上债权人会议62场，管理人向法官请示汇报工作235人次，发布债权申报公告67件，债权人申报债权1267人次，申报债权总金额112亿元。债权人登录平台参加线上债权人会议1036人次、查看债权申报进度722人次。破产案件办理的公开程度显著提高，债权人、投资人的知情权得到进一步保障。

（五）重整案件数量有所增加

2019年，全市法院以重整、和解方式结案的有12件；2020年重整、和解9件；2021年1~8月重整、和解19件。自2019年以来，全市法院通过破产重整、和解程序让40家企业重生，实现继续经营，为经济发展作出积极贡献。[①]

四 当前存在的困难和问题

当前，郑州市法院在办理破产业务中还存在以下问题。一是破产事务府院联动机制需进一步细化。破产事务府院联动机制已建立并开始运行，但在

---

① 《在法官看来哪些"生病企业"有被拯救的价值？郑州中院破产审判庭副庭长说出4个标准》，大河网，2021年9月24日，https://4g.dahe.cn/news/20210924903919。

人员对接、联系渠道、规范性文件的联合制定等实际运行层面仍需进一步细化和规范化。二是破产援助基金尚未建立。财政部门仅同意建立破产援助资金，且因法院财务由省级统管，因此向市财政局申请的2020年度16件"无产可破"案件、共计32万元的破产援助资金至今未能到位。同时由于营商环境评价中要求的破产援助基金没有建立，既无法形成"无产可破"案件费用的常态化支出，影响"无产可破"案件的有效推进，也影响营商环境评价得分。三是破产案件的重整、和解比例较低。需进一步加强破产保护理念的宣传力度，提高债权人、债务人的权益保护意识，引导有拯救价值的企业及时导入破产程序，提高破产案件重整、和解的可能性。四是破产案件成本中税费所占比例较高。在破产成本构成中，政府征税所占比例较高，下一步应加强与税务部门的沟通交流，充分利用府院联动机制，争取破产事务的税费减免，降低破产成本，提高破产指标中的回收率。

五 对策与建议

（一）深化破产事务府院联动运行机制

破产事务府院联动机制建立以来，在市司法局的牵头下，就财产接管、资产处置、社会稳定等事务和市市场监督管理局等相关部门进行了沟通协调。下一步，将围绕破产援助资金、信用修复、企业注销等具体事务，加强与财政、税务、人社等部门的协调对接，并积极推动双边、多边机制的建立，出台相关制度文件。

（二）畅通市场主体出清渠道

开辟"僵尸企业"出清的"绿色通道"，对长期停产停业、产能落后等无挽救价值的企业快速出清。定期下达"执转破"任务数量并限期审结，对执行程序中发现的没有挽救价值的企业，通过"执转破"程序导入破产程序，快速出清。

(三)全面提升破产审判质效

运用破产案件信息一体化平台对全市法院破产案件的案件节点、审理期限、成本进行实时管控,向债权人、债务人、职工等利害关系人公开破产案件信息,提升利害关系人对破产案件的认可度和满意度。加大对在破产程序中有配合义务而不积极配合相关人员的处罚力度,减少管理人工作阻力。加强对管理人的培训和考核,提升管理人的业务水平和职业素养,提升管理人工作效率。

(四)继续增加破产案件数量

一要确定"三无"案件的"执转破"任务数量,确保在增加案件数量的同时,缩短平均审理期限。

二要加大国企主管部门、行业协会的走访力度,利用典型案例,大力宣讲破产重整、和解程序对危困企业的拯救功能和成效,引导危困企业主动申请破产。

三要走访金融机构,通过破产程序对"逃废债"的惩治案例,大力宣讲破产程序不但不会造成"逃废债",反而更能防范"逃废债",破除对破产程序的误解,引导金融机构理解支持破产工作,进而作为最大债权人主体主动申请债务人进入破产程序,大幅增加破产案件数量。

四要协调对接执行部门,对有财产可供执行的案件通过破产程序公平分配财产,在增加案件数量的同时,提高清偿率。

(五)持续强化公开透明

以破产系统一体化平台为抓手,全面向利益相关方公开破产案件信息。通过外网专栏持续公开全市法院破产案件登记、受理、审结的数量和比例,并对审结案件的平均用时、成本、清偿率予以公开;持续举办破产沙龙和破产培训,邀请业界知名教授学者、审判专家授课交流;同时要每季度发布一次典型案例,通过案例效果和典型意义,引导社会各界对破产的关注、理解和支持。

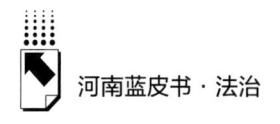

（六）助力问题楼盘攻坚化解

按照《郑州市问题楼盘专项攻坚化解活动实施方案》的部署要求，认真分析问题楼盘企业的难点、堵点，充分发挥破产重整法律制度企业救治、合法清理债权债务的作用。同时配合政府化解问题楼盘信访突出问题，防范重大风险，为维护社会和谐稳定提供有力司法保障。

（七）改进完善破产案件智慧管理平台

进一步完善破产案件智慧管理平台，对所有账户资金流转进行监控，向管理人协会和法院推送大额及高频交易信息。同时引导管理人、债权人、债务人、职工、投资人等利益相关方通过网络沟通交流，要求管理人通过互联网召开债权人会议、询价、处置资产，方便各利益相关方参与破产工作，在提升效率的同时，尽力降低破产成本。

良好的营商环境如同清新空气，是各类市场主体成长发展的前提。"水深鱼极乐，林茂鸟知归。"以法治手段推动营商环境优化，对稳定市场预期、提振发展信心具有重要意义。依靠法治，深化"放管服"改革，营造更好的营商环境，是发展民营经济、唤醒经济高质量发展"千帆竞发、百舸争流"生动场景的最佳途径。2022年，郑州两级法院将认真贯彻落实《优化营商环境条例》，继续围绕建设一流法治化营商环境的目标，充分发挥破产审判在经济发展中的重要作用，进一步提高思想认识，切实增强政治自觉、思想自觉、司法自觉，尽心尽责服务保障"六稳""六保"和畅通国内大循环，为区域内经济社会发展保驾护航。

参考文献

罗培新：《世界银行营商环境评估》，译林出版社，2020。

谢红星：《营商法治环境评价的中国思路与体系——基于法治化视角》，《湖北社会科学》2019年第3期。

《深圳经济特区建立40周年庆祝大会隆重举行 习近平发表重要讲话》，中国政府网，2020年10月14日，http://www.gov.cn/xinwen/2020-10/14/content_5551298.htm。

《新华社论学习贯彻习近平总书记在民营企业座谈会重要讲话精神》，新华网，2021年10月7日，http://www.news.cn/nzzt/85/index.htm。

左天宇：《唐山市营商环境优化对策研究》，《现代经济信息》2019年第15期。

B.17
我国预重整制度现状和相关规则对比分析报告

刘 英*

摘 要: 预重整制度是来自域外法的一种重整模式,同庭外重整和破产重整相比,其具有效率高、成本低、成功率高等多方面优势。我国现行法中虽然没有预重整制度的规定,但是最高人民法院和各级人民法院都进行了积极的探索,有很多预重整成功的案例,不少地方法院也制定了自己的预重整规则。如郑州、洛阳和南阳市中级人民法院制定的预重整规则,在预重整模式、预重整的适用对象、预重整的启动条件、预重整临时管理人的产生、预重整期间债务人的义务和临时管理人的职责、中止执行、预重整与破产重整程序的衔接、府院联动等方面都具有借鉴意义,能为更好解决预重整实践中的问题提供帮助。

关键词: 预重整 庭外重整 破产重整 规则分析

一 预重整的概念与作用

(一)预重整的概念

根据我国学者胡利玲教授的观点,预重整是指在申请重整之前,债务人、债权人通过庭外协商制定的重整草案,借助重整程序使重整计划具有约

---

* 刘英,法学博士,河南师范大学法学院讲师。

束全体债权人的效力,以挽救债务人企业的一种制度。[①]

预重整制度产生于 20 世纪 80 年代的美国,发展至今已经相对成熟。比较有代表性的预重整案例是美国路易斯安那州的 Crystal 石油公司案,该公司的债权人提前同意了重整计划,因此进入重整程序后,只用了不到 3 个月就完成了整个破产程序,公司通过资本重组恢复了生机。[②] 美国模式的预重整制度,不仅有判例,还有完备的立法。根据美国《联邦破产法》第 1121 条(a),重整计划和破产申请可以同时提出。根据该法的第 1126 条(b),只要符合信息披露要求,在重整程序前,债权人或股东已经接受或拒绝的重整计划,将具有法律效力。[③] 美国预重整的核心是在申请破产前,债权人已经同意了重整计划,债务人申请重整程序的目的是使法院批准重整计划,进而使重整计划起到约束债权人的作用。[④]

(二)预重整的作用

1. 提高效率

根据 2020 年世界银行《营商环境报告》,中国企业破产时间一般为 1.7 年,是最优秀表现国家企业破产所需运行时间的 4 倍多,从比较法角度上观察,我国破产程序在缩短运行时间上有很大的改进空间,因此提升重整效率也是优化营商环境的必然选择。[⑤] 预重整制度的作用之一就是提高重整效率。我国破产法规定,破产重整程序开启后,重整计划需要在 9 个月内提交。制订一份公平合理的重整计划本身需要耗费大量的时间,更何况重整阶段其他工作的存在,因此 9 个月的时间显然是不够的。而且破产重整程序还有可能失败,最后进入破产清算。预重整程序的适用,使债务人与债权人可以先通过协商制定预重整草案,当事人再申请进入破产重整,法院批准重整

[①] 胡利玲:《困境企业拯救的法律机制研究》,中国政法大学出版社,2009,第 188 页。
[②] 王佐发:《预重整制度的法律经济分析》,《政法论坛》2009 年第 2 期。
[③] 季奎明:《论困境企业的预先重整》,《上海财经大学学报》(哲学社会科学版)2013 年第 4 期。
[④] 胡利玲:《论困境企业拯救的预先重整机制》,《科技与法律》2009 年第 3 期。
[⑤] 池伟宏:《困境企业拯救的破产重整路径效率优化》,《中国政法大学学报》2021 年第 4 期。

计划后，该重整计划将对所有债权人产生约束力，最后进入重整计划的执行阶段。由于大量工作已经在庭外预重整阶段完成，法院在破产重整程序中的主要任务是批准重整计划，因此节省了大量的时间，提高了效率。

2. 提高重整的成功率

预重整程序的适用可以降低破产重整失败的风险。适用预重整程序时，债务人可以与利害关系人进行充分的协商，而不会面临破产重整失败立即进入破产清算的危险。债权人和利害关系人也有足够的时间对企业进行商业判断（法院工作人员不是专业人员因此不具有直接的商业判断能力），可以筛选出更具有挽救价值的企业，从而进一步提高企业重整的成功率。

3. 减少企业负面影响，稳定社会环境

企业进入破产重整程序后，外界往往会认为，债务人资不抵债，已经陷入财务困境，即将破产。虽然破产重整程序可以挽救困境企业，但是也会对企业的商业信誉造成负面影响，使企业的长远发展效益受到影响。如果适用预重整程序，因为并未正式进入破产程序，降低了对债务人的影响，也不会中断与其他企业的商业合作。相对于破产重整的高压谈判氛围，预重中债务人和债权人可以在压力相对较小的氛围下进行谈判，最终制定出可行的重整计划。通过以上方法可以将企业通过破产程序走出困境的事件影响降到最低。

二 庭外重整程序与破产重整程序的缺陷

在庭外重整中，每一位债权人为了自身利益最大化，可能会牺牲其他债权人利益。而这种利益的争夺难以协调，特别是当债权人人数较多时，协调成本也会随之增加。如债权人为个人利益，以拒绝同意合理预重整草案的方式，作为施加压力争取私利的工具，结果阻碍了重组进程和预重整功能的发挥。这就是实践中所谓的"钳制"问题。此外，庭外重整程序具有不透明性，有可能为特定关系人操纵，优待部分债权人，或者债务人利用庭外重整，损害债权人利益。相较于私法性质的庭外重组，预重整可以强化庭外重组的公信力和约束力，发挥破产重整的优势，减少"钳制"成本。

破产重整程序的缺点是它的复杂性和高成本。复杂的破产重整程序导致其所需的时间成本和经济成本也随之增加。企业陷入重整程序时间过长，也会使它的形象和商业价值受到影响，甚至导致企业重整成功机会的丧失。相较于传统的破产重整，经过预重整的重整案件花费时间少，对企业业务的负面影响小，而且债务人的管理成本也比较低。

预重整程序融合了以上两种程序的优点，又避免了它们的缺点，为困境企业的拯救提供了更多的选择。笔者在全国企业破产重整案件信息网上，以"预重整"为关键字进行检索，从2017年1月1日至2021年9月30日，一共搜索到1326条记录。2017年只有8条记录，2020年增长到408条记录，而2021年末已经有了784条记录（2020年和2021年很多企业受疫情影响出现经营困难问题）（见图1）。虽然有部分重整案件存在分阶段的重复公告，但从目前搜索的结果看，预重整适用范围广泛，案件数量逐年增加，已经成为拯救困境企业的优选方案。

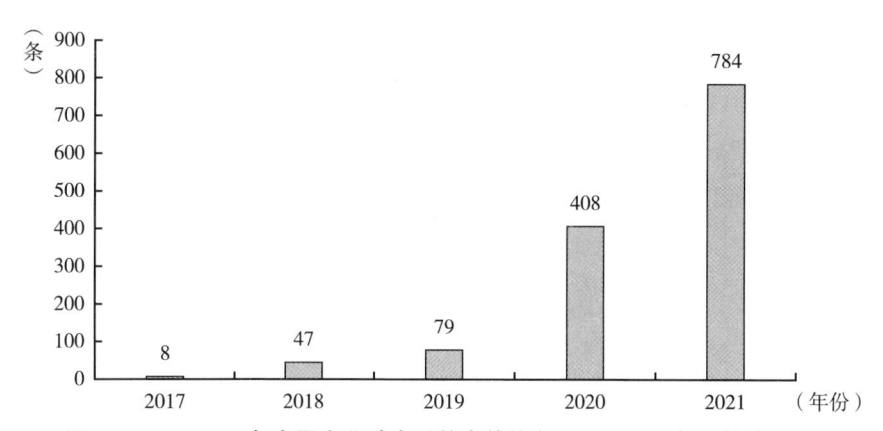

图1 2017~2021年全国企业破产重整案件信息网上"预重整"搜索结果

资料来源：笔者自制。

三 我国预重整制度现状及规则对比分析

我国立法上并没有明确规定预重整制度，但司法实践已对此开展了大量探索。最高人民法院在发布的《全国法院破产审判工作会议纪要》第 22 条和《全国法院民商事审判工作会议纪要》（以下简称《九民纪要》）第 115 条都要求"继续完善庭外重组和庭内重整的衔接机制"。① 疫情发生后，又在《关于依法妥善审理涉新冠肺炎疫情民事案件若干问题的指导意见（二）》中强调了预重整在解决债务危机、挽救企业中的作用和意义。

此外，很多地方也出台了各自的预重整规则，例如北京一中院、深圳中院、浙江高院、南京中院等。河南省某些地方法院也出台了当地的预重整规则。如洛阳中院的《关于审理预重整案件的规定（试行）》（以下简称"洛阳"），南阳中院的《企业破产案件预重整工作指引》（以下简称"南阳"），郑州市中院的《审理预重整案件工作规程（试行）》（以下简称"郑州"）。这3 个预重整规范均为地方人民法院发布，属于法院主导的预重整制度。笔者将从预重整模式、适用对象等方面，分析 3 个规范中的异同点（见表1）。

表 1　3 个中级人民法院预重整规则对比

	郑州中院	洛阳中院	南阳中院
预重整模式	第 2 条,受理重整申请前	第 1 条,受理破产重整申请前	第 1 条,申请破产重整前
预重整适用对象	第 4 条,债务人有以下情形之一,可适用预重整。①债权人多,关系复杂或职工数量多,影响社会稳定。②企业规模大或行业对区域经济有重大影响。③受理重整申请可能对企业产生重大影响或引发社会不稳定情形	第 2 条,债务人有以下情形之一,可适用预重整。①上市公司的子、母公司和对其影响较大的关联公司。②金融或准金融性质的保险公司、证券公司、融资担保公司、小额贷款公司。③涉及众多购房者利益的房地产公司;债权人多,关系复杂,影响社会稳定的大型企业;重点优质企业(符合国家产业政策且行业前景良好)	无

---

① 《全国法院破产审判工作会议纪要》第 22 条："在企业进入重整程序之前，可以先由债权人与债务人、出资人等利害关系人通过庭外商业谈判，拟定重组方案。重整程序启动后，可以重组方案为依据拟定重整计划草案并提交人民法院依法审查批准。"但该条文只是对实践中采取预重整方式的鼓励，并没有实质性的审判指导条款。

续表

	郑州中院	洛阳中院	南阳中院
预重整启动条件	第3条,提出申请,提交债务人股东(大)会同意履行预重整义务的承诺书,预交启动费;第5条,有需要时进行听证;第6条,法院决定预重整,以"破申"为案号	第3条,提出申请;第4条,经债权人、债务人同意,以"破申(预)"为案号;第5条,一般应当举行听证会;第6条,法院决定重整,制作预重整登记通知书	无
临时管理人的产生	第10条,法院指定	第7条,法院指定	第2条,申请后法院指定
预重整期间	第7条,3个月,需要可再延长3个月	第8条,3个月,需要可再延长2个月	无
债务人义务	第9条,财产、资料保管;配合管理人的调查和审计评估,如实回答有关询问;勤勉经营,维护资产;及时报告,接受监督;全面如实披露信息,如经营财务状况、履约能力、可分配财产、负债明细、可能的清偿率、重大风险、其他重大事项;原则上不得对外清偿债务;未经许可,不得对外提供担保;协商制作预重整方案;其他义务	第11条,财产、资料保管;配合管理人的调查,回答有关询问;勤勉经营,维护资产;及时报告,接受监督;如实披露信息;原则上不得对外清偿债务;未经许可,不得对外提供担保;协商制作预重整方案;其他义务	第3条,全面、真实、准确披露债权、债务、资产、财务、经营等状况
临时管理人的职责	第11条,调查债务人财产情况,制作报告;发布债权申报公告,核实债务人负债状况;监督债务人;召集债权人、债务人会议;协调中止执行;遴选中介机构协助工作;申请债务人财产保全;投资人招募;引导各方拟定预重整草案;定期向法院报告;审查企业是否有重整价值,提交预重整工作报告;其他职责	第10条,调查债务人财产情况,制作报告;发布债权申报公告,核实债务人负债状况;监督债务人;召集债权人、债务人会议;协调中止执行;遴选中介机构协助工作;申请债务人财产保全;投资人招募;与各方拟定预重整草案;及时向法院报告;审查企业是否有重整价值,提交预重整工作报告;其他职责	无

续表

	郑州中院	洛阳中院	南阳中院
中止执行	第8条,预重整期间,本市法院中止对债务人的执行、保全措施	第12条,预重整期间,本市法院中止对债务人的执行、保全措施	无
预重整方案效力	第25条,当事人达成的协议和同意意见,原则上在后续的重整程序中继续有效	第22条,对预重整草案的同意原则上视为对该重整计划草案的同意	第5条,当事人的书面意见和协议,在法院受理重整申请后,对其有拘束力
府院联动	无	第18条	无

(一)预重整模式

在我国预重整制度本土化过程中,各地因缺乏统一、系统的规定,案件处理和规范差异较大。在实践中,预重整模式分为3类。一类是庭内重整程序前置式的预重整。这种模式是指法院在受理破产重整申请前,先进行预重整程序,由法院指定临时管理人,当事人各方协商并制定预重整方案,随后以该重整方案为基础,进入破产重整程序。[1] 一类是破产清算期间的预重整。它和庭内重整前置式的预重整不同,预重整程序可以在进入破产清算后债务人被宣告破产之前进行。在此期间当事人协商谈判完成预重整草案,然后再向法院提出破产重整申请。最后一类是法庭外预重整,指的是债务人、债权人等在法庭外,通过协商制定完成预重整计划,然后向法院申请重整(中国二重重整案[2])(见图2)。

郑州第2条第1款、洛阳第1条、南阳第1条(见表1)规定了各自的预重整模式。郑州、洛阳属于第1类预重整模式(南阳是第3类模式)。这种模式实际上是将一部分庭内破产重整的工作放到预重整程序中完成。有些

---

[1] 丁岩、沈鸿、罗欣:《预重整案例分析与制度构建初探》,《国际金融》2019年第3期。
[2] 《李汝良丨二重集团破产重整案件的基本情况与典型意义》,中国清算网,2017年2月20日,http://m.chinaqingsuan.com/news/detail/12588。

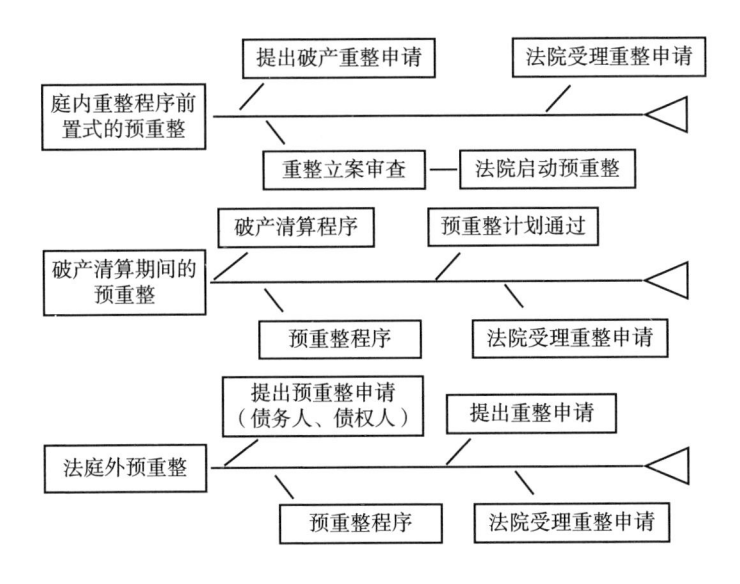

我国预重整制度现状和相关规则对比分析报告

图2 预重整模式

地方规范如苏州①将此种预重整作为法庭内重整预设程序对待。域外法中德国重整准备程序②与之类似,可以作为我们参考借鉴的对象。如德国法院可以在重整准备程序中指定临时财产监督人、设立临时破产保护措施、审查预表决效力等。

第2类预重整模式,其实是对预重整概念的错误理解。这种进入破产清算程序的预重整,严格说,不属于典型的预重整,不符合预重整属于庭外程序的特点。此外,这种模式还存在程序上的转换问题:进入破产清算阶段后,如需适用预重整程序,破产案件又被转交至庭外处理。

(二)预重整的适用对象

一般要求可以进行预重整的企业应具有重整价值,但是重整价值的判断

---

① 《苏州市吴中区人民法院关于审理预重整案件的实施意见(试行)》第2条规定:"本院实行'作为法庭内重整预设程序'的预重整模式。"
② 重整准备程序是法院依债务人申请,裁定受理案件时同时启动的特别程序。该程序并非独立的重整程序,是在《企业破产法》框架下的辅助性程序。

223

标准应有所界定。郑州第4条和洛阳第2条（见表1）规定了哪些企业可以适用预重整程序。

同郑州的规则相比，洛阳规则中预重整资格判断标准更为细致，如规定了具体的企业类型，考虑了金融环境稳定、地区行业的经济发展、产业政策、民生价值、社会影响等诸多要素。详细具体的规则可以避免出现适用对象无限扩大化的现象，防止预重整制度被滥用。

（三）预重整启动的条件

郑州第4、5、6条和洛阳第3、4、5、6条（见表1）规定了预重整的启动条件。郑州和洛阳的规则均将预重整作为一个特定程序启动，只是启动条件有差别。郑州规则中要求提供承诺书。其中可能的考虑是：预重整毕竟不是破产重整，如果能够得到债务人股东（大）会的支持，可以减轻以后预重整推进的阻力。预重整启动费的预交可以解决这样一个问题："无产可破"案件中，管理人报酬和破产费用可能都无法负担，预先支付启动费是一种比较好的解决方案。另外，听证程序中的参加者有哪些，洛阳第5条进行了列举，笔者建议可包括债权人、债务人、出资人、重整出资人、职工代表等，还可以包括行政主管机关、专业机构、中介机构等。

预重整程序申请主体除债务人外，是否应该包括债权人，以美国为例，美国破产法对债权人申请清算进行了一定的限制，而对债务人的重整申请基本不限制，从而在某种程度上保证了债务人对重整的控制。[①] 而我国破产法中债务人和债权人都拥有重整申请权，依照以上三地规则，二者也都有预重整的申请权，可能会导致出现如下问题：异议债权人试图阻止、干扰预重整程序进行，可以用提出破产申请的方式来达到自己的目的。如何确保预重整程序的连续性，保证重整计划有序实施，可以考虑采用美国重整程序中债务人一段时期内申请的独享权，用来确保重整的连续性。

---

① 齐砺杰：《破产重整制度的比较研究：英美视野与中国图景》，中国社会科学出版社，2016，第205~207页。

预重整申请的审查，笔者建议应当和破产重整申请审查类似，以形式审查为主。启动重整程序必要条件之一是法院对破产重整申请的审查，因为在这个阶段法院尚不具备实质审查的条件，因此破产重整的申请应以形式审查为必要。[①]

（四）临时管理人的产生

郑州第 10 条、洛阳第 7 条和南阳第 2 条（见表 1）规定了临时管理人如何产生。3 个规则中预重整临时管理人均由法院指定产生。规范中使用的"临时管理人"一词，与破产重整的管理人进行区分。从其角色定位来看，临时管理人更像是一种程序上的引导人，所以应考虑对其职能范围参照破产管理人的职责进行限缩。

预重整程序的进行需要管理人具有较为充分的专业知识，因此法院指定预重整管理人的方式更为妥当。相较于普通机构，管理人名册中的机构以前担任过破产管理人，了解相应的法律法规，经验比较丰富，因此可以选择数家律师事务所、会计师事务所或清算服务公司作为临时管理人。笔者查阅河南省法院企业破产案件管理人名册，发现目前有 415 家各级管理人，这些在册人员是否都有能力担任管理人，是否都很熟悉破产业务，尚不清楚。有些地方规则用摇珠的方式来确定管理人，如果遇见上市公司重组这种复杂情况，随机确定的管理人专业性的缺乏和业务的不熟悉会影响预重整工作的开展。域外法中日本的事业再生 ADR 制度可以作为我国的参考对象，即由具有丰富企业重整经验的律师、会计师等组成专家团队来主导重整程序。专家资格由专业协会进行认定，认定程序非常严格。专家主导模式带来的好处是，可以确保程序的中立和公正。该专家团队根据法院的授权，对企业的经营状况等进行调查，并出具专家意见书，为法院的决定提供参考依据。笔者建议，我国也应成立管理人专业协会、采用专家资格认证制度，并设立评价和退出机制，以此来提高管理人专业水平，保证管理人的专业性。

[①] 邹海林：《供给侧结构性改革与破产重整制度的适用》，《法律适用》2017 年第 3 期。

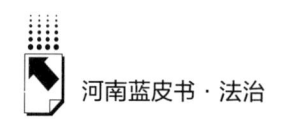

(五)预重整期间

郑州第7条和洛阳第8条规定了预重整期间,该期间一般是3个月,有正当理由的,郑州规定可延长3个月,洛阳规定可延长2个月。

对预重整时间进行限制是有必要的,如果在期限内仍然无法通过协商拟定重整草案,则表明该债务人企业缺乏重整价值,因此笔者建议法院应该裁定不予受理重整申请。

(六)债务人的义务和临时管理人的职责

1.债务人义务

郑州第9条和洛阳第11条(和郑州第9条内容大体一致)详细规定了债务人的义务。南阳仅在第3条规定了债务人的信息披露义务。

2.临时管理人职责

郑州第11条和洛阳第10条(和郑州第11条内容大体一致)规定了临时管理人的职责。

预重整程序并非正式的破产程序,因此法院只提供业务指导。管理人作为当事人和法院的沟通桥梁,负有向法院定期报告工作进展的职责,以便法院及时了解预重整的进展情况,并在此基础上对困境企业的重整价值和重整可行性进行评估,最后决定是否受理破产重整申请。

在实践中,为了方便调查债务人企业的基本状况,并且债权人也有可能不信任困境企业的独立运营能力,担心出现资产转移的问题,临时管理人被赋予调查企业财产状况、监督债务人的职责。他们和原企业管理层共同对企业进行管理。需要注意的是,此时企业的经营权依然归属于原企业管理层,只是需要审批和报备。预重整进行过程中,债务人和管理人各有分工,又相互合作,共同为后续困境企业进入重整程序创造良好的条件。

预重整最重要的目的是完成预重整草案,草案是否有效力,信息披露是否充分是关键点之一。债权人和债务人之间存在信息差,债权人对企业状况的了解取决于债务人提供的信息。如果信息披露有缺陷,重整草案有可能因欺诈或显失公平而被撤销。郑州的规则除了第9条第5款外，还在第15条①中，对应当披露哪些内容和信息披露的标准进行了规定。更加细致的规则是深圳市中级人民法院《审理企业重整案件的工作指引（试行）》第35条②，规定了信息披露的具体方式有哪些，强调了债务人的提示注意义务。同以上两地法院的规则相比，洛阳和南阳的信息披露规则比较简单。

（七）中止执行

郑州第8条和洛阳第12条第3款（见表1）规定了预重整期间债务人财产强制执行被中止。

因为我国《企业破产法》中未规定预重整制度，某些只适用于破产程序中的措施，如债务人进入破产程序后对其财产的强制执行中止，无法适用在预重整中。实践中会出现这样一个问题：预重整程序无法为债务人提供保护，不能阻止企业资产因生效法律文书被强制执行。为保障债务人在预重整期间的财产安全，郑州和洛阳都规定，法院在地域管辖范围内暂缓对债务人财产的执行。但是这些规定只能在本辖区适用，不能中止来自其他地区的财产执行。这将严重影响预重整程序的进行，破坏《企业破产法》的公平清偿原则。根据最高人民法院《关于正确适用暂缓执行措施若干问题的规定》第1条，强制执行程序可因法定事由暂缓执行。该规定的第3条③和第7条

---

① 郑州第15条："债务人及相关人员，预重整管理人应当将预重整有关的所有信息全面、准确、合法地向债权人和其他利益相关方披露。"
② 深圳第35条："债务人应当按照下列标准进行信息披露：（一）全面披露。披露内容应当包括表决所必要的全部信息，如导致破产申请的事件、经营状况、相关财务状况、履约能力、可分配财产状况、负债明细、重大不确定诉讼、模拟破产清算状态下的清偿能力、重整计划草案重大风险等；（二）准确披露。信息披露应当措辞明确，以突出方式引起注意，不得避重就轻、缩小字体或者故意诱导作出同意的意思表示；（三）合法披露。披露程序应当符合法律规定的要求。"
③ 《关于正确适用暂缓执行措施若干问题的规定》第3条："有下列情形之一的，经当事人或者其他利害关系人申请，人民法院可以决定暂缓执行：（一）执行措施或者执行程序违反法律规定的；（二）执行标的物存在权属争议的；（三）被执行人对申请执行人享有抵销权的。"

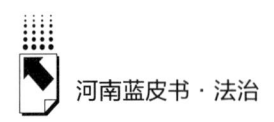

规定了暂缓执行的法定事由，预重整期间的暂缓执行没有包括在内。因此笔者建议，最高人民法院可以修改此规定的第3条，增加法院暂缓执行的法定事由，将预重整程序的进行也列入其中。

（八）预重整方案效力

郑州第25条、洛阳第22条、南阳第5条（见表1）规定了预重整草案在破产重整中仍有法律效力。郑州和洛阳的规则与最高人民法院《九民纪要》第115条内容相似，即预重整期间对预重整方案的同意意见、表决等，原则上在后续的重整程序中继续有效，对庭外预重整草案的同意视为对重整计划表决的同意。南阳的规则表述不同，但含义是相似的，预重整计划的约束力可以延伸到重整申请后。以上规定体现了预重整制度衔接庭外重组和庭内重整的功能。但是我国《企业破产法》第84条①对重整程序有强制性规定，重整计划草案的表决是重整计划生效的必要步骤。如果按照三地的规则，不经过重整计划表决即承认计划生效，违反了强行性法律规定。因此，包括《九民纪要》第115条在内的规则实现的先决条件是《企业破产法》中提供了这种衔接保障，目前实践中的处理方法只能是过渡方案，希望未来的《企业破产法》修订中能增加相应的法律规定。

实践中，预重整程序完成转入破产重整程序后，债务人、债权人等可能会出现反悔行为，即否定自己之前的言论和行为，导致当事人必须重新磋商制定重整计划，浪费了前期预重整程序所节省的时间成本和经济成本。现行规则（例如三地的规则）下，债务人与债权人制定的预重整草案，可以通过司法程序固定该成果，进而对各方当事人产生约束力。

预重整草案是当事人在法庭外通过协商达成的，债务人、债权人之间是否存在信息了解不对称问题，是否存在虚假陈述，表决程序有无瑕疵，都可能存在疑问，所以在以上规则的基础上，可以要求当事人提供相关的证明资

---

① 《企业破产法》第84条："人民法院应当自收到重整计划草案之日起三十日内召开债权人会议，对重整计划草案进行表决。"

料,如书面资料、影像资料等,以此来确保信息披露充分、投票程序合法。还可以在规则中设置债权人异议期、规定草案表决的具体方式、要求当事人提交签署的不反悔承诺书,保证预重整效力的充分发挥。

(九)府院联动

洛阳第18条规定了府院联动,而郑州和南阳都没有类似的内容。企业开展债务重组或破产重整,需遵循自愿原则,要求政府不得过度干预,但这并不意味着排除政府的参与。在我国预重整制度尚不完善的情况下,已被法院批准的破产重整计划,往往要借助政府的帮助,才能真正得以执行,因为其中会涉及大量政府主管的事务。如重整企业的资金支持[1]、税务征收、职工安置、社会维稳等[2]。许多重组案例的成功都离不开政府部门的参与协调。典型案例如河南瑞邦置业集团有限公司破产重整案,平顶山中级人民法院为有效提高破产审判效率,采取了预重整机制,有效解决了问题楼盘的难题。法院辖区政府、人民法院、问题楼盘办公室、社会中介机构共同组织召开会议,并协调一致行动。法院指导临时管理人完成组建债权人委员会、债权审核、清查债务人企业资产等工作,并分组表决通过重整计划预案。进入破产程序后,法院又听取涉案各方意见,由以政府为主导的管理委员会来执行重整计划,并借助府院联动机制,加强与政府的配合沟通,最终重整计划得到债权人的支持并顺利通过。[3]

从域外法的角度观察,预重整程序并不意味着政府机构的不参与,与之相反,政府也可以在其中扮演特定角色。如美国在1986年确立的联邦破产托管人机构,该机构设立的目的是分离破产案件的裁判和管理,法院扮演司法角色,而由另外设立的独立机构监督破产案件办理。联邦破产托管人机构

---

[1] 陷入困境的公司通常很难筹措到资金。如果政府愿意协助重整企业进行融资谈判,这将大大增加企业获得新融资的可能性。
[2] 丁岩、沈鸿、罗欣:《预重整案例分析与制度构建初探》,《国际金融》2019年第3期。
[3] 《河南瑞邦置业集团有限公司破产重整案》,河南高级人民法院网站,2021年3月1日,http://www.hncourt.gov.cn/public/detail.php?id=184206。

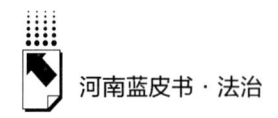

除了保护债务人、债权人利益，使其免受破产制度滥用的危害，还可以确保某些重要的公共政策的执行，如员工养老金发放、医保需求、税收征收等。[①] 当然，政府和法院作为公权力机构，在破产预重整程序进行的过程中，也需要明确自己的定位：尊重当事人的意思自治，适当帮助债务人企业，推动重整的顺利进行。

---

① 贺轶民：《美国联邦破产托管人制度的启示》，《法学杂志》2010年第5期。

B.18
郑州法院"执行合同"指标创新举措与实践探索

郑州市中级人民法院优化营商环境课题组*

摘　要： "执行合同"工作是衡量营商环境的重要指标之一。郑州法院高度重视提升"执行合同"指标相关工作，并采取智慧法院建设、繁简分流改革、规范高效执行等一系列措施，提升民商事案件审判执行质效。但是，"执行合同"工作在开展过程中，出现了人案矛盾依旧突出、司法鉴定用时较长、信息化应用水平有待提高等困难和问题，应在以后的工作中予以回应，包括优化审判管理机制、完善对外委托鉴定制度、加强信息化建设等。

关键词： 执行合同　审判效率　营商环境

优化营商环境是党中央、国务院作出的重大决策部署，"执行合同"工作是衡量营商环境的重要指标之一。郑州法院高度重视提升"执行合同"指标相关工作，先后制定实施了《全市法院2020年优化营商环境工作要点》《全市法院2021年优化法治化营商环境行动方案》，采取一系列有力措施，着力提升民商事纠纷审判执行质效。

在改革过程中，郑州法院发现了人案矛盾依旧突出、司法鉴定用时较

---

* 组长：李志增，郑州市中级人民法院党组书记、院长。成员：王季，郑州市中级人民法院审判委员会专职委员；陈鹏涛，郑州市中级人民法院执行局综合处处长；高志强，郑州市中级人民法院清算与破产庭庭长；邢彦堂、陈丕运，郑州市中级人民法院清算与破产庭副庭长；刘尊超、邵源、关杨、王松洋、贺敬林，郑州市中级人民法院审判人员。执笔：贺敬林。

长、信息化应用水平有待提高等困难和问题。因此，郑州法院以"执行合同"工作为重点，通过对工作过程中所取得的成效和遇到的问题进行详细剖析，进而对郑州法院"执行合同"指标建设提出规划。

一 "执行合同"指标概述

自2003年开始，世界银行每年会发布一期《营商环境报告》，对全球各经济体的中小企业从创立、运营到解散等各个阶段所经历的商业环境进行评估，而"执行合同"指标就是其中的一项重要内容。具体而言，"执行合同"指标主要用于评价民商事司法制度和法院工作质效，包括时间、成本和司法程序质量等三部分内容。[①]

首先，就时间指标而言，其主要体现了司法效率，涉及立案、审判、执行等所有诉讼流程。具体而言，郑州法院将各时间指标继续细分，如将审判时长拆分为诉讼文书送达被告用时、诉讼文书送达被告至首次开庭用时、首次开庭至文书作出用时、上诉转移天数等多项指标，将执行用时分为执行通知书送达用时、网络查控用时、委托评估用时、司法拍卖用时、拍卖结束后款项发放用时等多个部分。同时，郑州法院依托智慧法院建设成果，聚焦民商事诉讼各阶段时间点，积极推行各类审判管理改革措施，使得民商事案件立案、审判、执行全流程更方便、更快捷、更公正。

其次，就成本指标而言，其主要涵盖案件受理费、律师费、保全费、鉴定费和执行费等内容，体现了当事人解决一个标准商业纠纷所需要花费的金钱成本。通常情况下，诉讼是当事人解决纠纷的最后手段，也是能取得公平结果的有利方式。当事人提起诉讼所花费的金钱成本越低，意味着当事人更容易获得公平的纠纷处理结果，同时也反映了该地区拥有更好的法治化营商环境。对此，郑州法院积极落实胜诉退费制度，并对存在资金困难的当事人，及时给予司法救助，依法准许其减交、缓交诉讼费，彰显

---

① 罗培新：《世界银行营商环境评估：方法·规则·案例》，译林出版社，2020，第392~398页。

司法人文关怀。

最后,就司法程序质量指标而言,其是对法院结构和诉讼程序、案件管理、法院自动化水平和替代性纠纷解决的综合评价,反映了法院管理制度的好坏以及当事人参与诉讼的便利度。对此,郑州法院以优化营商环境工作为牵引,成立金融审判庭、清算与破产审判庭等专业法庭,积极推进繁简分流改革,并加快推进智慧法院建设。同时,依靠当地党委政府,对接行业协会和民调组织,通过一站式多元解纷机制,多领域多渠道共同发力,及时化解矛盾。

二 提升"执行合同"指标创新举措及成效

(一)积极推进诉源治理

多元纠纷化解体系是我国的一大特色制度,它是基于案多人少矛盾,并结合我国特色调解文化应运而生的。郑州法院严格落实习近平总书记关于"坚持把非诉讼纠纷解决机制挺在前面,从源头上减少诉讼增量"[1]的重要指示,积极联系各区党委政府,依托当地实际情况,建立多元纠纷化解机制。如中原区人民法院的"和顺中原"和登封市人民法院的"封调禹顺"多元纠纷化解平台,帮助群众实现足不出户就能化解纠纷。

郑州法院注重调解的专业化,积极与住建、房管、银行、交管等部门协调,选聘物业类、金融类、交通事故类、知识产权类等行业的专业性调解组织和调解员,实现纠纷化解既有"全科医生"又有"专科医生","全科医生"解决一般性纠纷,"专科医生"解决类型化、专业性纠纷,增强纠纷化解效果。同时,郑州法院实行法官助理、调解员"AB角结对子"制度,由法官助理为诉前调解提供法律指导,达成调解协议,引导自动履行;需要司

---

[1] 《坚持把非诉讼纠纷解决机制挺在前面》,"人民网"百家号,2020年1月9日,https://baijiahao.baidu.com/s?id=1655215813802101234&wfr=spider&for=pc。

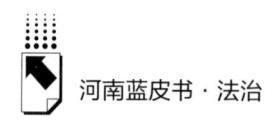

法确认或出具调解书以及调解不成需及时立案的,由A角法官助理所在团队直接办理,调解材料经充分告知并审查后,可作为诉讼材料继续使用,避免重复劳动。

(二)完善网络诉讼服务

郑州法院依托智慧法院建设成果,推行网上立案、网上缴费、电子送达、网上开庭等网络诉讼服务。对于当事人的立案申请,郑州法院严格落实立案登记制度,对符合立案条件的一次办好;对提交诉讼材料不齐全的,一次性告知需补正材料。为提高立案效率,减少人员聚集,郑州法院宣传引导当事人通过河南移动微法院、河南法院诉讼服务网等网络平台进行网上立案,更好地保障人民群众的生命和财产安全。2021年上半年,全市法院共立民事案件125593件,网上立案117734件,网上立案率达93.74%,网上立案率大幅提升。

同时,为提高审判人员的信息化应用水平,郑州法院定期对员额法官及审判辅助人员进行全流程诉讼服务培训,并向群众公开立案庭及各业务庭诉讼服务联系电话。通过推行"互联网+诉讼服务"新模式,做到"信息多跑路,群众少跑腿",切实打通司法服务便民的"最后一公里"。2021年上半年,全市法院共组织网上开庭14931件,电子送达1221065次,网上缴费83130件,网络诉讼服务水平得到很大提高。

(三)推进繁简分流改革

郑州法院先后印发《关于适用小额诉讼程序操作指引》《民事诉讼程序繁简分流改革试点工作分工方案》等文件,持续深化繁简分流制度,优化分流模式,做到繁案精审、简案快审。一方面,仿照医院门诊机制,在诉讼服务中心设立速裁中心,集中"问诊"简单案件。同时,在速裁中心配置业务能力强、办案积极性高的中青年骨干法官,根据工作实际需要配备审判辅助人员,组建专业速裁团队,专门办理速裁案件。另一方面,建立简案、繁案单独考核机制,对简案侧重考核结案率、平均审理天数等效率指标,对繁案侧重考核服判息诉率、发改率、自动履行率等质量指标。对不同案件设置不同考核权重，充分发挥绩效奖金的杠杆作用，拉大各级别间的奖金差额，充分调动干警工作积极性。

2021年上半年，全市法院适用简易程序审结案件78586件，民事简易程序适用率达95.99%；适用小额诉讼程序审结38168件，小额诉讼程序适用率为46.62%；适用普通程序独任制审结2119件，普通程序独任制适用率为2.63%。

（四）加强案件审限管理

坚决贯彻落实我院党组"均衡结案"工作要求，科学制定年度结案计划，适时调整月度结案任务，每月通报任务完成情况。制定《审判流程节点管理办法》，明确各类案件的具体审理期限，并切实抓好延长、扣除审限的管理，明确延扣审限审批人和审批流程。对符合中止、延长、中断、暂停、扣除审限的案件，承办法官应当通过案件信息系统及时提交变更审限申请，详细说明理由，并经过本部门负责人和院领导批准。对具备当庭宣判条件的案件，可以当庭宣判。

2021年上半年，郑州法院共审结诉讼案件121264件（不包含执行），法定审限内结案率为97.69%，案均审理天数为39.76天；执行实施案件结案59477件，执结率为70.52%，首次执行案件结案平均用时63.32天。

（五）创新执行举措

向被执行人送达执行通知书、报告财产令等法律文书的同时，送达执行警示书、拒执犯罪典型案例，并将印有失信被执行人大头照的失信惩戒公告张贴到其所在村委会或有密切联系处所，敦促被执行人主动履行法律义务。2021年上半年，全市法院共纳入失信被执行人名单14125人次，限制高消费55417人次，追究拒执犯罪32案36人。

积极开展强制腾房、强制清场等集中执行行动，采取网上询价、网上拍卖的方法，加快涉案财产处置速度，及时保障胜诉当事人实现合法权益。2021年上半年，全市法院共上传网络司法拍品6185件，成交2097件，成

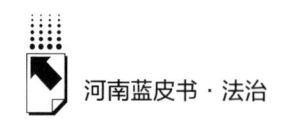

交额为37.53亿元，为当事人节约佣金1.25亿元。

积极开展执行宣传，与河南广播电视台联合定期录制"老赖曝光台"栏目，增加抖音短视频、微信小视频等新媒体曝光方法，为解决"执行难"问题营造良好的舆论环境。

（六）健全执行联动工作机制

加强与相关部门的联系，进一步明确职责，夯实责任，共同促进执行联动工作机制常态化运行。加强与公安、信用办、大数据局等部门沟通协调，积极推动信用信息对接共享，不断提升执行联动信息化水平。与不动产、房管局等部门联合成立的郑州法院执行查控中心继续保持高效运行，月均办理查封业务4000余件，查询业务1万余件，日均接待人数超200人次，较好地服务和保障了全市及全省法院执行工作。

（七）审慎开展涉疫情案件的执行工作

对于受疫情影响生产经营陷入暂时困境的企业，积极引导当事人和解，暂缓采取失信惩戒、限制消费措施，暂缓冻结、划扣用于恢复生产、发放工资的资金，暂缓处置企业土地、厂房、设备、成品等财产，严格控制对企业法定代表人采取人身强制措施，为企业恢复生产经营留出时间、创造条件，依法保护中小微企业渡过难关。全市法院先后对山东临朐医院等10余家参与疫情防控的单位依法解除或变更强制执行措施，以实际行动支持疫情防控、助力复工复产；在必要情况下，对河南晶鑫实业、河南恒泰铝业等被限制消费者临时或单次解除限制，帮助企业脱困转型。

三　当前存在的困难和问题

（一）人案矛盾依然较为突出

2021年上半年，全市法院在疫情影响下仍新收案件228900件（诉讼

146485件，执行82415件），7月份、8月份受到极端强降雨灾害以及新冠肺炎疫情的影响，审判执行工作的开展受到严重限制，但新收案件数量并未明显减少。下半年审判执行结案任务繁重，干警工作压力大，人案矛盾较为突出。

（二）信息化应用水平有待提高

5G全流程多场景智慧庭审系统可满足法官在出差途中、办公室内，甚至在疫情等极端情况下进行诉讼活动的需求。在5G智慧法庭系统中，法官可利用高拍仪、智慧法庭等设备进行证据提交、证据交换、双方调解、庭前会议等诉讼活动。诉讼参与人可随时随地通过PC端、微信小程序、手机App等线上参与诉讼活动，大幅提高了案件的办理效率和质量。但在实际操作中，存在部分当事人不知道如何使用网络庭审系统、部分审判人员对网络庭审不重视、网络庭审设备偶尔出现故障等问题。因此，全市法院有必要进一步推动信息化建设，提高当事人参与诉讼的便利度，降低诉讼成本。

（三）鉴定用时有待进一步压缩

鉴定用时是执行合同时间指标中的一项重要内容，鉴定耗时过长则是办案时长难以压缩的重要"堵点"。截至2021年5月，北京市海淀区人民法院已将一般案件平均鉴定周期从以往的109日缩短至30日[①]，重庆市高级人民法院也在《重庆法院2021年对标国际规则优化法治化营商环境工作方案》中提出"将一般案件鉴定评估平均用时缩短至30个工作日"的目标。[②]相较于前两者，郑州法院一般案件的鉴定时长较长，有待进一步压缩。

[①] 《营商环境亮点举措丨跑出委托鉴定加速度 海淀法院有何秘方？》，"京法网事"微信公众号，2021年5月11日，https：//mp.weixin.qq.com/s/_7pq5fogLNSCPHNCzImLoQ。

[②] 《重庆法院发布优化营商环境方案3.0版》，"重庆高院"微信公众号，2021年8月30日，https：//mp.weixin.qq.com/s/_Z7w3ctgOou3Bz2yxk2izA. 2021-08-30。

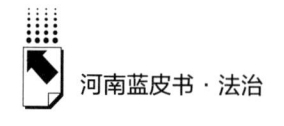

（四）执行规范化建设有待进一步加强

执行办案流程、执行案款管理、网上司法拍卖等具体工作程序需进一步规范，尤其是在疫情防控和灾后重建期间，如何规范强制采取措施与善意文明执行、严厉打击失信行为与保护中小微企业，需进一步统一尺度。

四 对策与建议

（一）进一步优化审判管理机制

继续落实好月结案计划，定期通报任务完成情况，及时总结工作中的问题和经验，保持审判执行整体良性运转态势。同时，相较于2019年和2020年，全市法院1年以上未结案件数量大幅度减少，但仍应尽快将现存的长期未结案件办理完毕，并严格办案流程，所有流程节点均要在法定时间内完成，关键节点做到"全程留痕"。严把结案质量关，加强结案审核，公开群众监督电话，确保案件质量经得起时间检验。

此外，应在法院内部树立案件精品意识，严格落实《关于认真组织被上级法院发改案件评查工作的意见》等规定，全面做好案件评查工作，不断发现问题、解决问题，总结审判经验，提升审判业务水平和技能，从而有效提升审判质量。

（二）完善对外委托鉴定制度

虽然郑州法院成立了司法技术咨询专家库，并聘任了来自不同领域的10位专家，加强了司法鉴定的外部力量，但与发达地区法院相比，郑州法院在对外委托鉴定的内部管理方面仍有提升的空间。对此，可借鉴北京市海淀区人民法院的经验，建立"鉴定管理人制度"，由鉴定管理人团队对民事、行政审判及执行中的司法鉴定对外委托工作进行集约管理，从委托前审查、委托后督办、实时协调等多时间维度，全流程跟进司法鉴定工作。[1]

具体而言，需要充分发挥鉴定管理人的职责。一方面，需要结合鉴定案件的类型和工作人员的专业以及目前工作量等因素，落实具体督办责任人；另一方面，需要严格把控对外委托的时长，由鉴定管理人定时移交催办、组织勘验、反馈通报，保证"周周有核实、月月有反馈"，不断推动鉴定进展，压缩流转用时。同时，需要公开鉴定机构的基本信息、外部评价信息、考核信息等，并就鉴定机构的遴选、考核、退出等制定规范性文件，完善对外委托鉴定一体化平台。

（三）优化诉讼退费机制

根据法律规定，判决生效后，人民法院应当自法律文书生效之日起15日内退还胜诉方预缴但不应负担的诉讼费用。目前郑州法院采取的是"由承办法官出具结算证明，之后由当事人向财务部门申请"，所有流程均需由当事人自行完成，耗时较长。对此，可借鉴上海法院的先进经验，降低原告的维权成本。

目前，上海法院形成了"主动退费、实时提醒、一键操作、全程监管、智慧联动"的诉讼退费新常态。在立案阶段做好法律释明，指导当事人通过线上线下的方式，准确、如实填写胜诉退费银行账号确认书并签名；审判系统增加自动签章功能，案件的书记员、法官助理、承办法官完成在线退费登记后，可以直接在线提交审批并申请电子签章，无须线下打印和纸质盖章；财务部门可在线查看退费登记相关通知书、法律文书、电子票据详情以及登记实际退费日期等功能，实现了"胜诉退费"办理全程无纸化。[2]

---

[1]《将平均鉴定周期缩短30%的"鉴定管理人"制度，是怎样运行的》，"天津二中院"澎湃号，2020年6月10日，https://www.thepaper.cn/newsDetail_forward_7782803。

[2]《我为群众办实事｜四问上海法院"胜诉退费"专项整改》，"上铁法院"澎湃号，2021年10月14日，https://m.thepaper.cn/baijiahao_14909003。

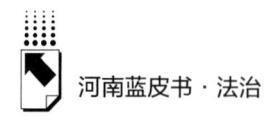

（四）进一步加强信息化建设

加快推进智慧法院建设，一方面，全市法院将继续推进5G全流程多场景智慧庭审系统的建设，为当事人和法官提供超高清、无延时的硬件支持；另一方面，继续积极开展在线诉讼，通过细化流程规则、加强诉讼引导、完善系统平台，探索构建从立案到执行的全流程在线诉讼模式，为群众提供高效便捷的司法服务。

（五）妥善做好防汛救灾、灾后重建和疫情防控期间的审判执行工作

充分认识防汛救灾、灾后重建和疫情防控工作的重要性，研究制定《关于做好疫情防控、防汛救灾和灾后重建期间审判工作的指导意见》《关于依法做好疫情防控与灾后重建形势下重点执行工作的指导意见》，及时转变诉讼模式和审判执行方式，统筹安排好审判执行各项工作，切实维护当事人的诉讼权利，保证正常诉讼秩序，为全面打赢防汛救灾硬仗和疫情防控阻击战提供有力司法保障。

营商环境只有更好，没有最好。郑州法院"执行合同"工作在依托智慧法院成果的锐意改革过程中，虽然遇到人案矛盾依旧突出、司法鉴定用时较长、信息化应用水平有待提高等问题，但仍需迎难而上，不断改进法院工作，提升审判效率，努力让人民群众在每一个司法案件中都感受到公平正义，为进一步完善市场化、法治化、国际化营商环境作出贡献。

B.19
强省建设背景下完善知识产权运营服务体系对策研究

曾心怡*

摘　要： 2008年国务院印发第一部《国家知识产权战略纲要》后，中国知识产权发展进入崭新时代。近年来，河南知识产权市场化运营初见成效，知识产权服务业体系初步建立。但相对于其他知识产权强省，河南知识产权服务业起步晚、底子薄，在知识产权运营服务体系建设中还面临着一些风险与挑战。因此，必须进一步深化知识产权服务体系改革，逐步培养高质量省域知识产权运营服务体系，推动知识产权服务高质量发展。

关键词： 强省建设　知识产权　运营服务体系

2021年，中共中央、国务院印发的《知识产权强国建设纲要（2021—2035年）》释放了建设知识产权强国的强烈信号，知识产权逐渐成为打造当代强省、强市的重要标志。而河南作为中部大省，近年来在产业发展和文化品牌打造上成果颇丰，省内知识产权服务业体系初步建立，知识产权市场化运营初见成效，出现了一批新兴市场化运营机构。但相对于其他知识产权强省，河南知识产权服务业起步晚、底子薄，在知识产权运营服务体系建设中还面临着一些风险与挑战。因此，必须进一步深化知识产权服务体系改革，结合省域品牌特色，逐步培养高质量省域知识产权运营服务体系，推动知识

---

* 曾心怡，河南省社会科学院助理研究员。

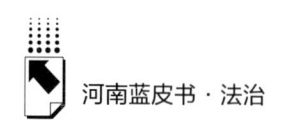

产权服务业高质量发展，推动知识要素在河南更快更广流通，为河南跻身知识产权强省做足准备。

一 知识产权运营服务体系建设现状

（一）行业规模不断扩大，创造效益稳步提升

从全国视野观测，《2020年全国知识产权服务业统计调查报告》显示：截至2019年底，全国已经形成6.6万家知识产权服务型机构，与上一年同期相比增长了8.2%。以专利为例，截至2019年底，除去高校和科研单位购买知识产权服务，已经有超过30%的企业购买了知识产权服务（见表1），高新技术企业购买过知识产权服务的比重达51.3%（见表2），知识产权服务业收益稳步提升。同时，据测算，2019年全国从事知识产权服务的机构共创造营业收入超过2100亿元，同比增长13.2%；平均营业收入为318.2万元，同比增长4.0%。其中，专利代理机构总营业收入为405.2亿元，同比增长18.8%。

表1 截至2019年底不同规模的企业购买知识产权服务占比

单位：%

	大型企业	中型企业	小型企业	微型企业	总体
已购买	64.6	49.9	39.4	37.4	41.2
未购买	35.4	50.1	60.6	62.6	58.8
合计	100.0	100.0	100.0	100.0	100.0

资料来源：国家知识产权局网站。

表2 截至2019年底高新技术企业购买知识产权服务占比

单位：%

	国家高新技术企业	非国家高新技术企业	总体
已购买	51.3	36.4	41.2
未购买	48.7	63.6	58.8
合计	100.0	100.0	100.0

资料来源：国家知识产权局网站。

在地方建设中,知识产权体系建设逐步形成良性循环。以河南为例,作为中部大省,2020年在优化营商环境、加强知识产权服务体系建设方面持续发力。自郑州后,洛阳市被财政部、国家知识产权局确定为国家知识产权运营服务体系建设重点城市,围绕打造"一平台、一集聚、二基金、五工程、八中心",重点深化知识产权服务体系建设。2020年全省先后分三次开展河南省高校知识产权运营管理中心试点建设,确定河南师范大学、河南大学、中原工学院、河南科技大学、洛阳理工学院、郑州航空工业管理学院、商丘师范学院、信阳师范学院共8所高校进行试点建设。据统计,2020年全省授予有效发明专利43547件,较上年同期提升16.71%;有效商标注册1121088件,同比增长近两成;地理标志数量278个,占全国总数的3.30%,居中部省份第2位。省会城市郑州市涌现出一批拥有国内外领先技术和核心竞争力的企业,主导行业标准发明专利技术达1000余件,知识产权贡献率超过40%,专利技术产值年均增长约20%。[1]

(二)新模式新业态飞速发展,司法保护力度不断加大

随着科技创新向纵深发展,人工智能、大数据等技术广泛应用于专利预警、分析咨询、文献翻译、知识产权维权证据收集等场景。知识产权服务分工日益细化、链条不断拉长。特定领域专利侵权咨询、海外诉讼等细分环节,从律师事务所、司法鉴定机构从事的知识产权法律服务中剥离独立出来,由专业机构提供,实现了更高的服务质量和服务效率。知识产权服务标准化、精准化,降低了知识产权司法业务的成本、提升了司法裁判的效率。"互联网+"知识产权服务模式快速发展带来了新的服务模式,一些电商巨头开始开展知识产权服务业务,凭借平台流量优势迅速改变了行业竞争态势,知识产权服务经营模式和市场拓展方式受到较大影响。新技术的革新也带来了大量新情况、新案件,对知识产权司法保护工作提出了更大挑战。据统计,2020年最高人民法院共新收案件3176件,审结2787件,结案率为

---

[1] 河南知识产权公共服务平台,http://www.hnzl.com/。

76%（含2019年旧存512件），与2019年相比，收案数量增加1231件，同比增长63%，结案数量增长1354件，同比增长95%，这意味着知识产权案件在审理难度和审理级别上提升明显。①

随着自贸区和高新区的建设，产业迭代和新技术落户要求河南实施更加严格的知识产权保护措施，为新知识、新技术的孕育创造温床。截至2020年底，河南已经拥有了专业的知识产权服务中心和多家知识产权服务机构，提供包括咨询、代理、鉴定等多方服务，为河南奠定了良好的技术发展基础。据统计，截至2020年底，河南先后分两批认定了共336家省级高新技术企业，增加了省域范围内新技术企业的数量。与此同时，新技术的迅猛发展，不可避免地产生更多的维权纠纷。据统计，2020年河南全省共受理各类知识产权案件13696件（新收12353件，旧存1343件）。其中一审12511件，占比为91.3%；二审1185件，占比为8.7%。受理案件总数比2019年的12831件增加865件，增幅为6.7%。其中省法院受理883件，中级人民法院受理9434件，基层法院受理3379件，所占比重分别为6.4%、68.9%和24.7%。三级法院共审结各类知识产权案件13593件，结案率达99.25%，较2019年增长19.1%，表明河南知识产权司法保护能力和水平不断攀升。其中，中级人民法院审结的案件占绝大多数，表明近年来河南知识产权案件在审理难度和审理级别上不断提高（见图1）。

（三）服务支撑作用凸显，吸纳就业作用加强

目前全国有近6.6万家知识产权服务机构正在运营，包括2691家专利代理机构、45910家商标代理机构、365家集成电路布图设计申请代理机构、近300家地理标志申请代理机构、7000多家知识产权法律事务机构等。特别是涌现出一批知识产权信息服务机构和平台，成为高新技术企业发展新技术、布局产业发展的有力支撑。以专利为例，第二十一届中国专利奖获奖专

---

① 《最高人民法院知识产权法庭年度报告（2020）》，最高人民法院知识产权法庭网站，2021年2月27日，http://ipc.court.gov.cn/zh-cn/news/view-1071.html。

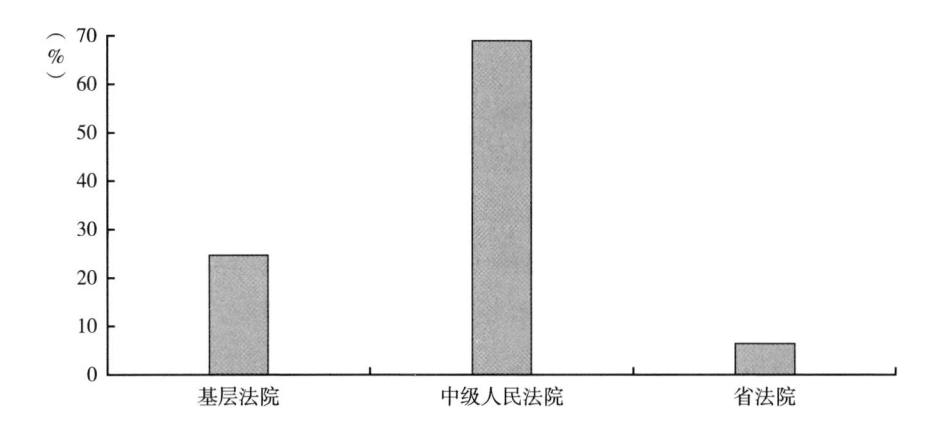

图 1　2020 年河南各级法院知识产权案件受理占比

资料来源：河南省高级人民法院《2020 年知识产权司法保护状况白皮书》。

利中，90.7%的专利委托专利代理机构代理。除此之外，目前已经有超过6000家知识产权信息服务机构在我国蓬勃发展，这对企业及时了解相关政策和制度提供了更加高效便捷的渠道。据测算，截至2019年底，我国知识产权服务业从业人员约为82万人，较2018年底增长2.6%，吸纳就业作用明显。知识产权服务业从业人员中大学本科及以上学历占75.5%，从业人员能力素质层次较高，知识产权服务行业逐渐成为新型热门从业行业，正在聚集更多高学历、高层次人才从事此行业。

在河南国家级知识产权园区示范效应不断强化的推动下，知识产权服务业发展势头迅猛。在国家、河南知识产权局及相关司法部门的引导和支持下，知识产权快速维权中心、国家专利审查协作中心、国家知识产权创意产业试点园区、国家知识产权示范园区等"两个中心、四个园区"国家级平台相继在郑州扎根，为河南知识产权行业飞速发展提供了更加多元的资源保障；同时，近年来多个知识产权法庭逐步在河南挂牌成立，为知识产权细分审理提供更加专业的裁判。据不完全统计，截至2020年，仅郑州市各类知识产权专业服务机构就超过了400家，较10年前增长率超过百分之百。各类知识产权协作平台中心人才溢出效应凸显，仅2017年就有超过1200名优秀审查人才从业并落户郑州。随着知识产权保护力度加大，河南三级法院对知识产权技术法官、知识产权专业鉴定人才需求量也在不断增加。据统计，仅郑州知识产权法庭在2019~2020年就选聘技术调查官48人，高于同期其他职位选聘人数，对知识产权人才的就业吸纳作用越发明显。

二 强省建设背景下河南知识产权服务体系中的问题障碍

（一）知识产权运营经验不足，知识产权金融化能力弱

知识产权金融化是知识产权运营的重要途径。金融化能够最大限度地将知识产权转化为现金流，补充企业经营所需资金，备受企业青睐和各地政府支持。2021年开始，各地政府全面取消对知识产权申请阶段的奖励支持，为知识产权实现产业化收益提供了更加便利的条件。河南紧跟全国步伐，充分发挥知识产权服务业行业优势形成的支撑作用，但是其知识产权运营起步缓、底子薄，运营经验不足，在知识产权金融化方面助推能力不足。在34个省区市中，河南知识产权金融化水平排名并不高，且全省知识产权金融化指数与GDP存在显著差异。GDP全国排名第五的河南，其知识产权金融化指数仅为全国第11名（见图2、图3）。这就意味着河南GDP更依赖低端制造，而不是知识创新驱动，其知识产权运营金融化能力较弱。

（二）知识产权服务缺乏高端人才，R&D经费投入有限

虽然河南知识产权服务机构队伍正在迅速壮大，但目前，超过一半的知识产权服务机构集中在广东等5个省市，知识产权服务业集约化发展势头显著（见图4）。客观上使河南知识产权聚集高端人才能力不足，机构服务模式较为单一，服务种类受到限制，缺乏技术领军人物，缺乏多学科交叉人才以及懂得国际条约、规则的高端机构和人才，较难适应全省向着更高的国际化迈进的目标。

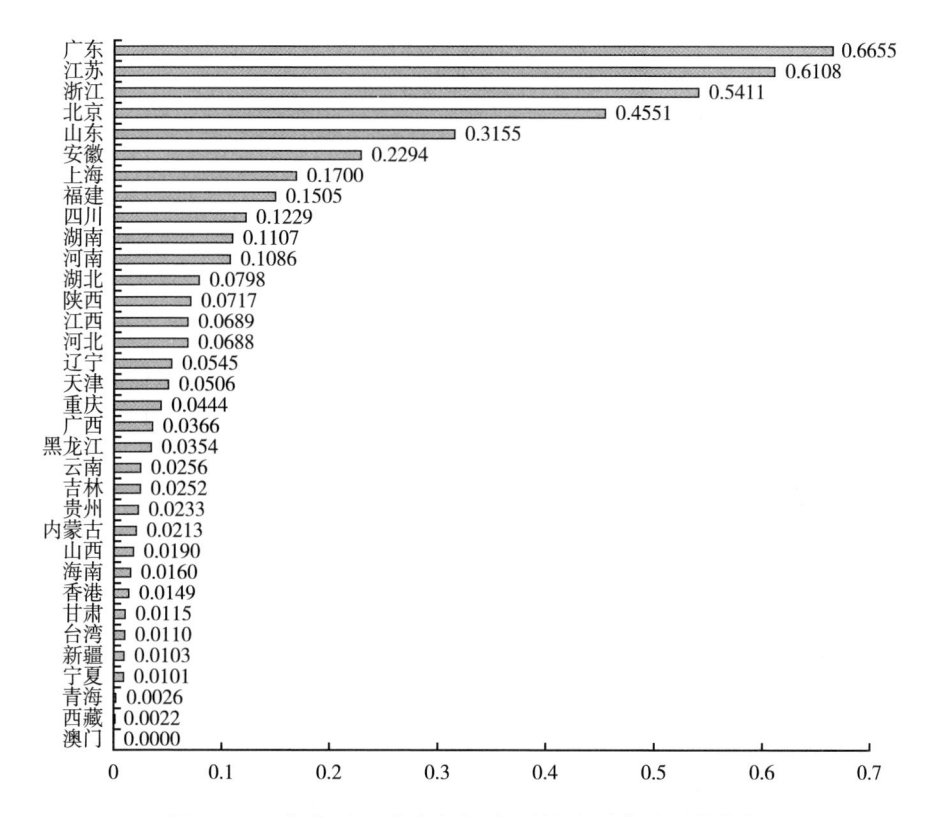

```
广东                                                          0.6655
江苏                                                    0.6108
浙江                                              0.5411
北京                                      0.4551
山东                          0.3155
安徽                  0.2294
上海            0.1700
福建            0.1505
四川          0.1229
湖南         0.1107
河南         0.1086
湖北       0.0798
陕西      0.0717
江西      0.0689
河北      0.0688
辽宁     0.0545
天津     0.0506
重庆    0.0444
广西    0.0366
黑龙江   0.0354
云南    0.0256
吉林   0.0252
贵州   0.0233
内蒙古  0.0213
山西   0.0190
海南   0.0160
香港   0.0149
甘肃   0.0115
台湾   0.0110
新疆   0.0103
宁夏   0.0101
青海  0.0026
西藏  0.0022
澳门  0.0000
```

图2　2020年我国34个省级行政区的知识产权金融化指数

资料来源：广州知识产权交易中心《2020年中国知识产权金融化指数报告》。

同时应注意到，我国各省级行政区的知识产权金融化指数排名与R&D经费投入总体保持正相关，R&D经费投入越多的省级行政区，其知识产权金融化指数排名越高。河南知识产权金融化指数明显落后于其他知识产权强省，在R&D经费投入上河南也落后于湖北，在完善知识产权服务体系经费保障上还存在不足（见图5）。

（三）知识产权服务行业准入模糊，知识产权信息便民化较弱

价值评估是知识进入市场交易的前提基础，也是知识产权服务行业的工作难点。长久以来，河南市场上并没有一套公正权威的价值评估体系，政策对于引导知识产权运营服务缺乏可操作性、针对性。因此，对

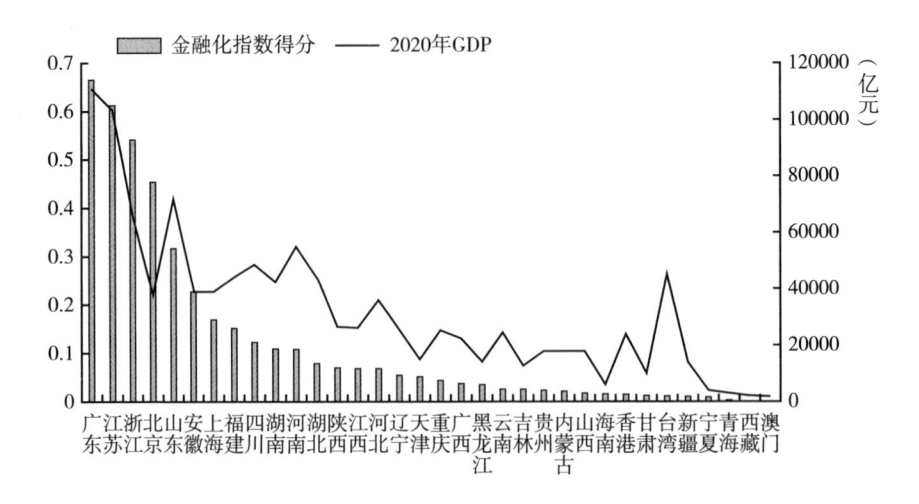

图 3　2020 年知识产权金融化指数得分与当年 GDP 发展水平对比分析

资料来源：广州知识产权交易中心《2020 年中国知识产权金融化指数报告》。

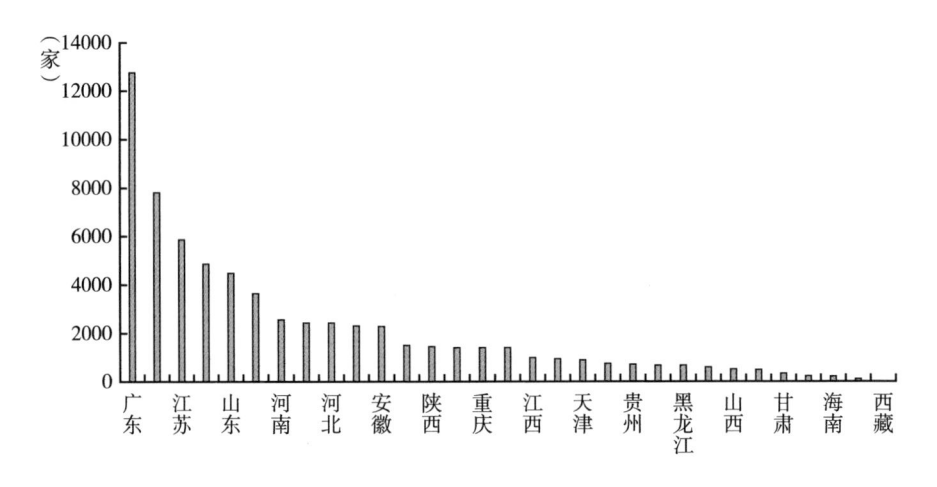

图 4　截至 2021 年知识产权服务机构省域分布

资料来源：国家知识产权局网站。

于知识产权运营服务机构，其服务业务开展还存在不稳定、不标准的隐患。服务机构在源头上激发创造活力的势能还较弱，服务范围也局限在本单位内部或者较为单一的代理业务等。此外，已经成立的运营中心或

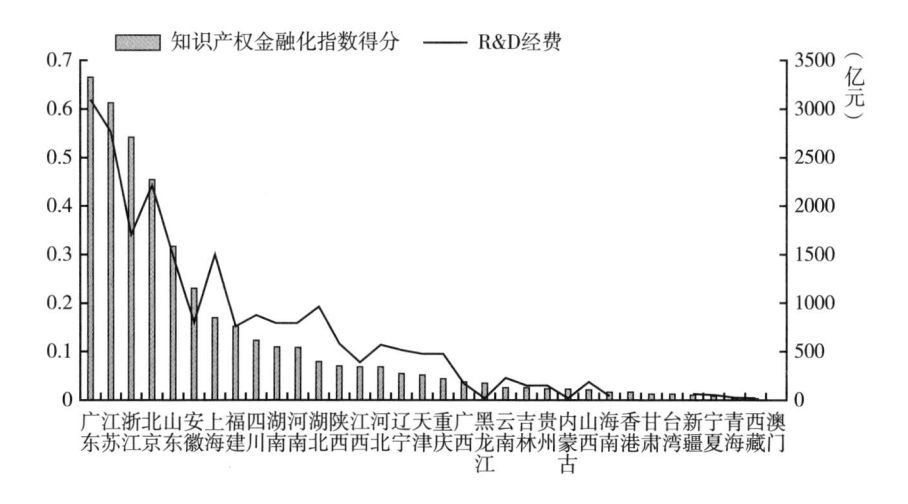

图 5　2020 年知识产权金融化指数得分与 R&D 经费对比分析

资料来源：广州知识产权交易中心《2020 年中国知识产权金融化指数报告》。

者运营机构，知识产权信息便民化程度较弱。除了申请信息查询，机构在政策整合、数据公示方面还很粗浅，不能依靠单一检索便利获得；同时联动相关机构方面还存在阻塞，服务链条化效应较弱，不能与上下游机构形成有效跳转链接。

三　强省建设背景下河南完善知识产权服务体系的对策建议

（一）借鉴知识产权强省经验，加强金融化并完善制度体系架构

据统计，在 2020 年技术交易市场上，河南专利买入和卖出的数量值均未进入 34 个省级行政区前 10 名，专利质押融资额也未进入第一梯队。因此，与其他知识产权强省相比，河南还存在很大提升空间。一是可以从先进强省示范案例中汲取经验。习近平总书记在中国国际服务贸易交易会上宣布："为更好发挥北京在中国服务业开放中的引领作用，我们将支持北京打造国家服务

业扩大开放综合示范区,加大先行先试力度,探索更多可复制可推广经验。"①此后国务院批准发布了《深化北京市新一轮服务业扩大开放综合试点建设国家服务业扩大开放综合示范区工作方案》(国函〔2020〕123号),商务部印发《北京市国家服务业扩大开放综合示范区建设最佳实践案例》,并于2021年8月31日开始进一步扩大推广。从北京推广的示范案例中可以看出,示范区服务体系建设是全链条式建设,应围绕科技服务、文旅服务、金融服务、公共服务、区域合作模式优化等5个方面多管齐下。在知识产权服务体系建设中,可以以"五项结合"为知识产权上保险,探索构建由"政府引导、市场主导"到"创新、融合、协作"的知识产权保护闭环体系。推进知识产权保险与金融的融合发展,推动知识产权质押融资企业积极购买保险以及购买保险的企业更加便利地获得融资,创造知识产权金融化示范效应,这对于推进河南知识产权金融化具有较好的借鉴价值。二是积极借鉴先进强省和地区的政策构架。如深圳市首创《深圳市经济特区知识产权保护条例》,有效促进知识产权各项制度落地生根。通过对集合工作机制、公共服务、行政执法、自我管理、信用监督等进行全方位规范,对准知识产权服务难点问题开展针对性施策,成效明显。河南在下一步知识产权服务体系建设过程中可以积极借鉴并加以运用。

(二)完善知识产权司法保护,加强细分领域标准化建设

近年来,为优化营商环境,河南在知识产权司法保护领域重拳出击,三级人民法院多措并举,积极探索"三合一"审判模式,不断创新知识产权审判机制。2018~2020年,每年坚持向社会公布知识产权司法保护状况报告,每年发布10起知识产权保护典型案例。但是,随着近年来知识产权服务业发展势头强劲,知识产权纠纷更加复杂化,对矛盾纠纷的化解机制也要求更加高效、灵活,对省域内特色技术产业需要倾斜更多司法保护。因此,

---

① 《习近平:支持北京打造国家服务业扩大开放综合示范区 带动形成更高层次改革开放新格局》,"央视新闻"百家号,2020年9月4日,https://baijiahao.baidu.com/s?id=16769070 23251143826&wfr=spider&for=pc。

应进一步完善知识产权司法保护，探索多元纠纷化解机制和惩治机制，加强细分领域服务标准化建设。一是要充分发挥各级知识产权中心的综合职能，协助司法机构做好侵犯知识产权企业机构信息备案。二是要健全调解机制，加强维权援助。探索建立仲裁院和维权服务中心，使案件繁简分流，实现多元化化解。三是要构建信用体系。将重点打假对象纳入失信黑名单并向社会公布，提高创新型企业警惕性。四是要架构细分领域标准。对于知识产权中价值评估、技术鉴定等重点难点领域，需要积极制定规则引导。

（三）加大知识产权学科建设力度，重视人才引进与培育

2020年，河南省高校知识产权工作不断突破，全省有效发明专利拥有量超过100件的高校达到25所。2020年以来，河南省高校知识产权运营体系不断完善，省级高校运营管理中心累计达到13家，8家高校运营管理中心试点单位建设期内成果显著，河南大学、河南科技大学、洛阳理工学院等3所大学成功获批国家知识产权试点高校，商丘师范学院成为全省首家通过《高等学校知识产权管理规范》贯标认证的高校。高校知识产权服务支撑能力不断加强，河南目前已经在郑州大学、河南大学、中原工学院、河南财经政法大学、河南师范大学、河南科技大学建成知识产权学院，同时在高校布局10个国家级和省级知识产权培训基地。河南大学成功获批高校国家知识产权信息服务中心，成为继郑州大学之后河南省第二家入选高校，高校知识产权信息服务能力不断加强，知识产权学科建设日渐获得重视。但从目前知识产权从业人员状况来看，知识产权从业人员高学历人数并不多，知识产权交叉学科人才不突出，并且高职称知识产权人才流动量较大。下一步，一是要在打造"双航母"战略中，大力支持知识产权交叉学科人才培养，注重培养知识产权实践和市场化服务能力。二是要在市场、单位开展知识产权培训班，鼓励在职运营人员积极学习，适应技术发展和市场变化。三是要进一步优化人才引进和激励机制，不仅着力引导激励本省科研人员参与转移转化，更要创优人才引进政策，吸引强省优秀人才向河南流动，实施激励人才落户机制，扩大本省知识产权人才比例，优化人才结构。

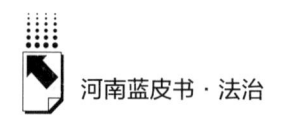

（四）增强服务机构公共性，促进知识产权信息便民化

近年来，河南积极整合拓展知识产权相关公共服务工作，对市场监管部门、知识产权局、知识产权运营机构同步要求数字化建设，出台《推动知识产权高质量发展年度实施方案（2020）》，强调完善知识产权信息公共服务体系建设，要求不断完善知识产权运营服务体系。目前河南知识产权信息服务中还存在检索不出、不全的问题，应尽快提高知识产权信息化服务能力。

一要提高信息机构的公共性和开放性。进一步加快信息化公共性服务机构的建设，建设河南专利文献服务网点和高校知识产权信息服务检索中心；强化政府在基本公共服务中的主体责任，提高数据开放性和公共性。二要强化知识产权信息化程度。进一步推动数字化信息建设，加强知识产权大数据建设，搭建集科技、金融、政策于一体的知识产权信息检索平台，加强人工智能、区块链等新兴技术的运用，不断提高知识产权信息化程度。三要提高知识产权信息化供给能力。需进一步明确各机构在知识产权信息服务中的角色定位，聚合机构，完善服务链条，开展供需对接服务，有序推进河南知识产权服务业聚集发展示范区建设，提升信息化供给能力。四要加强监管，完善信息服务保障。要逐渐完善知识产权服务公共财政供给，盘活信息资源，形成可持续化的知识产权公共信息服务投入，同时应当加强公示义务机关监管，畅通信息公示渠道和举报渠道，对于无正当理由不公开的单位进行批评检举，促进知识产权信息便民化。

参考文献

肖可以、李成林、秦佳佳：《服务创新视野下高校图书馆知识产权研究可视化分析》，《情报探索》2021年第5期。

高翔：《发挥知识产权支撑保障作用助力科技创新驱动高质量发展》，《经营与管理》2021年第4期。

周迪、李鹏云、宋登汉：《知识产权信息服务中心的实践与发展》，《中国高校科技》2020年第1期。

陈庆雷：《知识产权服务平台的设计与实现》，《产业科技创新》2020年第35期。

牛鲁玉、宁鹏、孙琳：《基于"双一流"背景下知识产权管理研究》，《河北企业》2020年第12期。

何燕：《区块链技术支持下知识产权认证系统的优化研究》，《辽宁经济》2020年第9期。

孙健、王朝政、荆子蕴：《知识产权密集型产业中不同技术发展阶段企业的知识产权服务——以河南省动力锂电池产业为例》，《河南科技》2020年第27期。

张群等：《高校知识产权信息服务现状及发展对策研究——基于高校国家知识产权信息服务中心的调研》，《大学图书馆学报》2020年第4期。

曹丽荣：《知识产权实务人才培养模式的思考——以目前知识产权服务内容为视角》，《教育现代化》2020年第49期。

综合篇
Comprehensive Reports

B.20
河南法治化营商环境优化路径研究

李浩东　高　玉*

摘　要： 近年来，河南省委、省政府一直努力营造更好的营商环境，在立法、司法、执法等层面均取得了良好的成效，但仍存在法律体系不健全，相关法律文件未及时更新，司法保护力度不大、效率不高，执法水平不高、行为不规范，信用体系不完善等问题。建议完善河南营商环境法律体系，加大司法保护力度、提高司法效率，建立"基本解决执行难"联动机制，提高执法水平、规范执法行为，引入第三方评估机构，从而切实提升河南营商环境水准和质量。

关键词： 法治化　营商环境　优化路径　河南

---

* 李浩东，河南省社会科学院法学研究所助理研究员；高玉，浙江京衡律师事务所民商争议解决专业委员会委员。

营商环境是一个城市经济环境、社会环境、法治环境和人文环境的总和，对于城市的未来发展和管理规划具有重要意义。过去，企业关注硬件方面，现在企业更关心的是制度化的"软"环境。凭以往经验，那些真正成功的产业、企业和项目并非全部靠政府规划，而是发挥法治稳预期、利长远作用的结果。正如习近平同志指出的，"法治是最好的营商环境"。[①] 良好的营商环境离不开法治，法治在培养人们树立规则意识、形成良好诚信氛围、保护各类市场主体、增强投资意愿等方面发挥着越来越重要的作用。

一 河南优化法治化营商环境的做法及成效

近年来，河南省委、省政府积极响应中央号召，探索法治化营商环境制度建设，通过一系列立法、司法、执法领域的先行先试和改革，不断提升政务服务水平，在法治化营商环境方面取得了显著成效。

（一）立法领域

为建设法治化营商环境，国务院及相关部门先后颁布了《优化营商环境条例》、印发了《全国深化"放管服"改革着力培育和激发市场主体活力电视电话会议重点任务分工方案》等重要法律法规和规范性文件。河南省政府及相关部门紧跟上级优化营商环境建设步伐，先后制定了一系列地方法规及政策性文件：如为维护企业合法权益，激发市场活力，河南省人大常委会发布了《河南省优化营商环境条例》；为让企业更快地回笼资金，河南省人大常委会颁布了《关于新形势下加强人民法院执行工作的决定》；为破解企业生产经营中的堵点痛点，增强发展内生动力，加快打造市场化、法治化、国际化营商环境，河南省政府印发了《河南省进一步优化营商环境更好服务市场主体实施方案》；为加快推进"互联网＋政务服务"的决策部

---

① 《法治是最好的营商环境》，中国政府网，2019年5月5日，http：//www.gov.cn/xinwen/2019 – 05/05/content_ 5388646. htm。

署，统筹推进本省政务服务数字化转型，持续深化"放管服"改革，河南省政府出台了《河南省数字政府建设总体规划（2020—2022年）》。

（二）司法领域

《河南省高级人民法院2020年工作报告》显示，河南严格落实立案登记制度，2020年河南法院当场登记立案率达98.4%，使用中国移动微法院小程序和河南法院诉讼服务网进行网上立案，3天内审核率达95.2%，"立案难"问题得以高效解决。河南省移动微法院活跃度居全国第一，2~3月，各项诉讼活动依然持续推进，网上立案15余万件，网上开庭2万多次，网上调解近3万次，网络电子送达24.5万次。① 立案登记制度在河南的高效运转和实施，一定程度上为定纷止争提供了便利和条件，减少了立案的人为干扰。

2020年全省法院共审理涉企的一审案件415022件，平均审理天数缩减至53.1天，较全国平均审理天数快15.9天。全省法院走访企业9.6万家，了解企业的司法需求，对审理过的涉企案件进行回访、总结、分析，向中小微企业发放编写的《企业防范法律风险提示100条》，目前已经累计发放10万余册。

2020年全省法院审结破产清算、重整案件666件，化解不良债权1121.8亿元，破产债权清偿率提升至34.8%，115家企业通过破产重整计划或达成和解协议，偿债期平均延长2.9年，省建设集团、莲花健康、大用实业等48家亿元以上规模的困难企业重整成功。

河南省人大常委会发布《关于新形势下加强人民法院执行工作的决定》，省委、政法委统筹协调36家省直单位完善执行联动机制，推动网络查控平台建设。在各方的共同努力下，执行立案3天内查控率高达96.4%，执行到位1366.3亿元，结案平均用时94.7天；对穷尽措施后仍"执行不能"的案件，让权利人全程参与、知晓，理解认同结案方式。把善意文明理念贯穿执行全过程，加强执行调解，促使31931家资金周转一时困难的被

---

① 《河南省高级人民法院2020年工作报告》，大河网，2021年1月20日，https://dhh.dahe.cn/con/289019。

执行企业与申请执行人达成和解。[①]

河南省法院践行为民司法，不断提升人民群众司法获得感和满意度，切实提高诉讼服务水平，努力保持执行工作高水平运行。《河南高院通报2020年全省法院知识产权司法保护工作情况》显示，2020年河南全省法院共受理知识产权案件13696件，共审结各类知识产权案件13593件，结案率为99.25%。办理的案件均取得了良好的法律效果与社会效果，为河南省科学技术高质量持续发展提供了坚实的司法保障。[②]《河南省高级人民法院发布全省法院破产审判工作情况通报及典型案例》显示，河南法院2018~2020年的申请破产案件进入实质破产程序的比重达79.2%。2020年简单破产案件的审理平均用时56.5天。[③]

（三）执法领域

为提高政府行政服务和执法效率，河南省政府积极推进"一网通办"，审批服务事项网上可办率高达90%，企业开办时间压缩至四五天。在对中小投资者权益保护方面，河南郑州充分发挥先行先试作用，通过法官送法进社区、进企业，靠前服务等多种方式，进行法律服务和宣讲。据统计，2020年开展集中宣传60余次，培训共计15期，着力提高诉讼便利度，降低诉讼成本，践行服务理念。

二 河南法治化营商环境存在的问题

根据《中国省份营商环境研究报告2020》，河南省营商环境在全国居第

[①]《河南省高级人民法院2020年工作报告》，大河网，2021年1月20日，https：//dhh.dahe.cn/con/289019。

[②]《河南高院通报2020年全省法院知识产权司法保护工作情况 商业诋毁纠纷案引起广泛关注》，"潇湘晨报"百家号，2021年4月27日，https：//baijiahao.baidu.com/s？id=1698179722638111038&wfr=spider&for=pc。

[③]《河南省高级人民法院发布全省法院破产审判工作情况通报及典型案例》，河南省高级人民法院网站，2021年3月1日，http：//www.hncourt.gov.cn/public/detail.php？id=184212。

11位,处于中等偏上水平,政务环境居第12位,法律政策环境居第14位,排名相对落后,是未来优化工作的重点(见图1)。

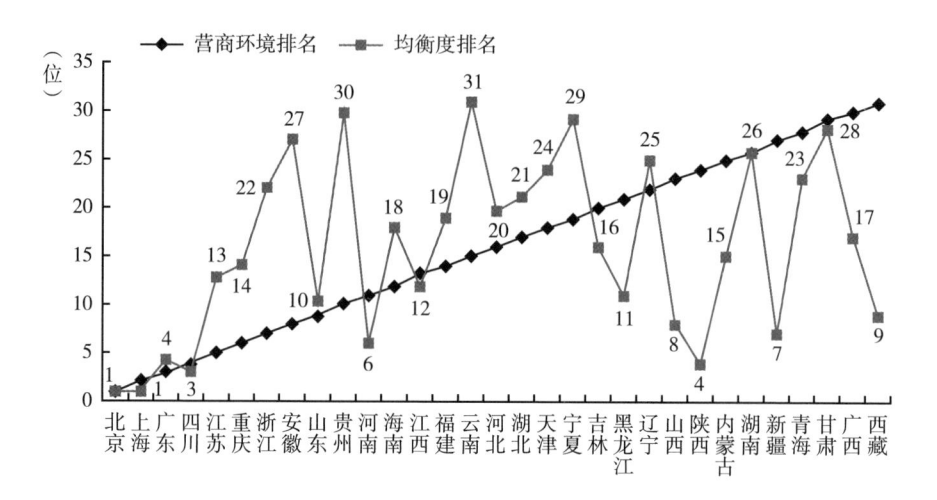

图1　2020年中国31个省区市营商环境和均衡度排名

资料来源:《中国省份营商环境研究报告2020》。

图1显示近几年虽然河南在优化营商环境方面取得了一些好的成效,在全国排名有所提升,但整体水平不高,发展不够均衡,很多方面仍需完善和提升。目前,河南营商环境存在如下问题。

(一)法律体系不健全,相关法律文件未及时更新

关于优化营商环境法规政策文件未能及时与上级文件同步更新,涉及营商环境领域的法律、法规及规章散见于各部法律条文中,尚未形成体系化的规制营商环境的法律制度体系,与营商环境领域密切相关的商事、金融、产权保护等方面的法规仍然处于不完善状态。如我国已于2017年修订了《招标投标法》和《招标投标法实施条例》,而河南省现在使用的还是2002年颁布的《河南省实施〈中华人民共和国招标投标法〉办法》,至今仍未更新与国家条文相适应的实施条例和实施办法。2020年1月1日起,我国《外商投资法》开始施行,但是细化到河南本

区域，并未出台相关实施办法，只是部分部门对部分领域公布了暂行实施办法，结合本省情况，对各类投资者及企业经营的相关保障性规定还不够。河南对知识产权的保护在法律上基本处于空白状态，未形成健全的保护体系。营商环境综合改革措施目前多是以政府或部门实施方案、行动计划和通知形式下发的行政指导性文件，仍处于政策层面，尚未通过立法加以固化，而政策的灵活性较大，存在很多不确定性因素，在很大程度上阻碍了企业的投资意向，在此种情况下，加强营商环境相关领域的立法工作显得尤为重要。

（二）司法保护力度不大，效率不高

司法保护实践中，河南目前对造成企业损失的侵权行为打击力度仍不够大，侵权者的违法成本低廉，面对法律制裁，部分人员仍存侥幸心理，选择无视法律"铤而走险"，这些侵权行为的肆虐无形当中腐蚀着当地的营商环境。部分被侵权的企业经过诉讼虽然得到了胜诉判决，但由于诉讼时间长、成本高，损失不大的企业通过利益分析不愿通过走诉讼程序来维护权益，这样更助长了侵权者的侵权势头，容易形成恶性循环，慢慢地企业家对本地区法治化营商环境的预期大幅降低，待有机会必然会选择迁移到营商环境更好的地区。同时知识产权司法保护工作不够完善，河南在知识产权保护方面仍亟待加强。

河南省案件审理和执行用时虽已得到提高，但是和先进地区相比仍有差距。很多地区已根据案件分类划分不同法庭和不同庭室，这样高度专业化分类会大大提高法官办案的专业度和质效。目前河南法院审判专业方向划分不够细致，分工不够明确。审判人员内部职责不清、分工不明的情况仍然存在。至今仍有许多法院的民事审判人员自接到案件之日起，从送达材料、财产保全、排期开庭、调解、制作笔录和法律文书，到宣判、装卷归档，一个人负责到底。这种情况在很大程度上分散了审判人员的精力，使审判人员不能静下心来专注于案件的审理和判决，既影响了案件的审判质量，也不可避免地影响到了办案效率。此外，随着案件数量的激增，"送达难"依然成为

制约审判效率、影响权益实现的现实问题。因送达不到位影响案件审判和执行时间效率的案件仍占较大比重。

（三）执法水平不高、行为不规范

关于法治化营商环境制度行使方面，执法机关未制定规范、细化的标准，造成执法具有一定随意性，选择性执法、任性执法现象依然存在。部分执法者对国家颁布的法律和制定的政策本意理解不够准确，在执法过程中执法方式简单粗暴，不能灵活适用规定，不考虑企业的实际情况，影响企业的正常运营，给企业带来较大损失，严重挫伤了一部分企业在本地投资经营的积极性。此外，部分执法人员缺乏主动性和服务意识，注意力仍集中在"管理"而非"服务"上。不同执法部门间的数据欠缺共享。河南省现仍有个别部门把本部门存储的数据当作部门利益的"砝码"，不愿进行数据共享，不利于营商环境的优化。

（四）信用体系不完善

失信被执行人黑名单制度，可以最直接快速地限制失信企业和个人的经营与生活，但是河南省依托于失信被执行人黑名单制度的社会信用体系建设仍不够完善，没有使得失信企业和个人在失信后及时受到限制，达到惩戒效果。现有信用体系对失信人的影响不明显，从而导致有的企业为了追求利润而频繁违反诚实信用原则，侵犯其他企业的合法权益，不利于良好营商环境的构建。虽然河南省政府颁布了推进社会信用体系建设的指导意见，但仍有很多地方落实不到位，仍存在新官不理旧账，国有企业甚至政府部门拖欠货款、工程款等政务诚信问题。

三 河南法治化营商环境优化的对策与建议

国家在很多层面已经颁布营商环境的相关法律规定，河南在省级层面应紧跟节奏，结合各方评估机构作出的营商环境分析报告，准确把握落后指标，精准施策，切实提升营商环境水准和质量。

（一）完善营商环境的法律体系

结合河南省具体情况，细化营商环境相关领域的规范性文件，修改或废止阻碍营商环境建设的法规政策，补充空白领域的法律规定，建立健全优化营商环境的法律体系，从而更加有效地保障法治化营商环境的完善与提升。具体而言，首先要进一步深化简政放权，形成"减"许可、"优"流程，推广告知承诺制等审批模式，形成法律规范文件。其次要全面施行市场准入负面清单制度，加快完善优化营商环境"1＋N"法规政策体系，完善"互联网＋监管"、信用监管、包容审慎监管等规章制度，建立健全创新发展的监管规则。最后要进一步提升政府服务效能。大力推动政务服务数据整合共享，对标先进省份，精准落实惠企政策，帮助符合条件的企业渡过难关，为企业和人民群众提供更加优质和人性化的服务。

（二）加大司法保护力度，提高司法效率

1. 加大对企业和产权的保护力度

加强对企业的保护，一是要严厉打击侵害企业的违法犯罪行为，切实保护企业的合法权益，使企业能够大胆经营，放心发展。二是要加大合同纠纷审理和执行的力度，确保让企业能够在最短时间内实现胜诉权益，降低维权时间成本，从而实现对企业的最大保护。三是要注重加强对知识产权的保护。首先，需要完善知识产权法律法规，填补本省在知识产权领域的立法空白。其次，增加侵权成本，加大处罚力度，充分发挥惩罚性赔偿对侵权者的震慑作用。通过公平公正司法，提振守法企业的信心，震慑不良企业的违法侵权行为。最后，加强知识产权相关法律知识的宣传教育，通过普法宣传，提高公众和企业的知识产权保护意识。

2. 提升司法效率

提升法院信息化建设水平。利用互联网打破时空局限、降低当事人的诉

讼成本和法院的办案成本，压缩案件审理时间，提升法院办案效率。设立专门的司法机构来强化专业化审判机制，明确简单和复杂破产案件标准，设置不同审限，建立简单破产案件快速审理机制，集中精力重点突破重大复杂案件，不断提高审判效率。注重发挥破产重整、和解制度救治功能，因企施策，开拓创新，不断推进破产审判专职化、专业化；加强法院、政府部门间联动机制的构建，从而提升破产案件办理效率，为破产制度的运行营造更加优良的外在环境。

3.建立"基本解决执行难"联动机制

执行问题的解决，需要政府部门、司法机构、企业组织多方位的配合，仅仅依赖法院一家是不够的，司法机构可以与政府各部门及其他组织建立执行联动机制，对失信人的财产实行网络联动查控，减少失信人转移财产的可能性，加大对失信人的限制。对失信企业，可在企业后续经营等多方面进行限制，形成失信企业"一处失信、处处受限"的窘迫状态，提高企业失信成本。将执行指标纳入企业考评当中，记入企业失信记录，针对有失信记录和信用考评分数较低的企业要重点监查。

（三）提高执法水平，规范执法行为

通过颁布地方法规或制定管理办法等措施明确各领域的执法主体、各部门的执法权限和执法职能；颁布关于行政机关自由裁量权的细化准则，杜绝执法机关随意执法。加大执法宣传，执法部门应当通过线上和线下多种渠道宣传构建良好营商环境的重要性和执法中的先进典型人物及事例，营造良好的营商舆论氛围，提高企业和政府部门对改善营商环境的重要性和紧迫感的认识。此外，还应对各单位的执法进行监督、审查和评比，制定明确的奖罚制度。加强政府协同联办、协同监管；建立跨部门、跨区域的协作机制，实现违法线索能够互相查阅、监管标准相互一致、处理结果相互认可；组织执法人员进行执法业务学习培训，认识构建良好营商环境的重要意义，从而把握执法新要求，转变执法理念，切实提高执法人员执法能力和水平。

（四）进一步完善社会诚信体系建设

完善信用体系，加大失信人员惩罚力度，利用信用惩戒的威慑作用，倒逼市场主体形成尊法守信的意识。建立信用分类评级制度，对诚实守信者开设绿色通道，简化审批程序，对进入黑名单的失信个人和企业一律从严管理，重点监查，形成让守信者处处受益、失信者寸步难行的良好营商氛围。加强诚信政府建设，政府要带头讲诚信，对企业和个人作出的承诺要严格兑现，坚决杜绝"新官不理旧账""拖欠企业款项"等失信行为。将完善信用体系纳入到政府考核中，加大政府机构失信扣分分值和失信典型案例曝光力度，迫使政府"不敢失信、不愿失信"。

（五）引入第三方评估机构

营商环境建设，既要对照国际标准，又要结合自身情况，制定符合当地实际情况的评价指标体系。学习和借鉴目前国内和国际专业机构提出的通行指标体系构成要素，还要充分考虑本省的营商环境特点。鉴于第三方评估机构的灵活性，可以引入第三方评估机构，结合河南省法治环境、产业结构、开放程度、企业生命周期、企业负担、现有企业的感受和人民群众的看法等方面，针对河南省的综合情况确定营商环境评价指标，确保评价体系的科学、全面、客观和有效。通过评估机构作出的营商环境分析报告，准确把握落后指标，精准施策，从而切实提升本地营商环境。

参考文献

胡兴旺、周淼：《优化营商环境的国内外典型做法及经验借鉴》，《财政科学期刊》2018年第9期。

周欣宇：《河南完善法治化营商环境的问题及对策研究》，《法制与社会》2019年第28期。

董立人、李天：《持续优化营商环境的路径探讨》，《三晋基层治理》2020年第2期。

B.21 "四大检察"视野下优化法治化营商环境的思考与建议

张俊涛

摘　要： 检察机关是法律监督机关,是推进国家治理体系和治理能力现代化的重要力量。检察机关通过行使刑事检察、民事检察、行政检察、公益诉讼检察,实现打击犯罪与保护法益的动态平衡、维护民商事活动依法进行、督促行政机关依法行政、保护国家利益和社会公益,为营造法治化的营商环境提供检察保障。

关键词： 非诉执行　虚假诉讼　公益诉讼

检察机关首先是政治机关,也是法律监督机关。检察机关要讲政治、要服务大局。以经济建设为中心是我国的大局,我国经济社会的高质量发展离不开检察机关的检察保障。检察机关通过行使刑事检察、民事检察、行政检察、公益诉讼检察等依法打击犯罪、保护人民,保护民商事活动、监督行政机关依法行政、维护国家利益和社会公共利益,为构建法治化的营商环境提供检察智慧、检察保障。

---

* 本报告为2021年最高人民检察院自主的检察应用课题"刑事检察技术性证据专门审查监督纠错作用研究"、河南省人民检察院课题"刑事检察视野下的企业合规研究"的成果。
** 张俊涛,法学博士,洛阳市涧西区人民检察院第四检察部副主任。

"四大检察"视野下优化法治化营商环境的思考与建议

一 刑事检察视野下的法治化营商环境

刑事检察涉及逮捕、起诉、不起诉等,检察机关通过少捕、慎诉、慎押、开展羁押必要性审查、认罪认罚从宽、常态化扫黑除恶、清理"挂案"等,为营造法治化环境提供检察保障。

(一)少捕慎诉慎押

1. 在刑事诉讼中少批准或决定逮捕

在刑事诉讼中,强制措施有传唤、拘留、逮捕、取保候审、监视居住等。逮捕是最严厉的强制措施,它限制公民的人身自由。一个人的人身自由被限制,那么他就无法与人正常沟通,无法进行生产活动、经营活动和社会活动。人一旦被采取逮捕措施,如果他拥有一个企业,那么这个企业必将受到很大影响,甚至可能破产。

张文中错案就是例证,张文中是一家大型连锁企业的老板,后因为涉嫌犯罪,被采取逮捕的强制措施,企业的生产经营活动大大受限,甚至到了破产的边缘。后来,张文中错案被最高人民法院依法纠正,但是他的企业受到极大影响,几近破产。再如山东潍坊的孙夕庆错案,孙夕庆原是清华大学毕业的"海归"博士,因涉嫌虚开增值税发票罪和职务侵占罪被错误逮捕,被羁押1277天,后虚开增值税专用发票罪和职务侵占罪不能认定,法院因错误判决向孙夕庆支付人身自由赔偿金和精神损害抚恤金54万元,同时,法院为孙夕庆消除影响、赔礼道歉等。

在司法实践中,有一种做法是够罪就捕,造成较高的逮捕率。进入新时代,为了满足人民群众新的司法需求,也为了提高人民群众获得感、幸福感和安全感,检察机关必须根据案件情况树立新的司法理念——少捕,改变够罪就捕的做法。现在,检察机关实行捕诉一体化,一个案件的逮捕、起诉由同一个检察官来负责。对于危险驾驶、轻伤等轻微刑事案件,嫌疑人没有逮捕的必要性,就没有必要采取逮捕的强制措施,而是采取取保候审、监视居

住就可以了。

2. 在起诉阶段法律范围内尽量少诉

在刑事诉讼过程中，公安机关侦查终结的案件，要向检察机关移送审查起诉。检察机关根据案件的事实、证据等情况，决定起诉还是不起诉。如果事实清楚，证据确实充分，那么检察机关审查起诉后就决定起诉。如果达不到事实清楚，证据确实充分的标准，那么就不起诉。不起诉有绝对不起诉、相对不起诉、存疑不起诉，还有针对未成年人的附条件不起诉。

（1）绝对不起诉

根据刑事诉讼法的有关规定，对于嫌疑人没有犯罪事实，情节显著轻微、危害不大，不认为是犯罪的等7种情形，检察机关要依法作出绝对不起诉的决定。绝对不起诉的案件数量相对很少，但是少也要依法作出绝对不起诉的决定。

（2）相对不起诉

根据刑事诉讼法的相关规定，检察机关对于嫌疑人实施的行为，认为已经构成犯罪，但是情节轻微的，可以作出相对不起诉的决定。如对于危险驾驶案件，嫌疑人血液酒精含量在100mg/100ml以下的，有的省检察机关对于血液酒精含量在120mg/100ml以下的，就可以作出相对不起诉决定。也有的省检察机关，对于嫌疑人血液酒精含量在140mg/100ml以下的，也可以作出相对不起诉决定。从同案同判的角度看，最高人民法院、最高人民检察院、公安部等应该根据危险驾驶案件中嫌疑人血液酒精含量的具体数值，作出全国范围内适用标准，以实现同案同判，维护法律的统一。

（3）存疑不起诉

根据刑事诉讼法的规定，检察机关对于经过两次退回补充侦查的案件，仍然认为证据不足，达不到起诉条件的，可以作出存疑不起诉的决定。对于存疑不起诉的案件，检察机关基于疑罪从无等的原则，也应该作出存疑不起诉的决定。

（4）附条件不起诉

针对未成年人涉嫌犯罪的案件，根据案件事实、证据等情况，对涉案的未成年人，规定一定考察期限，检察机关根据案情，可以作出附条件的不起诉决定。针对未成年人犯罪的情况，考虑到未成年人的身心健康，从有利于未成年人成长的角度看，要尽可能地适用附条件不起诉。在适用附条件不起诉的基础上，教育行政机关、检察机关、学校、社区等还要对未成年人进行心理抚慰、帮助就业、帮助升学等帮教活动。

（5）企业合规不起诉

目前，在我国法律中不存在"合规不起诉"的规定。合规不起诉是指检察机关在办案时对于企业和企业负责人涉嫌犯罪的情况，通过向企业发送检察建议，指出企业在经营过程中的漏洞等不合规的情况，规定一定的考察期限，考察期满，由第三方评估机构对企业进行考察，考察评估结束后，认为达到合规等一定的标准，给予企业和企业负责人作出不起诉的决定。

2020年以来，最高人民检察院在浙江、山东等省检察机关开展了两批企业合规的试点，试点地方的检察机关通过审查起诉、公开听证、发送检察建议指出不合规之处、第三方评估后，作出相对不起诉决定，保护企业家和企业的权益，实现少捕慎诉慎押，为营造法治化的营商环境贡献检察智慧。目前，河南省不是最高人民检察院确定的两批试点省份之一，但是根据最高人民检察院企业合规试点精神以及最高人民检察院张军检察长的讲话精神，河南的检察机关也可以进行合规不起诉的探索。

3. 羁押必要性审查

2018年修正后的《刑事诉讼法》第95条规定："犯罪嫌疑人、被告人被逮捕后，人民检察院仍应当对羁押必要性进行审查。对不需要继续羁押的，应当建议予以释放或者变更强制措施。"对于检察机关批准逮捕的案件，在审查起诉阶段，检察机关刑事执行部门根据案件的具体情况，对嫌疑人的羁押必要性进行评估、审查。对于需要继续羁押的，依法继续羁押；对于不需要继续羁押的，建议予以释放或者变更强制措施。如某投资集团有限公司涉嫌非法吸收公众存款一案中，58名在押人员进行羁押必要性审查后，对公司中的普通业务人员等41人改变强制措施的建议全部被办案单位采纳，

取得了良好的法律效果和社会效果。[①]

羁押必要性审查的启动有三种情况：一是依申请启动，即依嫌疑人、被告人及其法定代理人、近亲属、辩护人的申请启动羁押必要性审查；二是依职权启动，即检察机关依检察监督权行使羁押必要性审查；三是依看守所建议启动审查。不管是哪一种启动情况，检察机关都要严格按照羁押必要性审查的方式、判断标准对嫌疑人的羁押必要性进行审查，依法作出"应当""可以"的处理。检察机关通过开展羁押必要性审查，对于不需要羁押的，可以变更强制措施。如果是涉企的案件，将有利于企业的生产经营活动，有利于构建法治化的营商环境。

（二）认罪认罚从宽处理

认罪认罚从宽处理是刑事司法领域司法机关开展的主要工作，检察机关是认罪认罚的主导者。认罪认罚是指对于公安机关侦查终结的案件移送检察机关后，检察机关根据案件的具体情况，包括案件事实、证据、认罪认罚情况，在值班律师在场的情况下，检察机关与认罪认罚嫌疑人签订认罪认罚协议，由检察机关提出量刑建议，目的是实现对嫌疑人的从轻处罚、节约司法资源，最终也是有利于构建法治化的营商环境。

对于认罪认罚的适用范围，不管嫌疑人涉嫌什么罪名，杀人、涉黑涉恶、职务犯罪等都可以适用，也不管嫌疑人可能判处的刑罚，无期徒刑、死刑等，只要嫌疑人自愿认罪认罚，都可以对嫌疑人适用认罪认罚程序。最高人民检察院2019年10月发布了检察机关适用认罪认罚从宽制度的3个典型案例，如武某某故意杀人案适用认罪认罚，就是为了强调认罪认罚从宽制度不仅适用于轻罪案件，也可以适用于杀人等重罪案件。

（三）常态化开展扫黑除恶

黑恶势力犯罪是新时代社会发展的毒瘤，严重破坏社会秩序、阻碍经济

[①] 杨迎泽：《刑事检察实务培训讲义》（第二版），法律出版社，2019，第591页。

社会发展，对人民群众的生产、生活、科研等造成极大影响，严重影响党和政府的形象，也是推进社会治理体系和治理能力现代化的巨大绊脚石。

全国开展为期三年（2018~2020年）的扫黑除恶专项斗争，是以习近平同志为核心的党中央统筹"五位一体"总体布局、协调推进"四个全面"战略布局作出的一项重大决策部署，是事关进行伟大斗争、建设伟大工程、推进伟大事业、实现伟大梦想的一项重要任务，是坚持以人民为中心的发展思想，回应人民群众对美好生活需要的一项民生工程。[①]

1. 严厉打击黑恶势力犯罪

在刑事诉讼中，司法机关要在党的绝对领导下，严厉打击黑恶势力犯罪，维护人民群众正常的生产生活秩序、社会秩序。

首先，作为公安机关，要依法侦查。对于黑恶势力犯罪，公安机关要严格按照《刑事诉讼法》《刑法》等规定，构成犯罪的要依法立案，依法侦查，依法收集证据、固定证据。关于黑恶势力犯罪的认定，对于不是黑恶势力犯罪的，一个不凑数；对于依法认定为黑恶势力犯罪的，一个不放过，依法依纪依规坚决予以打击。

其次，作为检察机关，要依法批准逮捕、依法起诉或不起诉。对于公安机关提请批准逮捕的黑恶势力犯罪案件，达到逮捕条件的，依法批准逮捕。达不到逮捕条件的，不予批准逮捕。2016年全国检察机关捕后不作犯罪处理的案件（包括判处无罪、绝对不起诉、相对不起诉、存疑不起诉、撤销案件）占1.4%，捕后判处徒刑以下的刑罚的案件（包括拘役、管制、单处罚金）占6.5%。这说明，够罪即捕、以捕代侦、以捕代罚、以捕促和的现象在一定范围内仍然存在。[②] 扫黑除恶时，要避免够罪即捕的现象发生。

对于侦查终结的案件，达到起诉标准的，依法审查起诉；达不到起诉标准的，不予起诉；需要补充侦查的，退回公安机关补充侦查，检察机关也可以自行补充侦查。对于认罪认罚的嫌疑人，依法适用认罪认罚程序。根据嫌

---

① 杨迎泽：《刑事检察实务培训讲义》（第二版），法律出版社，2019，第379页。
② 杨迎泽：《刑事检察实务培训讲义》（第二版），法律出版社，2019，第3页。

疑人的具体涉案情况，根据刑事实体法、程序法等法律，提出精准量刑建议。

再次，作为审判机关，要依法审判。对于检察机关移送起诉的涉黑案件，法院要依法组成合议庭等精准审理，对于事实清楚、证据确实充分的，依法判决有罪；对于达不到有罪判决标准的，法院根据事实、证据等情况，作出无罪判决；需要免予刑事处罚的，要依法判决免予处罚。

最后，作为监狱等执行机关，要严格依法落实执行。对于黑恶势力犯罪，要依法办理减刑、假释、暂予监外执行；对于达到减刑条件的，依据程序法办理减刑。对于达到假释条件的，依法办理假释；对于达到暂予监外执行条件的，依法办理暂予监外执行。

2. 破网打伞

黑恶势力犯罪，如果没有司法机关、党政机关等的保护，是不可能做大的。因此，要想彻底消灭黑恶势力，必须破网、打伞，破坏黑恶势力编织的关系网。对于黑恶势力的保护伞，不管是司法机关的保护伞，还是党政机关等的保护伞，都要在党的绝对领导下，破网打伞。

对于发现的黑恶势力保护伞，纪委、监察部门要依法立案调查。对于构成检察机关立案侦查的14个罪名的司法机关工作人员，检察机关要依法立案侦查。2018~2020年3年的扫黑除恶说明，要想消灭黑恶势力，必须破坏黑恶势力编织的关系网，必须打掉黑恶势力的保护伞。湖南的"操场埋尸案"就是典型例证。

3. 建章立制

在办理扫黑除恶案件过程中，司法机关发现存在规章制度不完善、不健全的地方，检察机关可以发送检察建议、审判机关可以制发司法建议等。通过发送检察建议、司法建议，可以堵住规章制度的漏洞。不管是行政机关存在的漏洞，还是司法机关存在的漏洞等，只要把规章制度的漏洞堵住了，社会治理能力就能提高，社会治理体系也会逐渐完备。如针对农村基层组织黑恶势力犯罪的情况，可以建立农村管理制度等规范性文件；对于基层组织人员存在涉黑的案件，国家通过开展基层组织人员涉黑犯罪的大排查，依法清除基层组织中有劣迹的人员。如洛阳市洛宁县的狄治民涉黑案等，针对发现的问题，依法建章立制避免此类案件再次发生。

4. 常态化开展扫黑除恶

经过 2018~2020 年三年的有黑扫黑、无黑除恶专项活动，破网打伞、建章立制，我国的社会环境明显改善，人民群众的满意度明显提高。对于没有发现的极少数黑恶势力犯罪，要在党的绝对领导下，常态化开展扫黑除恶工作，发现一个、查处一个，起诉一个、判决一个。

2020 年以后，对于发现的黑恶势力犯罪，司法机关要常态化开展工作。公安机关要依法侦查，检察机关要依法公诉和不起诉，法院要依法公正审理案件，监狱要依法办理减假暂案件。通过一体化的办理机制，实现扫黑除恶、打网破伞、建章立制等，最终达到净化社会治安、人民安居乐业、国家繁荣昌盛的目标。

（四）清理涉企业和企业家犯罪"挂案"

在刑事案件办理中，对于立案侦查的案件，有严格的时限要求。侦查机关对于涉案的嫌疑人，要依法立案、侦查。在具体案件办理过程中，构成立案条件的，依法予以立案。如果案件情况发生变化，达不到立案条件的，依法撤销案件。不管是一般公民，还是涉案的企业负责人等，都要按照《刑事诉讼法》依法办理。如果案件事实、证据等达不到起诉条件的，该撤案的撤案。有些案件，事实、证据不扎实，证据收集等条件丧失的，根据疑罪从无的原则，嫌疑人该放就放，案件该撤就撤，绝不能把案件作"挂案"处理。

"挂案"严重侵犯公民的权利。要定期开展"挂案"清理专项活动。目前，全国检察机关开展的"挂案"专项活动，就是为了清除"挂案"。如果存在"挂案"的情况，要根据《刑事诉讼法》等依法办理，该撤案的就撤案，嫌疑人该释放的依法释放。"挂案"清理就是尊重公民的权利，保护公民的权利，有利于营造法治化的营商环境。

二 民事检察视野下的法治化营商环境

在市场经济活动中，民法调整平等主体的自然人、法人和非法人组织之

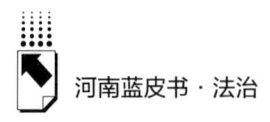

间的人身关系和财产关系。① 民事法律涉及物权、合同、债权、侵权等，商事法律涉及知识产权等，民商事法律与企业的生产、经营、销售等息息相关。

（一）涉企的民事案件

企业在生产经营过程中，免不了与其他企业签订合同、履行合同，一旦不履行合同或者不完全履行合同，就牵涉到侵权责任等。因此，企业要想搞好生产经营活动，必须熟悉有关的民事法律，诸如合同、违约、侵权等方面的法律知识。检察机关要加大对虚假诉讼的监督力度，针对法院关于虚假诉讼的裁判、错误的裁判及时抗诉，保护企业家的合法权利，保护企业的正常生产经营。

（二）涉企的商事、经济案件

企业在生产经营过程中，不但要熟悉民事法律，还要熟悉商事法律、经济法律。企业要知悉知识产权法律，如《著作权法》《商标法》《专利法》等，还要熟悉《反不正当竞争法》《反垄断法》《消费者权益保护法》等。

在民事检察中，对于涉案的企业及负责人，如果有错误的裁判，检察机关要纠正错误的民事裁判，要监督民事诉讼活动，为企业依法合规经营营造法治化的环境。检察机关要派出检察业务专家到企业教授合规的法律知识，提高企业经营管理人员的综合合规素养；为企业家举办关于企业合规的专题讲座等。同时，检察机关、审判机关要发布涉企的典型案例，给社会以明确的案例指导。

（三）涉外涉企的案件

在经济全球化过程中，国内企业与国外企业的交往越来越密切。国内企业要走出去，就要熟悉国外、国际的法律，如国际贸易、国际运输等方面的

---

① 《中华人民共和国民法典》，中国法制出版社，2020，第10页。

法律知识，出口的商品质量不但要满足国内的要求，还要满足国外的要求。按照习近平总书记关于统筹国内法治与涉外法治的要求，检察机关要加快培养涉外法律人才，使他们既懂国内法律知识，也懂国外法律知识和外语，只有这样，才能办理好涉外民事检察案件。

（四）检察机关通过抗诉等纠正民事错案

检察机关要通过抗诉、再审检察建议等纠正民商事错案。检察机关具有依法对民事诉讼进行监督的权力。一个民事案件经过一审、二审程序，民事裁判就生效了。但是，有极少数民事案件由于种种原因，法院判错了。司法权是救济权，无救济就没有权利。[①] 对于检察机关来说，纠正民事错案的途径就是检察机关提起抗诉。从实证的角度看，近年来检察机关的抗诉理由比较集中，大多以《民事诉讼法》第 200 条第 1 项[②]、第 2 项[③]、第 6 项[④]的规定提出抗诉。最高人民检察院、省级检察机关（包括河南省检察机关）提起抗诉的案件，涉及这 3 项监督理由的约占 80%以上。[⑤]

三 行政检察视野下的法治化营商环境

行政检察"一手托两家"，负有既维护司法公正又促进依法行政的双重责任，是新时代参与社会治理的重要途径之一。[⑥] 行政检察是四大检察中短板中的短板，弱项中的弱项。在行政检察中，也涉及企业合规。在行政检察合规中，目前理论界、实务界研究的较少。

---

① 朱全景、邵世星：《民事检察实务培训教程》，法律出版社，2019，第 9 页。
② 有新的证据，足以推翻原判决、裁定的。
③ 原判决、裁定认定的基本事实缺乏证据证明的。
④ 原判决、裁定适用法律确有错误的。
⑤ 朱全景、邵世星：《民事检察实务培训教程》，法律出版社，2019，第 23 页。
⑥ 徐鹤喃、温辉：《行政检察实务培训讲义》，法律出版社，2019，第 2 页。

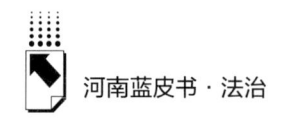

（一）涉企业的行政非诉案件

行政非诉执行是指行政机关作出行政行为后，行政相对人在法定期限内不履行义务、不申请行政复议、提起行政诉讼，经催告后仍不履行确定的义务，致使没有强制执行权的行政机关向人民法院申请强制执行，通过强制执行从而使行政机关的行政决定得以实现的制度。在行政非诉执行案件中，有的行政相对人是涉案的企业及企业负责人。

行政检察业务中，涉及企业较多的是非诉执行案件。如涧西区人民检察院办理的一起非诉执行案件[①]，在生态环境部督察一家民营机械制造有限公司时，发现其违反环境保护法的有关规定，进行非法焊接，当地的环境保护部门对其罚款3万元，企业负责人既不申请复议，也不提起行政诉讼，也不履行罚款义务。后环境保护部门申请非诉执行，法院裁定后，把该企业负责人列入黑名单，企业负责人仍不缴纳罚款。后检察机关把该案作为行政争议实质性化解的案件，经过调查、释法说理、听证后，该企业把罚款交了。再如一家民营企业不缴纳88万元社会保险费，税务部门申请非诉执行，法院强制执行后，其才缴纳了社会保险费。

经调查，行政非诉案件中，涉案的企业对行政法律法规不太重视，行政机关处罚后，往往不申请复议、不提起行政诉讼，也不履行义务，待到非诉强制执行时，才履行义务。因此，涉行政非诉的企业，要重视对行政法律法规的合规学习和运用。

（二）涉企业的行政裁判案件

在行政案件的判决裁定中，也有涉及企业的行政案件。在新时代，企业要遵守刑事、民事法律法规，遵守行业惯例，也要遵守行政法律法规。企业在经营过程中，作为市场经济的主体之一，要按照行政法律、行政法规、行

---

① 这起案件是笔者作为承办人化解的一起行政争议案件，达到了法院满意、行政机关满意、企业满意的良好效果。

政部门规章、地方行政规章等依法生产、经营、销售，依法合规运行。行政法律法规浩如烟海，涉及面广。企业一旦涉及行政诉讼，要按照有关的行政法律法规规章及时参与诉讼，及时履行行政义务，而不是对行政处罚等不管、不问，最终被法院强制执行。

四 公益诉讼检察视野下的法治化营商环境

公益诉讼检察是公益诉讼和中国特色社会主义检察制度的有机结合，是党中央和习近平总书记依法治国的重大决策部署。党的十八届四中全会提出："探索建立检察机关提起公益诉讼制度"。2017年6月27日，十二届全国人大二十八次会议审议通过了《民事诉讼法修正案》和《行政诉讼法修正案》，正式建立了检察机关提起公益诉讼制度。党的十九届四中全会明确提出，要拓展公益诉讼案件的受案范围。目前，公益诉讼案件范围已经增加了军人名誉荣誉公益诉讼、安全生产领域公益诉讼、个人信息保护公益诉讼、文物保护公益诉讼类案件。

（一）《行政诉讼法》规定了行政公益诉讼制度

《行政诉讼法》第25条第4款规定："人民检察院在履行职责中发现生态环境和资源保护、食品药品安全、国有财产保护、国有土地使用权出让等领域负有监督管理职责的行政机关违法行使职权或者不作为，致使国家利益或者社会利益受到侵害的，应当向行政机关提出检察建议，督促其依法履行职责。行政机关不依法履行职责的，人民检察院依法向人民法院提起诉讼。"两高《关于检察公益诉讼案件适用法律若干问题的解释》第21条[①]对检察行政公益诉讼进行了细化。

（二）检察机关要科学运用诉前程序和诉讼程序

进入新发展阶段，企业应该树立法治思维、底线思维，按照法治方式依

---

① 第21条对检察行政公益诉讼案件办理的范围、程序、检察建议、提起诉讼等方面进行了细化。

法合规经营，不能破坏国家利益和社会公众的利益。如福建省闽侯县检察院办理的南屿屠宰场长期存在噪声污染和污水直排案，南屿屠宰场日均宰杀生猪300多头，100多吨废水未经处理直接排放至乌龙江，行政机关作出行政处罚，但是污水直排问题仍没有得到解决。检察机关向环保部门、综合执法部门发出检察建议，督促解决了污水直排污染乌龙江的问题。诉前程序是检察公益诉讼最具个性化的程序。[1] 要树立"诉前实现保护公益目的是最佳司法状态"。[2] 能用诉前程序解决的公益诉讼案件，就不用诉讼程序。对于检察机关来说，其对某些行政机关提起行政公益诉讼案件，是因为有些行政机关怠于履行职责，检察机关向其发出检察建议后，其仍不履行行政管理职责，这时，检察机关就可以对行政机关提起行政公益诉讼了。

（三）《民事诉讼法》规定了民事公益诉讼制度

《民事诉讼法》第55条规定："对污染环境、侵害众多消费者合法权益等损害社会公共利益的行为，法律规定的机关和有关组织可以向人民法院提起诉讼。人民检察院在履行职责中发现破坏生态环境和资源保护、食品药品安全领域侵害众多消费者合法权益等损害社会公共利益的行为，在没有前款规定的机关和组织或者前款规定的机关和组织不提起诉讼的情况下，可以向人民法院提起诉讼。前款规定的机关或者组织提起诉讼的，人民检察院可以支持起诉。"民事公益诉讼针对的是破坏生态环境和资源保护、食品药品安全领域侵害众多消费者合法权益保护的违法案件。

作为市场主体的企业，应该依法合规经营，保护自然环境和生活环境。但是，有的企业在经营过程中，存在污染环境、破坏环境的行为，因此，检察机关对涉案的企业进行立案，实现个案精准监督。如江苏省徐州市检察院诉徐州市鸿顺造纸有限公司环境污染民事公益诉讼案，检察机关在立案之初掌握的事实是鸿顺公司排污2000吨。在案件办理过程中，检

---

[1] 周洪波、刘辉主编《公益诉讼检察实务培训讲义》，法律出版社，2019，第45页。
[2] 周洪波、刘辉主编《公益诉讼检察实务培训讲义》，法律出版社，2019，第25页。

察机关到环保部门调查了该机关对鸿顺公司的行政处罚情况，调阅执法卷宗了解到鸿顺公司在2013年、2014年曾因偷排废水受到过行政处罚，进而将鸿顺公司违法排污量扩大至2600吨。再如江苏省徐州市检察院诉苏州某工艺品有限公司等环境民事公益诉讼案，该公司逃避国家监管，非法转移危险废物、非法处置83桶硫酸废液于徐州市境内，没有采取措施防止硫酸废液污染环境，致使环境受到污染。同时，检察机关还要对案件进行持续跟进监督。

（四）《最高人民法院最高人民检察院关于检察公益诉讼案件适用法律若干问题的解释》规定刑事附带民事公益诉讼

该司法解释第20条规定："人民检察院对破坏生态环境和资源保护、食品药品安全领域侵害众多消费者合法权益，侵害英雄烈士等的姓名、肖像、名誉、荣誉等损害社会公共利益的犯罪行为提起刑事公诉时，可以向人民法院一并提起附带民事公益诉讼，由人民法院同一审判组织审理。"[1]

市场经济条件下，企业应该贯彻创新、绿色等新发展理念，遵守法律、法规、行业惯例等，合规经营。如果不合规经营，检察机关可能会根据案件情况提起刑事附带民事公益诉讼。司法实践中，对污染环境类刑事案件可以提起刑事附带民事公益诉讼没有太多的争议。非法猎捕、杀害珍贵、濒危野生动物罪和非法收购、运输、出售珍贵、濒危野生动物罪及其制品罪的犯罪行为不仅破坏了野生动物资源，也破坏了野生动物栖息的生态环境，危害了社会公共利益和国家利益。因此对非法猎捕、杀害珍贵、濒危野生动物罪等案件提起刑事附带民事公益诉讼的争议也不大。对资源保护类的案件，如盗伐林木罪等，对破坏生态公益林的行为提起刑事附带民事公益诉讼没有争议，但是对于破坏生态公益林之外的其他林木资源，则要考虑林木资源的权属，被破坏和毁坏的程度、数量以及对生态环境的影响等，来决定是否提起刑事附带民事公益诉讼。

---

[1] 周洪波、刘辉主编《公益诉讼检察实务培训讲义》，法律出版社，2019，第50页。

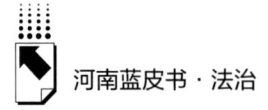

进入新时代，面对人民群众新的更高的需求，检察机关作为国家法律监督机关，要通过全面、客观、依法行使四大检察职权，打击犯罪、保护人民包括企业和企业家的权利，保护正常的民商事活动依法进行，维护行政机关依法行政，依法保护国家利益、社会公共利益等，最终目的是营造法治化的营商环境，实现经济社会的高质量发展。

B.22
信阳市优化营商环境的实践与探索

李宏伟*

摘　要： 法治是最好的营商环境。信阳市以加强建设法治政府为抓手，尤其是加强公共法律服务、纠纷解决机制、法治文化生态等方面的建设，人民群众的获得感、幸福感不断增强。在持续推进营商环境优化方面，尤其是在运用法治思维、法治方式营造一流营商环境方面积累了丰富的实践经验。但是，营商环境建设中的制度体系还不健全、法律法规对政府权力的约束还不够，需要从强化全心全意为人民服务的价值理念等方面持续优化法治化营商环境。

关键词： 营商环境　法治政府　法治保障　法治思维

近年来，信阳市以加强建设法治政府为抓手，尤其是加强公共法律服务、纠纷解决机制、法治文化生态等方面的建设，人民群众的获得感、幸福感不断增强，为信阳市经济社会高质量发展提供了优质、高效的法治保障。2021年7月份，省社科院法学所"河南省法治化营商环境持续优化研究"课题组到信阳市调研，通过调研发现，信阳市在持续推进营商环境优化方面，尤其是在运用法治思维、法治方式营造一流营商环境方面积累了丰富的实践经验。

---

* 李宏伟，河南省社会科学院法学研究所副所长、研究员。

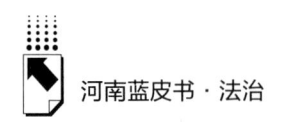

一 主要做法

（一）提高政治站位，强化组织领导和统筹协调

1. 高起点谋划部署

市委、市政府定期听取法治化营商环境工作推进情况。推动市委常委会、市人大常委会专题听取市政府关于法治政府建设工作的报告。2021年以市委依法治市办文件出台《关于加强法治化营商环境建设的若干意见》，明确了5大块32项重点任务，从立法、执法、司法、守法普法各方面着手，全力营造法治化营商环境。信阳市起草印发了《2021年度法治政府建设工作要点》，明确2021年法治政府建设各项重点任务和具体工作，围绕"持续优化法治化营商环境""纵深推进'放管服'改革""创新行政执法方式""加强行政执法监督"等内容作出了细化规定。组织开展了市本级关于党政主要负责人履行推进法治建设第一责任人职责及法治政府建设的督察自查，认真总结经验，深入查找问题，着力推动法治政府建设工作向纵深开展。2019年以来，信阳市将法治化营商环境重点工作列入市委、市政府工作要点，任务分解到单位，责任分解到岗位，强化挂图作战，限定时间表、路线图。

2. 高质量统筹协调

坚持把优化营商环境作为"一把手工程"，成立工作指挥领导小组，组建落实工作专班，制定目标责任书，健全议事协调机制，建立定期例会机制，研究解决困难和问题，锻长板补短板，针对存在的不足及时整改，立行立改。结合信阳市实际，研究出台《信阳市优化营商环境工作方案》。

3. 高标准推进落实

市委、市政府以专项督察尤其是保护民营企业发展环境为抓手，发挥督察考核"指挥棒""风向标"作用，以民营企业家关心的重点、难点、热点、焦点问题为切入点，督促相关责任单位责任人持续抓好检视整改，确保及时解决、有效解决问题。扎实开展依法行政考核，及时出台考核工作方案，明确考核方式和内容。推动将实地考核环节纳入2020年市委、市政府年度综合考评，在实地考核环节通过实地查看政务服务大厅，与当地民营企业家座谈，检查重大行政处罚备案、行政执法"三项制度"落实情况和行政执法投诉举报工作开展情况等方式，促进与营商环境密切相关的行政执法工作水平的提升。同时，强化评价考核的引领作用，细化考评指标，严格考评标准，真正发挥第三方评估评价"指挥棒"的有力作用。

（二）强化法治保障，激发市场活力和社会创造力

1. 全面清理规范性文件

信阳市坚持依照省司法厅统一部署，严格落实"凡涉及与简政放权、打造优质营商环境要求不符的，与国家法律法规不一致的规章、规范性文件一律清理，予以修改或者废止"的要求，有力有序推进规章、规范性文件清理工作。2019年以来，全市共清理已过有效期、与上位法相冲突、部门提请废止，以及与优化营商环境等不一致的政府规范性文件55件，需修订的规范性文件3件。

2. 深化证明事项清理

为贯彻落实证明事项清理工作，进一步优化营商环境，结合信阳市实际，对市直各行政执法部门（含法律、法规授权组织）证明事项清理工作开展了"回头看"专项监督检查活动。采取实地查阅纸质卷宗和电子资料、询问现场办事群众的方式，了解各部门是否存在要求办事群众提供市政府明确的《保留的证明事项清单》之外的证明材料，对市直各行政执法部门落实证明事项清理结果情况进行了监督检查。整个活动共查阅了39个单位的行政许可、行政确认、行政给付卷宗或电子档案198卷，询问办事群众158人次。通过监督检查共发现问题线索18条。针对存在的问题，及时进行了通报，并逐条提出了整改建议，要求各单位限期整改。同时，印发了《关于进一步开展证明事项清理工作的通知》，按照"谁设定、谁清理、谁主

管、谁负责"的原则，对信阳市各部门现有的证明事项进行再梳理，进一步完善信阳市需要保留的证明事项清单。

3. 推行证明事项告知承诺制

为贯彻落实《信阳市人民政府办公室关于印发信阳市全面推行证明事项告知承诺制工作实施方案的通知》（信政办〔2021〕8号），市政府办公室召开了信阳市全面推行证明事项告知承诺制工作部署会，信阳市、市大数据局、市发改委相关负责人分别就本部门推行证明事项告知承诺制相关工作进行了政策解读。该部署会要求各地各部门梳理出可在本地本部门推行告知承诺制的证明事项，及时编制、公布本地本部门证明事项告知承诺制清单。

4. 规范行政执法行为

信阳市委、市政府以行政执法"三项制度"为抓手，成立专项工作领导小组，以清单形式明确具体职责，建立推进落实工作机制，为推行"三项制度"提供了重要保障。同时，明确具体要求、责任单位和完成时限，增强可操作性和指导性，形成行政执法标准化、规范化的工作指引和基本遵循，有效推动行政执法"三项制度"的落实。坚持每年定期开展全市行政执法人员综合法律知识培训，邀请省市有关专家围绕行政执法"三项制度"内容进行授课讲解；定期组织专家学者到市直行政执法部门进行专题辅导授课，对相关人员进行业务技能培训，推进"三项制度"的贯彻落实。2019年以来，全市共培训各级行政执法人员近18000余人次。积极探索行政执法标准化工作，在全省首创"行政执法标准化演练"，受到司法部行政执法协调监督局的充分肯定，平桥区明港镇被司法部确定为全国唯一的行政执法监督试点乡镇，信阳市被司法部确定为全国行政执法培训标准化工作地市级试点城市。

5. 强化行政执法监督

为提升执法监督质效，积极开展行政执法监督工作，市法治政府建设领导小组办公室制定印发了《信阳市2021年度行政执法监督检查实施方案》（信法政办〔2021〕6号），分5个检查组对各县区六大综合执法部门（生态环保、市场监管、交通运输、文化市场、农业、城市管理）及部分乡镇，各管理区、开发区综合执法局,市直各行政执法部门的规范行政执法,行政执法"三项制度"落实,重大行政处罚备案,证明事项清理及证明事项告知承诺制的落实,行政执法投诉举报,行政机关负责人出庭应诉工作,全市各类鉴定、评估、检验检测等机构以及信阳仲裁委员会行政主管部门的监督管理和乡镇综合行政执法改革等 8 个方面的情况进行督查检查。在全省率先出台了《信阳市行政执法监督检查实施办法》和《信阳市行政执法投诉处理办法》,开通行政执法投诉电话,截至 2021 年 7 月,共接到行政执法投诉举报 600 余人次,受理行政执法投诉案件 72 件,出具《行政执法监督意见书》14 份,处理相关人员 5 人。

6. 推进服务型行政执法建设

通过推进柔性执法方式,营造宽松、包容、诚信的市场发展环境,更好地服务全市经济社会发展。2020 年,信阳市市场监管局出台了"三张清单"制度,其中轻微违法行为不予处罚清单 116 项、一般违法行为减轻处罚清单 10 项、一般违法行为从轻处罚清单 10 项,综合运用"首错免罚""轻微免罚""减轻处罚""从轻处罚"等措施,仅在 2020 年市场监管领域就为市场主体减轻或免予处罚上百万元。宽松的营商环境给各类市场主体吃下了"定心丸",甩掉了"紧箍咒",促进了经济复苏,有效激发了市场主体活力。以法律风险防控试点为抓手,通过梳理行政相对人违法风险点,积极落实防控措施,使常见的违法行为得到有效控制,最大限度地从源头上减少行政相对人的违法风险。例如,在中心城区违章停车多发区域,采取疏堵结合方式,依托智慧化数据分析系统,在违法多发区域施划停车位 2000 多个,在一定程度上缓解了中心城区停车难的问题。

(三)聚焦公共法律服务,提高保障企业发展能力

1. 积极开展民营企业法治"体检"

针对企业普遍关心的政策性金融、减税降费等方面的问题,组织公司、金融、劳动等领域专业律师进行解答,通过线上视频、线下讲座等方式对各项援企助困政策进行宣讲解读。2021 年以来,全市 277 名律师为 261 家民

营企业开展法治体检,为企业出具"体检"报告119份,完善合同、规章制度262份,挽回企业经济损失2436.084万元,利用每月18日集中服务日开展了形式多样的普法宣传活动20余场,发放宣传资料近1万份。

2. 提升公共法律服务效能

通过开展"随时为你公证"和"援助最无助的你"的主题实践活动,2021年以来,全市各公证机构共为老弱病残群众办理上门公证案件106件,为困难群众办理减免公证收费案件287件,共计减免公证收费4.1万元,节假日为群众办理公证案件320件,线上受理并办理公证案件20件,切实做到线上线下"不打烊",赢得了广大办证群众的充分肯定和好评。全市司法鉴定机构共办理涉及"三类人"的鉴定事项22件,为困难群众减免费用5568元。全市法律援助机构共受理法律援助案件2714件,其中对难以提供经济困难证明的、以承诺方式代替困难证明受理案件125件,对活动不便的老人、残疾人等提供上门服务67人次,共组织开展宣传活动63场次。

全市共组织召开研判分析案件23次,对接待热点问题、来访案件进行分析研判,共分析研判重点案件67件,转交可能调解的案件线索29件。接待群众来访咨询813人次,其中合同违约、劳务纠纷等涉企案件98件,受理法律援助案件77件,12348热线解答来电9666人次,其中咨询涉企纠纷案件538人次。

3. 强化矛盾纠纷调处

全市各人民调解委员会着力健全矛盾纠纷排查、重大社情报告等10多项工作制度,按照预防在先、化解在前的原则,切实推进"一五六"基层矛盾纠纷"大联合大排查大化解"的"三大"联合工作机制的落地,提升矛盾纠纷化解效能,积极化解各类纠纷。全市各级人民调解组织共调解案件11834件,调解成功11503件,调解成功率达97.2%,协议涉及金额9500万元,其中合同纠纷1048件、损害赔偿纠纷637件、生产经营纠纷288件、劳动争议纠纷386件、旅游纠纷1件、消费纠纷81件、医疗纠纷45件、道路交通事故纠纷605件、物业纠纷224件、互联网知识产权纠纷5件。

4. 大力营造舆论氛围

以贯彻落实《优化营商环境条例》为契机，做好优化营商环境的法治宣传工作。突出《民法典》宣传教育，以宣传阐释解读《民法典》为抓手，组织开展全市领导干部《民法典》法治讲座，将《民法典》学习纳入各级党委（党组）理论学习中心组学法规划，大力营造学法、执法、守法、用法的社会氛围。严格落实目标责任书的岗位责任，以普法责任清单为抓手，督促指导有关部门扎实开展优化营商环境法治宣传活动，及时回应社会关切和企业诉求，为企业提供强有力的法律支撑。2021年以来，深入企业、机关、村（社区）广泛开展"送民法典·解万家难"普法宣传活动，已开展120余场次，发放宣传资料、产品4万多份，受教育群众5万多人。

二　存在的不足

（一）营商环境建设中的制度体系还不健全

营商环境法治化来自压力、激励和制度，其中制度是长久性的动力所在。法律是最好的规则和制度，良法可以保障善治，系统高效的法律制度体系是保障营商环境法治化的重要前提。近年来，信阳市在优化营商环境方面做了大量的工作，取得的成效有目共睹，但是缺乏系统高效的制度体系支撑。在顶层设计上还没有制定出系统科学的营商环境整体规划，立法为商的理念还有待加强。优化营商环境是一个系统复杂的工程，需要有一部综合性地方法规统领全局，避免各部门之间利益冲突，为营商环境法治化奠定法制基础。

（二）法律法规对政府权力的约束还不够

强化对权力运行的制约和监督，保证公权力不被滥用，是国家治理的关键环节之一，也是优化营商环境的重点内容。在长期计划经济体制下，处于中原腹地的河南形成了权力过分集中的权力结构和行政运行机制。这一权力结构和行政运行机制的弊端主要表现在以下两个方面：一是在行政权力结构的制度安排上，决策权、执行权和监督权之间界限模糊不清、高度重叠；二是在政府与市场、政府与社会的关系上，行政权力超越自身与市场和社会的边界，直接包揽并过多地干预市场和社会事务，严重抑制了经济社会发展的活力。便利化、法治化的营商环境就是要使市场在资源配置中起决定性作用和更好地发挥政府作用，要逐步推进行政权力结构改革，建立和形成决策权、执行权和监督权既相互制约又相互协调的行政权力结构和运行机制。行政权力具有天然的扩张性，必须受到有效制约。权力过分集中容易形成无法制约的绝对权力，不仅使市场主体和社会公众的正当权益受到侵害，还会导致公权腐败。在营商环境建设过程中，运用法治手段和法治方式规范政府权力还不够，在某些领域，河南乃至信阳还存在以行政手段干预经济发展的现象，地方政府和有关部门为了保护本区域和部门利益自然要限制一些企业参与市场竞争，除了要面对经济发展自然形成的垄断外，市场主体还要应对行政垄断，这不仅阻碍了市场经济的健康发展，不利于营商环境的优化，而且容易滋生腐败等社会问题。

（三）非公有制经济发展依然受到诸多制约

党的十九届四中全会强调，要"营造各种所有制主体依法平等使用资源要素、公开公平公正参与竞争、同等受到法律保护的市场环境"。虽然2005年我国就出台了《国务院关于鼓励支持和引导个体私营等非公有制经济发展的若干意见》，其中着重强调非公有制经济与公有制经济具有相同的国民经济地位，是社会主义市场经济的重要组成部分，可以公平地参与市场竞争和要素分配，然而事实上在非公有制经济发展过程中遇到诸多限制。尽管近年来信阳市十分重视非公经济成本、税负问题，但非公经济成本偏高、税负负担仍偏重依然是阻碍信阳市非公经济发展的主要因素之一。经调查发现，信阳市非公经济仍面临相对较高的土地、资金、用工等获取成本；非公经济企业涉税多、税率高，某些征税标准和税种设置不尽合理；各类税外收费项目较多；一些地方和部门存在对非公有制企业乱收费、乱摊派的问题。

当前非公经济在市场准入方面仍遇到不公平对待,在招投标、承揽项目等方面也常常遇到一些人为设定的隐性障碍;一些可以采用市场化运作的基础性公共项目,尚未实现全面向民间资本开放,成为非公经济发展的瓶颈,这也从侧面反映了营商环境建设中亟待解决的额外难题。

(四)区域经济发展"园区化"倾向明显

在近年来的发展中,信阳市乃至河南省在招商引资、加快区域经济发展过程中,政策引导导致了区域经济发展出现"园区化"现象,这种倾向性发展态势的不利结果就是统一的区域内会出现多种不同的营商环境。同时,在改革过程中难免会出现先行先试的情况,一些区域在投资、贸易等方面的制度创新有先有后、各有特色和侧重,因此试验区内外的营商环境经常出现不一致的情形,有必要进一步明确试验区内外营商环境条件,并促使其一致化。因为,市场经济要求市场在资源配置中发挥决定性作用,而这一前提必须允许所有市场参与者在公平、透明的环境中展开竞争。这一工作,可以由政府出面,作为一个协调者收集整理各个利益主体的意见和建议,确保规则和条例合理可行,得到平等高效执行。

(五)营商环境建设中对人民群众反映的问题回应不够

党的十九大报告指出,我国社会主要矛盾已经转化为人民日益增长的美好生活需要和不平衡不充分的发展之间的矛盾。报告进一步阐释,人民美好生活需要日益广泛,不仅对物质文化生活提出了更高要求,而且在民主、法治、公平、正义、安全、环境等方面的要求日益增长。良好的营商环境是人民急切所需所盼,因此,建设法治化的营商环境必须时刻关注和回应人民群众反映的问题和建议。习近平总书记提出:"要努力使每一项立法都符合宪法精神、反映人民意愿、得到人民拥护。"可见,反映人民意愿、维护人民利益、得到人民拥护的立法才是高质量的立法,对经济社会发展能起到真正的引领和推动作用。然而,在改革发展过程中,老百姓反映的问题,如环境污染、医疗保障、教育公平等并没有及时得到立法上的回应,由于缺乏立法

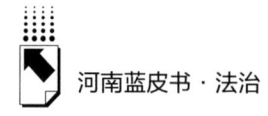

依据，很多问题在现实中得不到有效解决，进而引发社会矛盾，成为建设营商环境的不利因素。

（六）营商环境建设中重管理轻服务的理念根深蒂固

河南地处中原，受封建社会思想影响较深。就目前河南实际情况而言，官本位观念和官本位现象仍然是影响治理者素质提升的重要因素，工作中重管理轻服务的理念根深蒂固。"放管服"改革是优化营商环境的重要举措，目的是通过权力的"放"，实现对经济社会事务高效地"管"、对人民群众优质地"服"，本质是政府职能的转变，要求政府简政放权、放管结合、优化服务，其中最重要的就是要摒弃官本位观念，改变重管理轻服务的理念，增强治理和服务意识，推进政府治理现代化。

三 对策建议

（一）坚持法治思维，强化执法为民的宗旨意识

习近平总书记强调，各级领导干部要对法律怀有敬畏之心，牢记法律红线不可逾越、法律底线不可触碰，带头遵守法律，带头依法办事，不得违法行使权力，更不能以言代法、以权压法、徇私枉法。[1] 持续优化法治化营商环境，建设法治政府、服务型政府，就要坚持法治思维，强化执法为民的宗旨意识。坚持全心全意为人民服务的根本宗旨，立足新发展阶段，牢固树立"法治是治国理政的基本方式"的发展理念，树立执法为民、公正执法的观念，摒弃特权思想、高人一等思想，用法治思维谋划发展大计、用法治思维破解改革难题、用法治思维保障人民权利、用法治思维扎紧权力的"笼子"、用法治思维维护社会稳定大局，践行以人民为中心的发展思想，统筹

---

[1] 《十八届四中全会审议通过〈中共中央关于全面推进依法治国若干重大问题的决定〉》，人民网，2014年10月23日，http://politics.people.com.cn/n/2014/1023/c1001-25896559.html。

推进全面依法治省，努力把法治政府建设的先行优势转化为领跑优势，把体现人民利益、反映人民愿望、维护人民权益、增进人民福祉落实到法治政府建设的各环节各领域全过程。① 努力让人民群众在每一个执法行为中都能看到风清气正、从每一项执法决定中都能感受到公平正义。②

（二）严格依法行政，坚持以人民为中心建设法治政府

"徒法不能以自行。"法律需要人来执行，如果执法的人自己不守法，那法律再好也没用。习近平总书记指出，法律的生命力在于实施。如果有了法律而不实施，搞得有法不依、执法不严、违法不究，那制定再多法律也无济于事。③ 严格执法必须坚持法定职责必须为、法无授权不可为，着力实现政府职能深刻转变，把该管的事务管好、管到位，基本形成边界清晰、分工合理、权责一致、运行高效、法治保障的政府机构职能体系。习近平总书记强调，法治政府建设是重点任务和主体工程，要率先突破，用法治给行政权力定规矩、划界限，规范行政决策程序，加快转变政府职能。④ 我们必须恪守法定职责必须为、法无授权不可为的执法原则，增强依法行政意识，坚持以法治的理念、法治的体制、法治的程序开展行政工作。

人民权益要靠法律保障，法律权威要靠人民维护。⑤ 人民是历史的创造者。坚持以人民为中心建设法治政府，必须做到严格、规范、公正、文明执法。一是要深化行政执法体制改革，进一步巩固完善市场监管、生态环境保护、交通运输等领域综合行政执法改革，推动行政执法力量重心下移，整合基层行政执法力量，不断完善行政执法体制机制；二是要推进严格执法，坚持行政执法"三项制度"，严格执法资质、完善执法程序，建立健全行政裁量权基准制度，做到有法必依、执法必严、违法必究；三是

---

① 李宏伟：《坚持以人民为中心建设法治政府》，《河南日报》2021年9月1日。
② 《中共中央国务院印发法治政府建设实施纲要（2021—2025年）》，《人民日报》2021年8月12日。
③ 习近平：《论坚持全面依法治国》，中央文献出版社，2020，第21页。
④ 李宏伟：《坚持以人民为中心建设法治政府》，《河南日报》2021年9月1日。
⑤ 《全面推进依法治国的纲领》，《光明日报》2014年10月29日。

要建立行政机关内部重大决策合法性审查机制，积极推行政府法律顾问制度，推进机构、职能、权限、程序、责任法定化；四是要强化对行政权力的制约和监督，坚持有权必有责、有责要担当、失责必追究，确保对行政权力制约和监督全覆盖、无缝隙，使党和人民赋予的权力始终用来为人民谋幸福。[1]

（三）持续优化营商环境，解决好人民群众关心的突出问题

"群众利益无小事。"习近平总书记强调，要积极回应人民群众新要求新期待，系统研究谋划和解决法治领域人民群众反映强烈的突出问题，不断增强人民群众获得感、幸福感、安全感，用法治保障人民安居乐业。[2] 法治政府建设必须适应人民日益增长的美好生活需要这个总要求，解决好制约法治政府建设推进、人民群众关心的突出问题。[3]

一是要持续优化法治化营商环境，"法治是最好营商环境"，通过法治约束促进政府行为稳定、公平、透明、可预期，建立健全市场主体公平分享市场机会机制，营造各种所有制主体依法平等使用资源要素、公开公平公正参与竞争、同等受到法律保护的市场环境，彻底有效解决企业和群众反映强烈的办事难、办事慢、办事繁等问题；二是要健全政府守信践诺机制，建立政务诚信监测治理机制，建立健全政务失信记录制度，将违约毁约、拖欠账款、拒不履行司法裁判等失信信息纳入全国信用信息共享平台并向社会公开，建立健全政府守法诚信褒奖和违法失信惩戒机制，建立健全政府诚信专项督导检查机制等；三是要依法有效保护公民个人信息，规范应急处置收集、使用个人信息行为，完善运用大数据辅助行政决策、行政立法、行政执法工作制度，切实保护商业秘密、个人隐私和信息；四是要全面主动落实政务公开，涉及社会公众切身利益的重要规划、重大公共政策和措施、重大公

---

[1] 李宏伟：《坚持以人民为中心建设法治政府》，《河南日报》2021年9月1日。
[2] 《坚定不移走中国特色社会主义法治道路　为全面建设社会主义现代化国家提供有力法治保障》，《光明日报》2021年3月1日。
[3] 李宏伟：《坚持以人民为中心建设法治政府》，《河南日报》2021年9月1日。

共建设项目等，应当通过举办听证会等形式加大公众参与力度，认真听取和反映利益相关群体的意见建议，依法保障人民群众合理信息需求；五是要完善惩罚性赔偿、巨额罚款、终身禁入制度，让严重违法者付出应有代价。①除有法定依据外，严禁地方政府采取要求特定区域或者行业、领域的市场主体普遍停产停业的措施。

（四）创新法治监督模式，强化第三方评价评估的引导监督作用

监督即对现场或某一特定环节、过程进行监视、督促和管理，使其结果能达到预定的目标。科学立法、严格执法和公正司法必须要有扎实有效的监督制约机制。评价评估是监督方式之一。新时代必须创新法治监督模式，尤其是要进一步强化第三方评价评估的引导监督作用。

一是在重大行政决策过程中强化社会风险评估。在党委政府重大行政决策中，引入社会风险评估机制，并将其制度化和长效化，有利于促进政府决策中的科学性、合理性，从而增强政府公共决策的民主化。二是在立法过程中尤其是立法效果上坚持运用第三方评价评估来检视立法的政治效果、社会效果和法律效果，从而进一步督促立法工作、改进立法工作以及提升立法质效。三是在执法司法各环节进行必要的评估评价，以第三方评估评价作为检视执法司法工作最有利的手段，以公开的评估评价结果为导向，进一步改进工作方法、改进工作思路、强化工作思维以及提升工作质效。

参考文献

李宏伟：《以法治评估助推法治中国建设》，《中国社会科学报》2021年4月21日。
李宏伟：《着力营造法治化的营商环境》，《经济日报》2020年10月14日。
李宏伟：《坚持以人民为中心完善法律规范体系》，《中国社会科学报》2020年6月17日。

---

① 李宏伟：《坚持以人民为中心建设法治政府》，《河南日报》2021年9月1日。

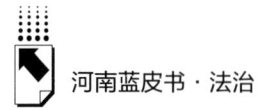

李宏伟：《统筹推进社会主义法治国家建设》，《河南日报》2020年12月3日。

周立、张林海主编《河南蓝皮书：河南法治发展报告（2018）——依法治省与金融法治创新》，社会科学文献出版社，2018。

周立、张林海主编《河南蓝皮书：河南法治发展报告（2019）——依法治省与科学立法》，社会科学文献出版社，2019。

李安渝、王婷：《2019年世界银行营商环境报告解读及启示》，《中国市场监管研究》2018年第12期。

李宏伟：《社会主义核心价值观融入法治中国建设研究》，知识产权出版社，2019。

B.23
新乡法院服务保障优化营商环境的实践与探索

新乡市中级人民法院课题组*

摘　要： 人民法院在构建法治化营商环境中起着重要的保障作用。新乡市两级法院从"执行合同""办理破产""保护中小投资者"等指标入手，积极服务保障优化营商环境。通过采取加强对企业家人身权及财产权保护、依法维护市场交易公平规则、推进企业破产重整再生发展、及时实现企业家胜诉权益、提升法官队伍能力素质、健全法治化营商环境长效机制等措施，为新乡市优化法治化营商环境提供了坚实的司法保障。

关键词： 营商环境　司法服务　执行合同　破产重整

近年来，新乡市中级人民法院及所辖的12个基层人民法院，对标"执行合同""办理破产""保护中小投资者"等营商环境司法指标，紧紧围绕影响营商环境执法司法突出问题集中专项整治各项工作要求，先后研究制定了《新乡法院全面提升司法水平优化法治化营商环境实施方案》《关于加强两个一站式建设服务中小微民营企业纠纷解决提升法治化营商环境的实施意见》等系列文件，实施"清单化"管理，建立了涉及140项具体问题的

---

* 组长：周东方，新乡市中级人民法院党组副书记、常务副院长。成员：刘佳，新乡市中级人民法院研究室主任；苏雷刚，新乡市中级人民法院办公室副主任；吴财祖，新乡市中级人民法院审管办科员。执笔：刘佳。

《营商环境工作问题清单》，强化全面督察与跟踪问效，切实压实责任精准发力，采取一系列创新举措，努力营造稳定公平透明、可预期的法治化营商环境。

一 新乡构建法治化营商环境实践的"五个维度"

（一）质效提升有"精度"

设立涉企案件"绿色通道"，深化繁简分流，依法及时高效审理涉企纠纷，护航企业健康发展。

在立案阶段，设立商事纠纷案件"绿色通道"，实现当天申请当天立案，标注后自动分案，出台《关于推进繁简分流 加强动态分案 提升审判质效的实施意见》，对涉企商事案件进行繁简分流，实现"简案快审 难案精审"，并加强速裁团队建设，制定《关于速裁团队建设规范的实施办法》《关于简化速裁快审案件诉讼程序规范的实施方案》，对大量简单商业纠纷案件快审快结。

在审判阶段，以规范庭审活动、严格审限管理、流程节点监管、专业法官会议建设为出发点，制定《民商事案件庭前会议工作实施细则》《案件审限管理工作实施细则（试行）》《审判流程节点时限管理规定》《专业法官会议工作机制指导意见》，全面提升办案水平和商业纠纷裁判效率。2021年，新乡法院审判买卖合同纠纷案件各项用时全面压缩，审判执行合同总耗时在全省排第4名，各项效率指标均进入全省"优"区间，一审服判息诉率达到91.7%，较上年同期提升了10.2个百分点。

（二）破产审判有"亮度"

新乡法院充分发挥破产审判的市场拯救和净化作用，促进市场主体新陈代谢、经济发展迭代升级，先后出台《关于优化破产办理机制 推进破产案件高效审理的意见》《审理企业重整案件的工作指引》等规范性文件，建立破产案件"1+3"工作台账,积极运用网上申报债权、网上身份审核、网上召开债权人会议、网络司法拍卖等方式推进案件审理。① 2020 年,新乡市两级法院共审结企业破产类案件 58 件,平均审理用时同比减少 17.1%,其中三年以上长期未结破产案件全部清理完毕,一年以上破产案件已清理 45 件。积极推进府院联动机制的建立,出台《新乡市破产工作府院联动联席会议制度》,统筹解决企业破产处置工作中的民生保障、社会稳定、财产接管、税收申报、资产处置、信用修复、变更注销、费用保障等问题,防范化解重大风险;协调成立新乡市破产管理人协会并制定《新乡市破产管理人援助基金管理和使用办法》,积极协调市政府拨付 100 万元设立破产援助基金,激发破产管理人履职积极性,形成办理破产工作合力。

2021 年 5 月,新乡市中级人民法院持续加强破产审判信息化建设,引进阿里巴巴技术团队,定制开发了全国首个支持营商环境"回收率"指标实时统计的"新乡破产案件智能办理平台"②,通过引入更多的平台流量、技术和服务,进一步推动破产案件办理"降本提效",实现破产资产处置的价值最大化。

(三)涉企执行有"力度"

新乡法院持续开展超标的查封、扣押、冻结企业财产专项清理行动、涉党政机关案件专项执行和拖欠中小企业账款专项清理活动,对自查发现的 7 起超标的查封案件,及时变更查封措施,有效化解矛盾纠纷。新乡市中级人民法院紧紧依靠市委、市政府的大力支持,对全市涉党政机关执行案件进行逐案交办、快速执结。2020 年,新乡市两级法院受理的 135 件涉党政机关案件结案率达到 100%,执行到位金额 2.88 亿元,执行到位率 85.3%,取得了良好的社会效果。同时,新乡法院还进一步加强部门联动,主动协调市

---

① 《新乡中院优化法治化营商环境 助力"六稳""六保"》,新乡市中级人民法院网站,2020 年 9 月 22 日,http://hnxxzy.hncourt.gov.cn/public/detail.php?id=8815。
② 《新乡中院破产案件智能办理平台正式上线》,新乡市中级人民法院网站,2021 年 5 月 20 日,http://hnxxzy.hncourt.gov.cn/public/detail.php?id=9030。

公安局交警支队在市中院设立车辆查控室，有效破解"人难找、财难查"等一系列"老大难"问题，通过建立完善《关于执行案款管理的若干规定》《关于终结本次执行程序案件的管理办法（试行）》《关于进一步加强系列关联案件指定提级协同执行的通知》《执行实施案件办理流转规程》《关于实行执行案件超期预警"红黄牌"管理制度的通知》等11项规章制度，为着力推进执行管理规范化建设提供了强有力的制度保障。2020年，新乡市两级法院以涉企执行难案件专项清理行动为突破口，执结涉企案件1.36万件，执行平均用时同比减少30.07天，整体执结率提升至94.8%，首执案件结案率达到94.8%，进入全省前3名。

（四）多元化解纠纷有"速度"

新乡法院从率先在全省推行家事审判多元化纠纷解决机制，到探索建立和完善诉调对接多元化解机制，创造了具有新乡品牌和特色的"党政主导、综治协调、司法引领、部门共治、社会协同"的诉调对接多元化解机制，[①]会同市政府主管部门、行业协会、人行市中心支行、银保监分局、工商联、知识产权局等单位，先后成立知识产权纠纷一站式多元化解中心、金融纠纷调解委员会、民营企业商事纠纷调解室、市区道交一体化处理中心、行政争议协调中心等5个专业化一站式调解平台，[②] 拓宽了解决商事纠纷的渠道。截至2021年，调解平台特邀调解组织109个，特邀调解员288名，制定有《关于提升多元化解工作水平实施方案（试行）》等，明确调解平台的职能作用和运行方式，为推动新建调解中心实体化运行提供了制度保障。

2021年，新乡法院出台了《关于规范立案、分案和上诉案件移转工作的通知》《关于规范发回重审、指令再审、国家赔偿案件立案、分案工作的通知》等制度文件，建立"诉前调解工作规范、立案分案工作规范、窗口

[①] 《新乡中院开创诉调对接多元化解工作新局面》，民主与法制网，2019年4月18日，http://sd.mzyfz.com/detail2020.asp?r=t&dfid=3&cid=39&id=393378。

[②] 《新乡中院优化法治化营商环境 助力"六稳""六保"》，新乡市中级人民法院网站，2020年9月22日，http://hnxxzy.hncourt.gov.cn/public/detail.php?id=8815。

作风视频巡察"三项机制，进一步巩固促进诉前调解、立案、分案规范化建设。建立"法官与调解员结对指导制度"，细化完善诉调流程对接、司法确认等制度机制，从诉前调解到立案再到执行，由调解员全程跟进，提升服判息诉效果，全市法院多元化解纠纷工作始终走在全省前列。在河南省高级人民法院印发的《2021年全省法院营商环境评价整改提升工作方案》中，新乡法院涉企商业纠纷案件诉前调解成功率居全省第1位。

（五）诉讼服务有"温度"

深入企业走访调研是法院服务优化营商环境的必要举措。近年来，新乡市中级人民法院每年都会组织两级法院的院领导、中层干部、员额法官，深入辖区企业走访调研，通过发放企业问卷调查、建立"法院联企微信群"、发放企业"法律风险提示"、组织召开座谈会等方式，进一步征求辖区企业对法院工作的意见建议，帮助企业解决实际生产经营中遇到的法律问题，加强对企业负责人等专题培训，增进其法治意识和法律素养。[①] 大力推进"智慧法院"建设，将信息技术与司法规律深度融合，不断提升诉讼服务和审判辅助智能化水平，为更好满足人民群众和辖区企业对公平正义的需求提供有力的科技支撑。新乡法院先后出台《窗口立案规范》《网上立案审核管理规定》等规范性文件，加强窗口人员配备，规范诉讼服务行为，提高群众诉讼便利度，还出台《关于在疫情防控期间进一步做好审判执行工作的通知》《网上开庭工作指南（暂行）》《关于加强网上办公办案监督管理工作的规定》等，每周对网上立案、网上审核、网上缴费、网上开庭等情况进行通报，落实信息化应用主体责任，真正让信息化系统成为便利企业诉讼的平台。2020年，新乡两级法院共网上立案5.66万件，网上交费1.99万元，网上开庭3787件，网上调解成功1.67万件，信息化办公办案已基本实现常态化，整体成绩居全省法院第8位。针对服务优化法治化营商环境工作，新

---

① 《新乡中院优化法治化营商环境　助力"六稳""六保"》，新乡市中级人民法院网站，2020年9月22日，http://hnxxzy.hncourt.gov.cn/public/detail.php?id=8815。

乡法院专门出台《关于加强两个一站式建设服务中小微民营企业纠纷解决提升法治化营商环境的实施意见》，大力推进跨域立案、线上流转，完善"全市通办、随时可办、在线能办、少跑快办"的全域诉讼服务体系，实现登记立案、卷宗查阅、文书送达等服务"最多跑一次"甚至"一次都不用跑"。截至2021年，在全市13家法院中，有10家法院诉服质效评分进入全省前100名。

二 新乡法院在法治化营商环境优化方面存在的突出问题

（一）涉企案件审执质效仍需提升

尽管新乡市两级法院的涉企纠纷在立案、审理、执行、移转等用时均得到有效压缩，但距离全省最优仍有差距，主要原因在于，一是"案多人少"矛盾更加突出，2021年上半年，新乡两级法院审结案件数量较上年同期上升25.2%。但新收案件上升了35.2%，结案速度明显低于案件增长的速度。二是在执行方面，虽然执结率较2020年同期增加17.9%，但是新收执行案件则增加了20.9%，尤其是集中受理的大量刑事财产案件和公安机关集中移送涉及交通管理行政处罚的行政非诉案件，造成全市法院执行案件数量剧增，进而导致首执案件执结率、执行完毕率、实际执行到位率等关键指标稍落后于全省平均水平，这在一定程度上影响了执行质效的提升。

（二）降低商业纠纷解决成本受限

成本是执行合同指标的重要评价内容，主要涉及法院收取的诉讼费用和专业机构收取的鉴定费、律师费。在诉讼费方面，由于全国法院均按照国务院颁布的《诉讼费用交纳办法》规定执行，所以与其他地区差别不大；在律师费方面，因各地经济发展状况差异较大，收费标准难以统一，河南省仅制定了有指导性的律师收费标准供全省参考，按照营商环境省评标准，此类费用通过出台规范性收费文件等措施，引导、支持律师机构对市场主体进行法律帮助，逐步减少费用开支，因此还有待与司法行政机关协调出台相关办法；在鉴定费方面，还需要协调有关部门通过对鉴定机构进行加强监管，杜绝乱收费，提高鉴定质量和效率来获得较高的评价。总体而言，解决商业纠纷的成本尚有降低空间，但是需要进一步强化法院的监管作用，并与其他部门加强联动，出台相关提升方案，这在实践中尚有一定困难。

（三）办理破产案件的水平仍需提升

从2018~2020年的办理破产案件情况来看，2018年，新乡两级法院受理破产案件数量228件，案件数量位居全省法院第一。特别是在国有"僵尸企业"集中处置工作中，新乡法院共受理国有僵尸企业破产案件119件，占全省案件数量（458件）的1/4。2019年，新乡两级法院共受理破产案件38件，旧存案件146件，其中3年以上破产案件27件，1年以上破产案件15件，案件数量长期在高位徘徊。面临破产案件压力较大、审理周期较长的困难，新乡市中级人民法院果断采取措施，经过积极努力，2020年全市法院审结破产案件59件，3年以上破产案件清理完毕，1年以上未结案件审结47件，但由于"案多人少"等问题的持续存在，破产案件办理的整体质效仍需提高。另外在市委、市政府的支持下，新乡市中级人民法院推动出台了《新乡市破产工作府院联动联席会议制度》，但实践中对破产案件比较突出的资产处置、涉税涉保险及信用修复等问题，仍以个案协调为主，长效协调机制作用发挥依然不足，导致破产程序推进不快，影响了破产案件的办理进度和效率。

（四）中小投资权益保护力度需进一步加大

在营商环境评价指标体系中，涉"保护中小投资者"指标的案件主要集中在股权转让纠纷、股东出资纠纷、股东资格确认纠纷、损害股东利益责任纠纷、损害公司利益责任纠纷等案由。从2018~2020年的数据来看，新乡市两级法院受理的该类案件并不多，每年收案数量都在200件以内，特别是缺乏涉关联交易、证券期货以及追究公司"董监高"责任类案件，导致符合省评案例条件的案件较少，提供相关佐证材料较为困难。同时，对于涉中小股东权益类案件的审理，部分基层法院及员额法官还存在对法律法规和司法解释理解不深、掌握不透的问题，而中小股东维权意识又相对较弱，一般仅在合法权益受到严重损害，或者涉及金额较大的情况下才会起诉，且受制于法律意识淡薄、专业性不够等因素，大多数中小股东采取委托律师代理的方式参加诉讼，导致诉讼成本相应增加。

三 新乡法院优化法治化营商环境的探索路径

（一）进一步提高对优化法治化营商环境重要性的认识

构建法治化营商环境，要深入学习贯彻习近平总书记关于法治化营商环境和新发展格局的系列论述，提高政治站位，深化思想认识，认真落实好党中央关于优化营商环境的决策部署，始终坚持以人民满意为出发点和落脚点，把优化营商环境作为一项政治任务，作为服务大局的重要抓手，融入司法办案的全过程。要教育引导法院干警切实履职担当，压紧压实责任，更好地发挥"保权益、稳预期、解纠纷"的职能作用，营造"案案都是营商环境、人人都是营商环境"的浓厚氛围，着力解决企业发展过程中的困难和问题，持续推动营造稳定、公平、透明、可预期的法治化营商环境，不断提高市场主体的满意度和获得感。

（二）依法保护好企业家人身财产权

切实转变观念，对各类企业一视同仁、平等对待，切实优化营商环境，促进公平竞争，从而保障整体经济体系的良性运行。[①] 法院干警在执法办案中，一定要牢固树立各类市场主体"诉讼地位平等、法律适用平等、法律责任平等"的理念，坚决做到"法律地位平等、权利保护平等、发展机会

---

① 张守文：《现代经济体制的构建及其法治保障》，《政法论丛》2019年第1期。

平等"。从最高人民法院发布的"依法平等保护民营企业家人身财产安全十大典型案例"中汲取经验教训，严厉打击侵犯企业家财产权和人身权的刑事犯罪，严格区分经济纠纷与经济犯罪，不断增强企业和企业家财产财富安全感。在办理涉企案件时，要认真贯彻落实《中华人民共和国公司法》及其司法解释的规定，以保护股东合法权益为切入点，促进公司治理规范化，增强社会投资的积极性，实现公司发展与股东利益的"双赢"。在加强知识产权司法保护方面，要有效遏制知识产权侵权行为，为保障企业家创新创业、优化科技创新提供有利的法治环境。

（三）妥善化解纠纷，切实维护好市场交易公平规则

司法环境法治化，审判是核心环节，公正的审判能够发挥法治的教育和宣传功能，也能为各类经营主体带来稳定的预期。构建法治化营商环境要依法审理各类合同纠纷，保障市场主体缔约自由，依法惩戒恶意违约，促进弘扬契约精神。对此，各级人民法院要统筹整合内部力量，加强立案、审判、执行等部门的协作配合，严惩逃废金融债权行为。依法规范诉前和诉讼保全，严格按照最高人民法院《关于人民法院查封、扣押、冻结财产若干问题的规定》要求，规范查封、扣押、冻结措施，维护当事人的合法权益，严禁超标查封、扣押、冻结当事人财产，最大限度地减少司法活动对涉案民营企业正常生产经营活动的不利影响。深化民商事纠纷多元化解、"分调裁审"机制改革，对涉企案件进行分类标记，畅通绿色通道，实行优先立案、优先送达、优先调解、优先审理、优先执行，压缩办案期限，推进繁简分流，及时化解涉企案件矛盾纠纷。

（四）加强破产审判，为企业再生发展提供有力保障

人民法院办理破产案件需要遵循重整的价值目标，竭力在"可持续经营"及"利益平衡"两大理念[①]基础上，充分发挥审判职能作用，持续推进

[①] 丁燕：《破产重整企业债权融资的异化及其解决》，《华东政法大学学报》2019年第4期。

破产审判专业化建设，不断完善执行转破产程序、破产管理人选任等工作机制，为深化供给侧结构性改革、构建新发展格局、推动高质量发展提供有力的司法服务。"府院联动"机制对于提升法治政府和法治社会建设水平、在法治轨道上推进治理体系和治理能力现代化具有重要意义。人民法院要聚力短板弱项，以深入推进常态化"府院联动"机制为抓手，致力构建社会治理"大格局"，实现行政与司法良性互动。稳妥推进破产大要案审判工作，完善破产案件繁简分流工作机制，通过破产清算引导"僵尸企业"依法、有序退出市场，推动供给侧结构性改革。坚持市场化导向，开展破产重整工作，推动完善预重整、庭外重组、破产和解等制度，促进有价值的危困企业"脱困重生"。

（五）加强案件执行，保障企业家胜诉权益及时实现

习近平总书记对政法工作提出明确要求："努力让人民群众在每一个司法案件中感受到公平正义。"生效裁判文书的执行成效，是国家治理体系和治理能力现代化状况的综合反映，是全面依法治国水平的体现，因此公正的审判之后更需要有力的执行，来兑现胜诉当事人的合法权益。人民法院要通过强有力的执行工作，切实巩固"基本解决执行难"成果，按照"切实解决执行难"要求，对有执行能力而拒不执行的当事人，穷尽执行措施，及时兑现企业家胜诉权益。对于暂无执行能力但有发展前景的企业，要按照"善意执行、谦抑执行"的理念，积极与政府部门、金融企业及各方当事人沟通协调，争取达成执行和解，努力降低对企业正常生产经营的负面影响，为企业走出困境留下足够的空间。近年来的司法实践证明，解决执行难不能一味固守执行程序，经由制度设计将债务人丧失清偿能力的案件从执行程序转入破产程序，能够彻底清除执行积案，是解决执行难的重要举措，也是当前系统推进破解执行难的一条重要途径。[①] 执行程序与破产程序的有效衔接是全面推进破产审判工作的有力抓手，也是破解执行难的重要举措，故此要

---

① 时永才：《"执转破"机制的基本功能与关键节点》，《人民法院报》2018年6月27日。

通过完善"执转破"工作机制,大力推动符合破产条件的执行案件,包括执行不能案件进入破产程序,充分发挥破产程序的制度价值,及时化解涉"僵尸企业"执行案件,推进市场出清,提升企业质效,净化市场信用体系,促进经济高质量发展。

(六)规范司法行为,提升法官队伍素质和能力水平

法官队伍专业化的程度,直接决定了公平正义的实现程度,更影响了社会公众对司法公信力的判断。但是,法官队伍的高度专业化需要长时间、多层面、成体系的培养过程,既需要在制度上予以合理引导,又要在实践中充分搭建平台。因此,要进一步深化信息化应用,提升智慧法院建设成效,大力推进网上立案、网上缴退费、网上阅卷、网上庭审等信息化诉讼服务,让群众少跑腿,让数据多跑路。要进一步强化审判管理,着力提高审判执行效率,切实整改诉讼执行拖延。不断改进司法作风,强化政法队伍教育整顿成效,中级人民法院要对基层法院加强监督指导,加大案件评查力度,对在案件审理中不作为、乱作为,损害企业和企业主合法权益的情形,或存在违法审判,导致冤假错案件发生的情形,依法依纪严肃问责追责。

(七)汇聚工作合力,健全法治化营商环境优化长效机制

随着对法治化营商环境的深入研究,理论界和实务界对优化营商环境工作与法治建设有了更加深刻的认识,其普遍认为应从包括科学规划和科学立法、权利保障体系、完备的营商法律体系、配套的争议解决机制等制度建设的角度探讨法治化营商环境建设。事实证明,优化营商环境不能"单打独斗",人民法院需要加强与政府相关部门的沟通协调,[①] 围绕优化营商环境各项部署,提升服务大局、服务企业的精准度和针对性,推动完善"府院

---

① 自2020年1月1日起施行的《优化营商环境条例》第7条规定,各级人民政府应当加强对优化营商环境工作的组织领导,完善优化营商环境的政策措施,建立健全统筹推进、督促落实优化营商环境工作的相关机制,及时协调、解决优化营商环境工作中的重大问题。县级以上人民政府有关部门应当按照职责分工,做好优化营商环境的相关工作。

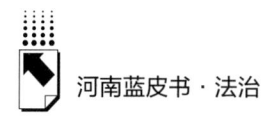

联动"机制，在破产企业职工安置、税费社保减免、信用修复、打击"逃废债"等问题上形成正向合力。此外，人民法院还要发挥宣传教育引导作用，加大对企业的普法宣传力度，尤其是要向中小微企业发放"法律风险提示"，向社会发布典型案例，使社会成员强化法治信仰，使尊法、学法、守法、用法成为全社会的共同追求，让各类市场主体和企业家不再相信靠求人能打赢官司。①

服务保障法治化营商环境，人民法院责任重大、责无旁贷。要想做到精准对接融入、体现司法特色，需要人民法院抓住关键、主动作为、积极创新。人民法院要结合审判职能作用，围绕最高人民法院"五五改革纲要"，提出探索构建法治化营商环境司法评价体系的目标要求，将精准办好涉营商环境案件、实现涉营商环境案件再提速、延伸审判职能保障良好营商环境作为着力点，为提升司法质量和效率、优化法治化营商环境、服务经济社会高质量发展贡献法院力量。

---

① 宋丹：《从司法维度探究优化营商环境的路径》，《黑龙江省政法管理干部学院学报》2020年第2期。

B.24
开封市人民检察院优化法治化营商环境的思考与建议

王晓明 张 鸿*

摘 要： 近年来，开封市人民检察院着力营造安全稳定的社会环境、竞争有序的市场环境、公平公正的法治环境、宜居宜业的生态环境，对优化法治化营商环境提供了助力。接下来，开封市人民检察院将通过优化涉企案件办理流程、加强与工商联的沟通联络、建立经常性走访联系企业机制等措施，努力营造"稳商""安商""暖商"的优质环境。

关键词： 法治化营商环境 民营企业 涉企案件

营商环境是指企业、个体工商户等市场主体在市场经济活动中所涉及的体制机制因素和生态、人文、城市等环境条件。优化营商环境应当坚持市场化、法治化、国际化原则，以市场主体需求为导向，以深刻转变政府职能为核心，创新体制机制、强化协同联动、完善法治保障，对标国际先进水平，为各类市场主体投资兴业营造稳定、公平、透明、可预期的良好环境。

一 优化法治化营商环境的必要性

（一）优化法治化营商环境是推进全面依法治省的重要内容

全面依法治省，建设社会主义法治河南，是依法治国战略的重要组成部

---

* 王晓明，开封市人民检察院党组成员、政治部主任；张鸿，开封市人民检察院政研室。

分，是中国特色社会主义的本质和要求。习近平总书记在中央全面依法治国委员会第二次会议上强调，法治是最好的营商环境。多年改革开放的经验告诉我们，改革开放越深入、经济越发展，就越离不开法治。就当前的营商环境而言，还存在许多突出问题，比如经济交往中利益不平衡、道德失范、侵犯企业知识产权的现象频频发生，这些都需要司法保障。为了优化营商环境，维护市场主体合法权益，激发市场活力，促进经济社会高质量发展，河南省第十三届人民代表大会常务委员会根据《中华人民共和国民法典》和《优化营商环境条例》等法律、行政法规，结合自身实际，制定了《河南省优化营商环境条例》，自2021年1月1日起施行。

（二）优化法治化营商环境是顺应人民对法治需求的重要举措

进入新时代，我国社会主要矛盾已经转化为人民日益增长的美好生活需要和不平衡不充分的发展之间的矛盾。人民美好生活需要越来越多，表现在对物质文化生活有更高的要求，同时对法治、公平、正义等方面的要求也越来越高。构建法治化营商环境，必须坚持以人民为中心的发展思路指引，保障公民积极参与立法、协助执法、监督司法。只有构建出安全、规范、井然有序的法治化营商环境，才能让投资者、企业家等在内的人民群众有更多的幸福感、获得感，才能满足新时代人们对法治的需求。因此，构建良好的法治化营商环境，需要平衡好经济交往过程中的各种利益关系、规范协调好经营者的各种行为。

（三）优化法治化营商环境是促进市场经济发展的司法保障

营商环境是企业生存发展的"土壤"，营商环境的好坏，直接决定了一个地区经济发展的质量和速度。河南省委、省政府高度重视优化营商环境工作，将优化营商环境纳入省委工作布局，作为推动经济高质量发展的重要保障，定期召开优化营商环境推进大会，采取多项有效措施，着力打造开封营商环境品牌。河南省人民检察院将服务保障民营企业发展作为服务大局的着力点，联合河南省人民法院出台了《关于充分发挥司法职能服务保障民营企业发展的30条意见》，在本省组织开展了依法平等保护民营企业发展、推动营造法治化营商环境专项活动。新冠肺炎疫情发生后，河南省人民检察院又及时研究出台了服务保障企业复工复产8条意见，组织开展了5个专项活动，并与河南省工商联建立了沟通协调机制，顺应市场经济发展趋势，提供司法保障，优化法治化营商环境。

二 优化法治化营商环境的主要做法

（一）着力营造安全稳定的社会环境

2018～2020年，开封市检察机关加大对人民群众生命财产安全的保护力度，起诉故意杀人、绑架等严重暴力犯罪1046人，盗窃、抢劫、诈骗等多发性侵财犯罪3308人，切实增强群众安全感。深入推进扫黑除恶专项斗争，把扫黑除恶与保护民营企业财产权和民营企业家人身权结合起来，严厉打击以暴力、胁迫等方式向民营企业收取"保护费"、欺行霸市、强买强卖等黑恶势力犯罪行为，为民营企业发展扫清障碍。比如，办理的1起黑社会性质组织犯罪案件。被告人冉某指使吴某、师某等人，以不缴纳费用就断电、限期搬离为要挟，对某木业厂区内承租的6家民营企业收取保护费33万余元，严重影响了企业的正常生产经营活动。检察机关提前介入、引导侦查，对相关被告人快捕快诉，依法保护了民营企业的合法权益，企业纷纷点赞表扬。2019年，开封市人民检察院被表彰为2018～2019年度河南省扫黑除恶专项斗争先进成员单位，平安建设工作在河南省检察系统排名第一。

（二）着力营造竞争有序的市场环境

一方面，依法打击影响经济发展的刑事犯罪。2018年以来，开封市检察机关共批捕785人、起诉939人。其中，起诉合同诈骗、职务侵占等破坏市场秩序和企业管理秩序犯罪157人，起诉非法吸收公众存款、集资诈骗以及其他危及企业经营安全的经济犯罪132人，起诉假冒注册商标、生产销售假冒注册商标的商品等知识产权犯罪41人。开封市兰考县人民检察院监督立案的1起销售假冒注册商标的商品案被最高检表彰为全国检察机关保护知识产权典型案例。另一方面，监督支持相关行政机关依法履行监管职责。2018年，开封市人民检察院组织开展保障千家万户"舌尖上的安全"公益诉讼专项活动，联合相关部门对"美团"等第三方平台进行拉网式排查，督促严格整改餐饮店铺600余家，关停取缔25家，让群众吃得更放心。2019年，对开封市饮用桶装水行业进行调查，针对部分无经营执照、食品生产许可证和从业人员健康证的小作坊，存在的低价售卖获取暴利、严重扰乱行业正常秩序问题，及时向相关行政管理部门送达检察建议，督促依法查处违法行为，保障行业健康发展。

（三）着力营造公平公正的法治环境

加强对涉及各类企业及从业人员的刑事案件侦查监督，重点监督纠正应当立案而不立案、不应当立案而立案以及适用强制措施不当等问题。积极开展涉民营企业民事经济纠纷和债务纠纷案件审判、执行工作专项监督，帮助民营企业解决涉法涉诉问题。2018年以来，开封市检察机关监督立案侵犯民营企业合法权益犯罪案件3起，监督纠正涉民营企业民事案件9起，监督纠正涉民营企业行政案件3起，并认真组织开展"依法平等保护民营企业发展、推动营造法治化营商环境"6个专项活动，第一时间对6起民企"挂案"进行了清理，解决率达100%，得到最高检张军检察长的批示肯定。河南省人民检察院专门在开封市人民检察院举办"检察护航民企发展"检察开放日，向本省推广开封经验。2019年，开封市人民检察院执法工作满意度在本省政法系统中排名第一。

（四）着力营造宜居宜业的生态环境

近年来，开封市人民检察院全力以赴打好污染防治攻坚战，与开封市生态环境局会签10项机制，联合开封市公安局挂牌督办7起案件，依法严厉打击破坏环境资源犯罪。深入开展破坏环境资源犯罪专项立案监督,监督立案23人。认真落实"河长+三长"依法治河工作机制,深入开展"携手清四乱、保护母亲河"专项行动,全面排查生态领域公益诉讼线索,发出诉前检察建议171件,已整改纠正130件。办理的通许涡河水污染案件,依法起诉7人,同步跟进刑事附带民事公益诉讼,人大代表、政协委员、企业家代表等100多人旁听庭审,7名被告人全部当庭认罪认罚,并积极赔偿损失645万元;办理的尉氏康沟河污染案件,督促清理河道垃圾2500余吨;办理的闲置船只占用黄河河道案和黄河生态园违建案,督促相关部门及时将28艘小船和2艘大型餐船清理完毕,将黄河生态园违法建筑全部拆除。以上案件的成功办理,得到了河南省人民检察院、开封市委主要领导的批示肯定和群众的交口称赞。

三 进一步优化法治化营商环境的思考建议

(一)树立"热情""依法""亲清"理念

一是热情。热情是态度,要求开封市检察机关和全体检察干警要设身处地为企业着想、替企业打算,充分体谅企业在疫情影响、经济下行压力加大情况下,生存发展的不易,理解企业生产经营过程中付出的艰辛,从而尽可能多地帮助企业解决发展中遇到的难题,切实增强企业的获得感。2018年以来,开封市人民检察院连续3年将优化营商环境工作纳入爱民实践服务承诺事项,先后出台了服务保障经济社会发展10条意见和服务保障非公经济高质量发展10条措施,开辟了涉企案件"绿色通道",建立了班子成员联系民营企业制度,开展了"检察护航民企发展"检察开放日,并召开新闻发布会向社会公开承诺。2020年以来,面对疫情冲击,开封市人民检察院第一时间研究出台服务保障企业复工复产10条措施,深入企业走访调研,提供司法服务,尽力帮助企业渡过难关,得到市委主要领导的批示肯定。

二是依法。依法是方法,要求开封市检察机关和全体检察干警要坚持在法律的框架和范围内办理涉企案件,帮助企业纾困解难,把习近平总书记"法治是最好的营商环境"的要求落实到各项检察工作中,让企业家在市场竞争中有公平感、在合法营收时有安全感、在社会生活中有尊严感。要严格把握法律政策界限,准确把握涉企案件罪与非罪,全面贯彻宽严相济刑事司法政策。要严格落实"少捕慎诉慎押"的司法理念,依法采取更加灵活务实的司法措施,坚持能不捕的不捕,能不诉的不诉,能不判实刑的就提出适用缓刑建议。比如,尉氏县人民检察院在办理1起涉民营企业案件时,主动邀请人大代表、政协委员、人民监督员、工商联成员等组成听证委员会,对案件进行公开听证,结合嫌疑人生产经营状况良好、积极参与扶贫活动、较好履行社会责任等情况,对嫌疑人依法作出相对不起诉决定。该民营企业已复工复产,吸纳当地乡镇劳动力100余人,取得了良好的法律效果和社会效果。

三是亲清。亲清是边界,感情上要"亲"、关系上要"清"。"亲"是前提。要求开封市检察干警要坦荡、真诚同民营企业接触交往,特别是在民营企业遇到困难和问题的情况下,更要积极作为、靠前服务,多关注、多谈心、多引导,真心实意支持、帮助企业发展。"清"是根本和保障。要求全市检察干警要清白、纯洁,不能有贪心、私心,不能以权谋私,不能干预民营企业合法自主经济行为。

(二)强力推进法律监督工作

近年来,开封市检察机关坚持服务大局,积极发挥法律监督职能的特点和优势,在助力民营企业权益保障领域不断深入探索实践,积极主动优化法治化营商环境。根据《河南省优化营商环境条例》第57条、第58条、第59条、第62条规定:各级人民检察院应当依法平等保护从事市场活动经营者的人身权、财产权、经营自主权。开封市人民检察院应当加强对涉及市场主体刑事、民事、行政诉讼活动的监督,综合运用检察建议、公益诉讼、提出抗诉等监督手段,依法监督纠正损害市场主体合法权益的违法行为。各级人民政府、监察委员会、人民法院、人民检察院应当密切配合,建立涉及市场主体案件的线索通报、案件移送、查处配合、快速办理工作协调机制，及时解决市场主体的矛盾纠纷案件和相关问题，营造良好的法治环境。

譬如，2019年，开封市尉氏县人民检察院在开展"协助支持法院解决涉党政机关及公职人员执行难"专项活动中，切实加强对民事执行活动的法律监督，并把专项活动与"依法平等保护民营企业发展 推动营造法治化营商环境"专项活动相结合，在筛查涉民营企业与党政机关执行案件底数时，尉氏县人民检察院在履职中发现郑州某公司与尉氏县某行政机关买卖合同纠纷执行案存在违法采取解除查封措施、超期执行、怠于履职等执行行为违法情形，遂向法院发出执行监督检察建议，督促尉氏县人民法院加大查控被执行人的财产力度，对拒不执行法院判决裁定的被执行人依法采取相应强制执行措施，确保民营企业的合法权益。同时，尉氏县人民检察院牵头，尉氏县人民法院执行局积极配合，共同召集当事人面对面磋商执行事宜。经检法共同努力，双方当事人自愿达成和解协议，并监督行政机关及时支付案件款，申请人自愿申请终结对被执行人的执行。至此，长达10年未执结的案件在检察机关监督下案结事了。这既有效保护了民营企业合法权益，又使行政机关认识到了带头构建诚信社会的重要意义，真正做到了双赢、多赢、共赢。

（三）优化涉企案件办理流程

牢固树立"企业为王、精准服务、效果至上"理念，努力让企业和企业家在办案全流程体验法治化营商环境。一是开辟涉企案件"绿色通道"。对涉企案件优先受理、优先办理、优先监督，对涉案企业给予重点关注，努力提高办案效率。二是坚持涉企案件专人专办。明确有经验的检察官办理涉企案件，在办案中发现企业经营管理存在的风险、漏洞，要帮助其堵漏建制，做好风险防范，为企业提供优质高效的司法保障。三是建立经济影响评估机制。在审查逮捕、审查起诉、诉讼监督等各诉讼阶段对企业可能产生的经济影响进行评估，将经济影响与办案风险相结合，合法、合理采取处理措施，把办案可能对企业正常经营活动产生的负面影响降至最低。比如，某公司因负责人王某涉嫌串通投标被逮捕，经营陷入混乱。开封市人民检察院及时对其变更强制措施，让王某回到公司主持经营活动，挽救了濒临倒闭的企业，该案被最高人民检察院评为精品案件。

（四）加强与工商联的沟通联络

开封市人民检察院和开封市工商联会签《关于加强协作配合服务保障民营经济健康发展的工作机制》，定期召开座谈会，面对面问需问计。及时向工商联通报涉及民营企业的重大犯罪案件，注重听取意见，充分评估对企业经营活动产生的影响，审慎适用刑事强制措施。积极参与涉企问题治理，主动加强与开封市工商联、发改委、工信局、行业协会以及公安局、法院等部门的工作联系，对司法办案和法律监督中发现的问题和漏洞，及时发出检察建议。

（五）建立经常性走访联系企业机制

制定领导干部联系民营企业工作方案，由开封市检察机关党组成员带队分包联系行业协会、商会、企业，加强日常联络，常态化开展"一对一"服务，深入民营企业走访调研，及时传达党委政府服务保障民营企业政策精神，了解企业经营状况和困难需求，诚恳征求企业意见建议，帮助企业解决实际问题，增进了检企互信，深受企业界的广泛好评。2020年以来，围绕服务保障疫情防控和复工复产，开封市检察机关统一开展领导干部分包联系企业活动，主动登门为开封31家全省疫情防控重点保障物资生产企业提供法律服务。检察长带头走访5家全市"四个50"重点企业，详细了解企业经营现状和存在的突出问题，共同研究解决对策，帮助企业复工复产、渡过难关。其中一家企业的负责人，多年前因涉嫌犯罪被公安机关刑事拘留，后被给予行政处罚。由于存在案底，致使其无法参选人大代表和政协委员。检察长了解情况后，督促检察机关、公安机关对案件进行重新审查，确定该名负责人不构成犯罪，依法对案件进行清理，及时为其消除影响，并鼓励其依法经营、扩大规模、提升效益。2020年7月，该企业荣获尉氏县先进企业奖。

参考文献

眭鸿明：《建构法治化营商环境的意义、内核及路径》，《战略研究》2019年第10期。

马晓白、刘小溪：《法治化推升我国优化营商环境建设》，"人民资讯"百家号，2021年5月17日，https：//baijiahao.baidu.com/s? id =1699932174217145267&wfr =spider&for =pc。

王燕霞：《营造法治化营商环境的着力点》，《河北日报》2019年9月18日。

李一览：《关于新形势下优化营商环境的几点思考》，《智库时代》2018年第27期。

B.25
2021年河南十大法治热点

河南省社会科学院课题组*

摘　要： 2020年，中央全面依法治国工作会议召开，系统阐释了习近平法治思想，指明了新时代为什么实行全面依法治国、怎样实行全面依法治国。新时代，在中央精神的引领下，河南全面依法治省稳步推进，取得显著成效。但是，当前依法防范和化解各类风险与矛盾的任务依然艰巨，在科学立法、严格执法、公正司法和全民守法等方面仍需进一步加强。本报告通过分析、解读2021年度河南十大法治热点，以此来明晰法理、弘扬公平正义，引导和带动全省各项事业在法治的轨道上持续发展，为推动法治河南、平安河南建设提供有益的借鉴。

关键词： 依法治省　法治热点　法理分析

2021年，河南进一步贯彻落实中央全面依法治国委员会关于全面依法治国的相关精神，把习近平法治思想和河南实践相结合，在建设更高水平的法治河南上下功夫，法治河南、平安河南建设取得明显成效。但是，进一步全面推进依法治省任务依然艰巨，在法治建设的各个环节上仍需加强。知法犯法、挑战法治底线、背离公平正义的情况依然存在。河南省社会科学院课题组依据百度、360搜索的结果，参考国内各大网站及报刊对法治热点的报

---

* 课题组由河南省社会科学院法学研究所科研人员组成。组长：李宏伟，河南省社会科学院法学研究所副所长、研究员。执笔：栗阳，河南省社会科学院法学研究所助理研究员。

道，同时征求省内有关法律部门及高校、科研院所法学专家的意见，选出具有典型代表性的十大法治热点，并对其反映的法理加以分析，通过阐释其蕴含的法治意义，为全省人民提供警示教育，为弘扬法治正能量，推动建设更高水平的法治河南提供有益的借鉴。

一 开封淮河医院错换人生28年案件——依法规范医疗机构诊疗和管理，减少人伦悲剧发生

热点概况：2020年2月，江西一男子姚某患肝癌，其母许某欲"割肝救子"。在配型过程中发现儿子并非自己亲生。由此找到当年生孩子时的开封淮河医院，并找到了自己的亲生儿子郭某以及姚某的亲生父母郭某某、杜某某夫妇。时间回到1992年6月15日，江西九江人许某在开封的淮河医院生子，河南驻马店人杜某某于同年6月16日在同一家医院生子，但最终两家互相抱错了婴儿。[1] 姚某将开封河南大学淮河医院告上法庭，对自己错换人生28年以及因此导致的肝病防治上的贻误讨要说法。开封鼓楼法院和开封中级人民法院分别进行了一审和二审。

法理分析：本案反映出依法规范医疗机构诊疗和管理行为的必要性。根据《中华人民共和国侵权责任法》第58条和《最高人民法院关于审理医疗损害责任纠纷案件适用法律若干问题的解释》第6条以及《医疗机构病历管理规定》第29条的规定，法院认为淮河医院未能提交姚某亲生母亲杜某某当年的乙肝检验报告，推定淮河医院存在过错，淮河医院对杜某某、姚某的母婴登记管理混乱，未按有关规定给姚某进行新生儿乙肝疫苗接种，存在重大过错。一审法院判决淮河医院承担60%的责任。二审法院经过审理判定"错抱"影响了姚某加强预防和治疗自己肝病的机会，最终二审法院作出改判，认为一审法院判决的责任承担比例偏低，无法起到警示医疗机构、规范诊疗行为的社会效果，改判淮河医院全额

---

[1] 柴会群：《"错换人生28年"事件调查："不可能"的错误》，《南方周末》2021年5月20日。

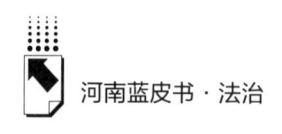

承担其医疗费、交通费及住宿费、误工费、营养费及其他治疗费用共计60多万元。

医院救死扶伤,责任重大、使命光荣,医院在诊疗和管理中负有严格的责任,必须比普通主体承担更加高要求的注意义务才能有效避免过错和损害的发生。只有严谨、高超的诊疗水平才能赢得人民群众的信任。本案中淮河医院未尽到严谨规范诊疗和管理的义务,当年对母婴的登记和管理存在重大过错,对病历的保存不符合需要保存30年的规定,因此属于存在多重重大过错。二审改判结果,依法合理认定了该医疗机构的过错和责任,对社会上各类诊疗机构都依法作出了警示,为减少和杜绝错换人生这种人伦悲剧的发生起到了应有的法律效果和社会效果。

二 驻马店智障女结婚事件——保障弱势群体合法权益仍需加强

热点概况:2021年2月,驻马店市泌阳县高店镇一名年长男子和一位哭泣的年轻女子结婚的视频在网上受到众多网友关注。视频中二人佩戴"新郎""新娘"胸花,新娘从神情外观上看疑似非正常人,新郎不时拿纸给新娘擦泪。据了解,新郎张某已经55岁,因家里经济条件差,一直未婚,经人介绍,和视频中的智障女子结婚。新娘已经成年,年方22岁。女方家长就图男方人老实,以后能对新娘好,没要彩礼就同意双方的婚事。网友对视频中智障女子的权益保护存在担忧。当地民政部门表示智力残疾者无民事行为能力,不予办理结婚登记。

法理分析:该事件之所以引起广泛热议,反映出人民群众对妇女儿童、智障人士等弱势群体合法权益保护的关注。该女子的父母终有衰老的一天,为智障女儿找到一个结婚对象也是为了她的将来打算。至于说这段婚姻是否合法,民政部门是否应该给他们办理结婚登记,则需要依据《中华人民共和国民法典》婚姻家庭编的有关规定加以认定。《中华人民共和国民法典》第1051条明确规定了三种婚姻无效的情形:一是重婚;二是有禁止结婚的亲属关系；三是未到法定婚龄。此次颁布的《中华人民共和国民法典》，专门删除了婚前患有医学上认为不应当结婚的疾病，婚后尚未治愈的这种婚姻无效的情形。这充分反映出《中华人民共和国民法典》立法尊重当事人的意思自治，尊重当事人的意愿，只要这种行为不损害国家和社会公众利益，当事人自愿和有疾病的人包括智力残障人士结婚，国家并不禁止，不属于无效婚姻。目前民政部门对残障人士不予办理结婚登记是基于民事行为能力的考虑，认为残障人士无法表达自己的真实意思，无法作出是否愿意结婚的意思表示，因此不予登记。民政部《婚姻登记条例》第6条规定了5种不予登记的情形，其中第二种是非双方自愿的。显然，本事件中智障女由于民事行为能力欠缺，不会表达自己的真实意愿，她甚至根本不懂结婚的意义。因此，民政部门不予登记的做法也有相应的法律依据。只能说法律规定目前还存在冲突，并且法律不是万能的，有限的法条无法涵盖现实生活中千变万化的各种情况，对弱势群体依法进行保护还需不断加强和完善。《中华人民共和国民法典》既然取消了患有医学上认为不适合结婚的疾病所导致的婚姻无效的情形，就应该在立法中明确由于患病而导致的无民事行为能力人和限制民事行为能力人是否可以结婚。[1]

本事件一方面反映出无民事行为能力或限制民事行为能力的残障人士的婚姻是否具有法律效力尚存在争议，另一方面反映出残障人士权益保障亟须加强。本事件中的女方父母为其选择婚姻作为一种生活保障虽然不违法，但也反映出残障人士权益保障方面存在欠缺。婚姻具有一定的社会保障功能，夫妻双方对彼此有扶助义务。女方父母正是利用婚姻的这一功能，为智障女今后的生活寻求保障。但是，对于弱势群体特别是残障人士的权益保障更重要的是国家应承担起相应的责任，从经济、法律、心理等各个方面提供援助。只有全方位的多种保障到位了，才能让弱势群体及其家人有更多的选择权，而非无奈选择婚姻这种私力救济的社会保障方式。

---

[1] 谷君：《与智障女同居生活中的性行为应如何定性》，硕士学位论文，西南政法大学，2016。

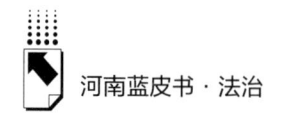

三　河南省高级人民法院发布新飞电器合并重整等十大破产典型案例——健全市场主体救治和退出机制，进一步优化法治化营商环境

热点概况： 2021年3月1日，河南省高级人民法院通过召开新闻发布会，发布了2018~2020年全省各级法院审理处置的十大破产典型案例，对3年来全省法院的破产案件审理工作情况做了介绍。其中，河南新飞电器有限公司作为知名家电企业，其合并重整案在全社会引起广泛关注。

法理分析： 此热点反映出，河南高度重视发展和完善社会主义市场经济，在健全市场主体救治和退出机制、完善企业破产制度、处置"僵尸企业"方面做了大量工作，进一步优化了法治化营商环境。这十大破产案件涉及许多方面。其中，河南新飞电器破产重整案件引起的社会关注度比较高。新飞电器是全面家电行业的知名品牌，曾位列中国工业企业500强，市场占有率曾高达20%。随着家电行业竞争加剧，新飞公司未能顺应市场需求，陷入经营困境。2017年10月，新飞公司向河南省新乡市中级人民法院提出破产重整申请。新飞公司连续经营了33年，上下游合作企业众多，债权人众多，高达799家，债权金额22.4亿元，破产重整难度很大。新乡中院不畏困难，组成5人合议庭进行审理。按照破产重整常规程序，招募重整投资人，但是并不顺利。随后，办案法官迅速调整思路，以股权网络拍卖形式引入重整投资人。最终，在距离申请法院进行破产清算不到1年时间，新飞公司于2018年8月正式复工。新飞公司重整以来，迅速实现盈利并且发展势头良好，2020年公司销售收入26.75亿元，同比增长21%；利税1120万元，同比增长40%。法院积极发挥破产审判职能，有效保证了民族品牌的延续与发展。

这十大破产典型案件涉及保护知名品牌继续发展、建筑企业重整、挽救房地产企业、探索问题楼盘处置、通过破产清算使落后企业有序退出等各个方面。这些案例反映出人民法院通过审判破产案件，优化法治化营商环境，推动经济发展，维护社会稳定的努力和探索。同时以案普法，向社会公众、企事业单位宣传破产制度，发挥依法运用破产制度促进社会主义市场经济有序运行的积极作用。

四 《法治河南建设规划（2021—2025年）》《河南省法治社会建设实施方案（2021—2025年）》出台——谋划"十四五"时期法治河南、法治社会建设具体目标和措施

热点概况：2021年5月，河南省委印发了《法治河南建设规划（2021—2025年）》《河南省法治社会建设实施方案（2021—2025年）》，并发出通知，要求各地各部门结合实际认真贯彻落实。

法理分析：《法治河南建设规划（2021—2025年）》《河南省法治社会建设实施方案（2021—2025年）》是河南省委、省政府首次对法治河南、法治社会建设作出的5年规划和实施细则，是对中央"十四五"时期法治中国建设精神的贯彻和落实方案，是依据中央有关部署，结合河南实际作出的有关法治建设的系统安排，为"十四五"时期全面依法治省稳步推进提供了总章程和总遵循。

《法治河南建设规划（2021—2025年）》共分为10个部分，内容十分全面，涵盖了法治河南建设从指导思想、基本原则，到立法、执法、司法、守法、宪法实施等全部环节。特别侧重坚持发挥党对法治河南建设的领导作用，注重加强法治监督和制约，加强依法依规治党。中共中央法治中国建设分两个阶段推进，河南的规划也据此进行了战略部署，立足5年法治河南建设的具体目标，同时谋划2035年法治河南建设远景目标。坚持以人民为中心，着力解决人民群众关心的急难愁盼问题，着力解决法治河南面临的突出问题，着重抓住领导干部这个关键少数，以刮骨疗毒的决心提出改革思路和创新举措。

《河南省法治社会建设实施方案（2021—2025年）》是对中央《法治社

会建设实施纲要（2020—2025年)》的细化和充实，注重结合河南实际、突出河南特色。随着法治河南建设逐步推进，对依法治省提出了更高的要求，不但要建设法治政府，还要坚持法治社会建设一体推进。《河南省法治社会建设实施方案（2021—2025年)》共有7个部分，注重增强全省社会各界的法治意识和法治观念，注重提升全省上下的权利保护意识和能力，对依法治理网络空间作出了安排部署，对提升全省社会治理的法治水平制定了具体措施，并通过制定考核评价机制，保障各项措施得到落实。以建设以人民为中心的共治、共享的法治社会为目标，要让法治社会建设成果公平地惠及全体人民。

五 商丘一培训机构火灾致18人死亡——消防法落实不到位造成的群死群伤火灾事故

热点概况：2021年6月25日凌晨，河南省商丘市柘城县一家武术培训机构发生火灾，造成18人死亡、4人重伤、12人轻伤的严重后果。火灾中死伤者多为该武术馆寄宿制学生，年龄为7～16岁。火灾发生的场所是一家武术培训机构，所在建筑为村民自建房，作为培训机构场馆该武术培训班没有办理消防安全的一系列手续。

法理分析：此次火灾集中反映出武术馆经营者和市场监管局等部门消防法律意识不强，贯彻落实《中华人民共和国消防法》不力。《中华人民共和国消防法》于2009年颁布实施，2019年4月进行了修订。其第15条规定：公众聚集场所在投入使用、营业前，建设单位或者使用单位应当向场所所在地的县级以上地方人民政府消防救援机构申请消防安全检查。第26条规定：人员密集场所室内装修、装饰，应当按照消防技术标准的要求，使用不燃、难燃材料。此次火灾发生的武术馆是两层商铺，一层是武术馆和餐厅，二层住宿，是典型的"三合一"场所，即住宿和生产经营等其他使用功能集中存在于同一建筑之内。这种"三合一"场所极易发生群死群伤的重大火灾事故，对消防的要求更高，必须设置有效的防火分隔，否则不能通过消防检查和验收,不能开门营业。

此次火灾中,市场监管机构在该武术馆不符合消防要求的情况下就批准登记,是严重的失职行为。校外培训机构特别是招收未成年人进行培训的场所,对其消防要求有更高的标准。根据《建筑设计防火规范》的规定,面向儿童(14周岁以下)的校外培训机构,不得开设在建筑物的高层,应根据建筑耐火等级要求设在建筑的1~3层,并采取符合规范要求的防火分隔措施,与其他场所或部位分隔。本案中,该培训机构开设在低层,但是却没有进行防火分隔,并在没有依法进行消防审核的情况下开业经营,最终导致惨案发生。该案件具有很大的警示意义。

六 郑州希岸酒店汛情期间哄抬物价——违反价格法,发"灾难财"的不法行为

热点概况:2021年7月20日,郑州持续降暴雨,遭受了极端天气灾害。面对暴雨,当晚有许多群众无法回家,只好选择就近住酒店,一时间,酒店房间一间难求。在此群众受难,民生多艰之际,郑州希岸酒店高铁站店趁火打劫,以比平时房价高出4~5倍的价格借机敛财。房价一度高达1000多元甚至有些房间价格近3000元。入住群众纷纷表示不满,对其漫天要价的行为进行了举报。郑州市市场监管局针对群众举报快速立案,根据《中华人民共和国价格法》有关规定,认定该酒店行为违法,并对其处以50万元罚款。随后,希岸酒店发表了道歉声明,并开放所有河南地区门店,为受灾群众和救援队免费提供休息场所和物资。[①]

法理分析:郑州希岸酒店高铁站店在郑州遭遇特大暴雨灾害期间哄抬物价的行为,严重违反了《中华人民共和国民法典》《中华人民共和国价格法》的有关规定,必然受到法律制裁。另外,其违法行为也严重违背了社会道德,在灾害期间不但不伸出援手反而趁火打劫、牟取暴利,这与社会主

---

① 赵红旗:《郑州希岸和汉庭两家酒店哄抬物价被处罚》,《法制日报》2021年7月25日。

义核心价值观严重背离，必然会受到道德的谴责。根据《中华人民共和国民法典》第7条关于诚实信用原则的规定，郑州希岸酒店高铁站店在主观上没有秉持善意的态度，在客观上违背了社会所要求的公平正义。根据《中华人民共和国价格法》第14条和《价格违法行为行政处罚规定》第10条的规定，该酒店的行为属于牟取暴利的违法行为，应该没收其违法所得，处10万元以上100万元以下的罚款；如果情节严重，还可以责令其停业整顿。鉴于该酒店能主动道歉降低社会负面影响，郑州市市场监督管理局依法对其处以50万元罚款，符合法律的有关规定。

在河南暴雨灾害中，无数人团结一致、互相帮助的场面令人感动，无数企业承担起社会公益责任，许多酒店甚至免费向受灾群众和志愿者提供食宿。但仍有像郑州希岸酒店高铁站店这样的个别企业企图发"灾难财"。在特殊时期"顶风作案"，挑战法律底线和广大民众心中的道德底线。取小利而损公德，最终伤害的还是企业的形象与长远利益。所有市场经营者必须恪守法治和社会道德的基本要求，诚实经营，并且在必要时承担相应的社会责任。

七 《信阳市红色资源保护条例》颁布实施
——法治力量守护传承红色基因

热点概况：2021年7月27日，《信阳市红色资源保护条例》经河南省13届人大常委会第26次会议审查批准，于2021年10月1日起正式实施。该条例共6章38条，依法保护好丰富的红色资源是条例的灵魂主线。

法理分析：《信阳市红色资源保护条例》颁布实施，用法治保障了红色资源的有效传承和利用。红色文化资源是党和国家的红色基因库，具有历史文化价值和教育价值。[①] 同时，充分发掘和利用红色文化资源，可以带动红色旅游的发展，助推红色文化资源和乡村振兴相结合，落实好大别山革命老

[①] 肖日东、王萍：《南京人大：法治守护红色文化》，《中国人大》2021年第13期。

区振兴发展决策部署。信阳是河南省17个地级市和1个省辖市中红色文化旅游资源最丰富的市，是全国12个重点红色旅游区之一。鄂豫皖苏区根据地是重要的红色遗存，大别山精神也是我们党的红色文化精神资源。红色资源是建党历史的见证，具有重大的历史和现实意义。信阳有众多红色革命历史遗址和遗物，其中红色遗物藏品上万件，有众多革命历史博物馆、纪念馆。对这些红色资源必须依法加以保护和利用。

《信阳市红色资源保护条例》明确了各级政府相关职能部门在红色资源保护中各自应该承担的职责；明确要求建立红色资源名录管理制度，在摸清红色资源家底的基础上实施名录管理；明确了红色资源保护的各种方法，包括制定红色资源保护利用规划，利用原址加以保护，并对红色资源开发建设与施工作业作出了具体要求；对红色资源的改造、拆除、征集、收购等均作出规定；针对损害红色资源的行为制定了罚则，起到了惩罚和警示作用；对红色资源的研究开发以及红色资源开发利用专业人才队伍建设等方面也作出规定。

八　国务院成立郑州特大暴雨灾害调查组——不掩盖问题，依法对失职渎职问责追责

热点概况：2021年7月20日郑州市遭受特大暴雨灾害，造成重大人员伤亡和财产损失。习近平总书记对防汛救灾作出重要指示，李克强总理等中央领导同志也作出批示，要求对暴雨灾害作出妥善处置。根据防灾救灾有关法律法规的规定，国务院成立了调查组，对河南郑州"7·20"特大暴雨灾害进行调查。

法理分析：国务院成立郑州特大暴雨灾害调查组反映出党和国家对人民生命财产安全的高度重视，对存在的问题依法查处，不掩盖、不姑息。通过由专业人士组成的调查组依法依规、实事求是、科学严谨、全面客观地对灾害应对过程进行调查评估，总结灾害应对经验教训，提出防灾减灾改进措施，对存在失职渎职的行为依法依规予以问责追责。国务院调查组由应急管

理部牵头，相关部门参加，同时邀请水利、气象、地质、交通、住建、应急、法律等领域专家院士组成专家组，为调查工作提供专业支撑。调查组在开展调查工作期间，设专门举报电话和邮箱，受理与调查工作有关的来电来信。这一系列做法充分表明了依法追责的信心和决心，追责、处罚只是手段并不是目的。其目的在于提高今后应对自然灾害的能力和水平，提醒有关部门的有关负责人始终绷紧安全这根弦，把人民群众的生命财产安全始终放在首位。

九 河南被确定为四级法院审级职能定位改革试点之一——优化司法资源配置、完善诉讼制度的重要探索

热点概况：2021年8月20日，第13届全国人民代表大会常务委员会第30次会议审议通过了《关于授权最高人民法院在该院和部分地区开展四级法院审级职能定位改革试点工作的决定（草案）》。授权最高人民法院在本院和北京、天津、河南等12个省、直辖市的人民法院组织开展四级法院审级职能定位改革试点工作，就完善民事、行政案件级别管辖制度，完善案件管辖权转移和提级审理机制，完善民事、行政再审申请程序和标准，完善最高人民法院审判权力运行机制等内容开展改革试点。

法理分析：四级法院审级职能定位改革试点是政法领域全面深化改革的一项重要举措，相关工作要求被列入《法治中国建设规划（2020—2025年）》。开展四级法院审级职能定位改革是全面优化司法资源配置、保障法律正确统一适用的创新之举。试点的主要目的是：进一步明确四级法院各自的职能定位，明确案件移送管辖和提级审理的标准和程序，进一步改革和完善民事再审程序，减少终审后滥诉、缠诉现象。这一方面，探索充分发挥高层级法院的指导作用，把具有法律适用指导意义和关乎社会公共利益的案件提级审理；另一方面，探索审判力量下沉，把矛盾纠纷化解在基层。这就需要科学配置审判资源，优化民事、行政申请再审程序和标准，维护生效裁判权威。

目前我国法院分为四级，实行两审终审制。总体上符合国情和实际需要，但是还存在一些突出问题：第一，审级职能定位不够清晰，缺乏自下而上的有效分流机制，不利于矛盾纠纷化解在基层，也影响到审判资源的合理化配置；第二，提级审理机制不完善，某些该提级审理的案件，受诉讼标的等各种因素制约，难以进入较高层级法院审理，不利于其发挥排除外部干预、统一法律适用的优势；第三，民事、行政再审申请的标准和程序有待优化，未能充分发挥"阻断""过滤"无理缠诉、任意滥诉的效能，既不利于维护生效裁判权威，又因过分挤占司法资源，影响再审程序纠错功能的发挥。

试点的主要内容是打破"诉讼主客场"。[①] 试点法院将根据经济社会形势发展需要，完善第一审民事案件级别管辖标准，逐步实现一审民事案件主要由基层人民法院审理、少量由中级人民法院审理。根据地方因素可能对当事人合法权益、案件公正审理的影响程度，合理调整第一审行政案件级别管辖标准，推动行政争议实质性化解。试点法院还将改革民事、行政再审申请程序和标准，进一步凸显最高人民法院作为最高审判机关的宪法地位，优化向最高人民法院申请再审的事由与程序。

十　河南省高级人民法院出台《关于服务保障〈河南省黄河流域生态保护和高质量发展规划〉实施的意见》——为黄河流域生态保护和高质量发展提供司法保护

热点概况：2021年9月，河南省高级人民法院出台《关于服务保障〈河南省黄河流域生态保护和高质量发展规划〉实施的意见》。习近平总书记多次视察黄河并作出重要指示批示，对加强黄河流域生态保护和高质量发展重大国家战略实施提出明确要求。河南省委、省政府为贯彻落实习近平总

[①] 周誉东：《四级法院审级职能定位改革试点：打破"诉讼主客场"》，《中国人大》2021年第17期。

书记重要讲话精神，出台了《河南省黄河流域生态保护和高质量发展规划》。河南省高院经过1年的黄河流域环境资源案件集中管辖试点改革，出台实施意见，为该规划的实施提供优质的司法服务和有力的司法保障。

法理分析：河南法院具有很强的政治意识，把黄河流域生态保护和高质量发展放到国家战略的高度加以重视。尽管黄河流域生态环境保护和高质量发展面临着严峻形势，责任重大、任务艰巨，但是，河南法院充分发挥审判的惩戒、教育、感化、宣传作用。自2020年9月1日起，河南实行黄河流域环境资源案件集中管辖，把全省黄河流域沿线城市的环境资源案件统一由郑州铁路运输法院集中管辖。

集中管辖以来，铁路两级法院共受理黄河流域环境资源案件870件，各类案件服判息诉率81.9%。案件主要涉及黄河流水污染、非法捕捞、非法狩猎野生动物、非法采砂采矿、空气和噪声污染、引黄工程案件、湿地和林地植被保护等。由于黄河流域环境资源案件具有跨区域的特点，铁路两级法院为了方便当事人诉讼，大力推行远程立案、网上审理、网上调解。大力运用巡回审判制度，到黄河岸边开庭，不但方便群众，而且对黄河流域生态环境资源保护起到了法治宣传作用。集中管辖1年来，对触碰生态环境红线的犯罪行为从重从快处理，通过彰显法治权威起到警示教育作用。铁路运输法院不但在审判职能上下功夫，而且注重发挥司法延伸功能，把"季度环境审判通报"定期向有关行政部门发布，通过召开座谈会、发司法建议等方式，加强和有关机关的沟通协作，极大地提升了黄河流域生态保护和高质量发展工作的质效。

参考文献

王斐民：《个人破产法的宪法维度》，《中国法律评论》2020年第6期。

石东坡、尹学铭：《红色历史文化遗产保护地方立法评析与前瞻》，《地方立法研究》2019年第6期。

王清平：《法治社会在中国建设的意义、难点和路径》，《学术界》2017年第8期。

Abstract

2021 is not only a year full of glory, but also a year full of challenges and risks. This year, under the guidance of Xi Jinping's Thought of Rule of Law, Henan's legal construction closely followed the pulse of the times, focusing on and escorting "building a modernized Henan with high quality and realizing a modernized Henan at a high level", making systematic progress in scientific legislation, strict law enforcement, fair justice and law-abiding for the whole people, making great progress in comprehensively administering the province according to law, and effectively improving the modernization of local governance system and governance capacity on the track of rule of law.

General Secretary Xi Jinping has repeatedly stressed that the rule of law is the best business environment. At the critical stage of starting a new journey of socialist modernization, Henan Province attaches great importance to the optimization of the business environment ruled by law. *The 14th Five-Year Plan for National Economic and Social Development of Henan Province and the Outline of the Long-term Goals in 2035* and *The Planning for the Construction of Henan Province Ruled by Law (2021 - 2025)* put forward that the business environment ruled by law should be continuously created, thus starting a new journey of leading the business environment ruled by law. Therefore, the theme of *Blue Book of Henan: Annual Report on Rule of Law Development of Henan (2022)* is determined as "Administering the province according to law and legalizing the business environment", so as to give effective experience, analyze problems and shortcomings, and provide reference for all departments in Henan to actively act. , explore and innovate and actively promote the optimization and upgrading of the business environment ruled by law in the province in 2022.

Blue Book of Henan: *Annual Report on Rule of Law Development of Henan (2022)* consists of 5 parts and 25 reports. That is, general report, theoretical reports, practical reports, special reports and comprehensive reports. Except one general report, the other four reports are composed of six reports. The general report, titled *Summary and Exploration of Henan's Continuous Optimization of Business Environment Ruled by Law*, summarizes the remarkable achievements made by various efforts in Henan's legalization business environment construction in recent years, analyzes a series of related problems highlighted behind the achievements, and puts forward countermeasures and suggestions for further optimizing the legalization business environment. The theoretical part mainly includes the theoretical support of Xi Jinping's Thought of Rule of Law to the business environment ruled by law and the theoretical links of the business environment ruled by law in criminal law and administrative law. In the practical part, it mainly introduces the practice and exploration of major administrative decision-making procedure legislation in Henan Province, constructing the linkage mechanism of normalization between government and hospital, strengthening the protection of intellectual property rights and optimizing the business environment, and carrying out bankruptcy trials in cities and towns. This chapter mainly introduces Henan's experience in improving the indicators of "going bankrupt", "protecting small and medium investors" and "executing contracts" from the perspective of index evaluation, and compares and analyzes the pre-reorganization system and rules. In addition to publishing the top ten hot spots of rule of law in Henan in 2021, the comprehensive article also introduces the comprehensive exploration made by Henan court and procuratorate system in optimizing the business environment ruled by law.

Long journey, only struggle. The "14th Five-Year Plan" period is the key period for Henan Province to start a new journey of building socialist modernization in an all-round way and write a more brilliant chapter in the Central Plains in the new era, while 2022 is the key period for Henan to carry out the development mission of the "14th Five-Year Plan". In the face of new opportunities and challenges, only by firmly believing that the rule of law is the best business environment and persisting in taking the rule of law as the core and key to optimizing the business environment can we find a powerful grasp to promote the high-quality development of Henan's economy and society and make greater contributions to the modernization of Henan's governance system and governance capacity.

Keywords: Modern Henan; Rule of Law in Henan; Legal Business Environment; Modernization of Governance

Contents

I General Report

B.1 Summary and Exploration of Henan's Continuous Optimization
of Business Environment Ruled by Law
The Research Group of Henan Academy of Social Science / 001

    1. The General Situation of Henan Promoting Comprehensive
Rule of Law in 2021 / 002

    2. Henan's Achievements in Optimizing the Business Environment
Ruled by Law / 006

    3. Main Problems in Henan's Business Environment Ruled by Law / 011

    4. Countermeasures and Suggestions for Henan to Continuously
Optimize the Business Environment Ruled by Law / 012

Abstract: In recent years, Henan's business environment ruled by law has achieved remarkable results through various efforts. These achievements have changed the business environment and provided a powerful driving force for the next step of continuously optimizing the business environment ruled by law. At the same time, a series of related problems are highlighted behind the achievements. On the basis of summarizing and solidifying the existing experience, we need to take the market demand as the guide, adhere to the rule of law thinking and ways to clear up obstacles, fill in gaps and shortcomings, and actively explore ways to further optimize the business environment ruled by law.

Keywords: Legal Business Environment; Comprehensively Governing the Province in Accordance with the Law; Rule of Law in Henan

Ⅱ Theoretical Reports

B.2 Theory of Legal Business Environment Under Xi Jinping's Thought of Rule of Law *Wang Guiyu, Yan Hai* / 018

Abstract: The rule of law is the best business environment. It has increasingly become a consensus and received more attention to achieve the purpose of optimizing the business environment through the construction of rule of law. Xi Jinping's Legal Business Environment Theory is based on the domestic reality, responds to the practical needs, and adheres to the legal business environment construction road suitable for China's development reality. Xi Jinping's Legal Business Environment Theory mainly includes the subject theory, scope theory, object theory, mode theory, basis theory and so on, and requires that scientific thinking methods such as legal thinking, systematic thinking, dialectical thinking and bottom line thinking should be adhered to in the legal business environment construction.

Keywords: Xi Jinping's Thought of Rule of Law; Legal Thinking; Legal Business Environment

B.3 The Analysis to Judicial Indicators of World Bank's Business Environment Assessment and the Improvement of Indicators Practice in China *Liu Xu* / 036

Abstract: The design of judicial system and its effectiveness is an important part of the World Bank's business environment evaluation index system. In recent years, with the deepening of China's judicial reform, the score of China's justice in the World Bank's business environment assessment is constantly improving. In the business environment assessment of World Bank, the quality and efficiency of judicial settlement to disputes are appreciated, and shown in the special indicators of "execution of contract" and "bankruptcy", as well as the indicators of "protection of minority investors". Among them, the time and cost of judicial settlement to commercial disputes and bankruptcy, as well as the quality of relevant judicial procedures are the main contents of index consideration and testing. In the future, we should accurately grasp and follow up the world's advanced standards, timely carry out the top-level system reform based on the integrity and systematicness, rethink and find the problems and shortcomings in the construction of business environment system, take the methods of index comparison, analysis item by item and fining improvement, and constantly promote the application and improvement of dispute resolution index, as well as the practice improvement of weak index, such as execution, delivery, authentication, and so on.

Keywords: World Bank; Business Environment Assessment; Judicial Index

B.4 The Logic, Experience and Prospect of the Legal Construction Planning Leading Henan to Optimize the Business Environment

Chen Shengqiang, Wang Yueting / 048

Abstract: In recent years, the construction of the rule of law in China has entered the "planning" era. Optimizing the business environment under various types of plans of the rule of law planning conforms to the theoretical model of modernizing the rule of law in late-developing countries, continues the historical experience of leading development with medium and long-term planning, and has ample practical foundation. In Henan Province, basic experience in optimizing the business environment under legal planning are as follows: following the "superior law" and adapting measures to local conditions, the planning system is systematically integrated, effective and efficient matching measures of legal planning. At a new starting point, to promoting the continuous optimization of the business environment with the help of the construction of a government under the rule of law. It is advisable to improve and promptly release the implementation plan for the construction of a government under the rule of law in Henan Province (version 2.0) under the guidance of the principles of according to "superior law", starting from the reality of Henan, and strengthening matching measures.

Keywords: Legal Planning; Business Environment; Government Under the Rule of Law; "1211" Mechanism

B.5 Optimizing the Business Environment and Applying the Provisions of the Crime of Illegal Business Operation

Zhao Xinhe / 061

Abstract: The bottom clause of the crime of illegal business operation is to discuss the unavoidable problems of strictly observing the humble bottom line of criminal law in the economic field and creating a good business environment. It is the basic requirement of continuously optimizing the legal environment of market-oriented and legalized international business to keep the bottom clauses of the crime of illegal business operation. However, with the gradual establishment of a unified domestic market with fair competition and the need to release enough legal space for market development, the caliber of the crime of illegal business operation as a "pocket crime" will gradually shrink. In order to ensure the final legal protection of the market access system, it is necessary to set the crime and punishment norms of illegal business operation which are both normative and clear and adaptable in the future. The bottom clause of the crime of illegal business operation is to discuss the unavoidable problems of strictly observing the humble bottom line of criminal law in the economic field and creating a good business environment. It is the basic requirement of continuously optimizing the legal environment of market-oriented and legalized international business to keep the bottom clauses of the crime of illegal business operation. However, with the gradual establishment of a unified domestic market with fair competition and the need to release enough legal space for market development, the caliber of the crime of illegal business operation as a "pocket crime" will gradually shrink. In order to ensure the final legal protection of the market access system, it is necessary to set the crime and punishment norms of illegal business operation which are both normative and clear and adaptable in the future.

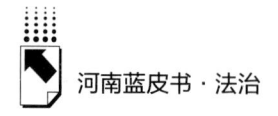

Keywords: Business Environment; The Crime of Illegal Business; The Bottom Clause; Market Access

B.6 Thinking on the Path of Promoting the Legalization of Business Environment Under the Guidance of Xi Jinping's Thought of Rule of Law *Wang Yunhui, Yan Hai* / 069

Abstract: The rule of law is the best business environment, and the "hard bones" involved in the business environment reform must be solved by the rule of law. In order to make a breakthrough in the construction of China's business environment ruled by law, we must clarify the basic ideas of promoting the continuous optimization of the business environment ruled by law. However, this thinking must adhere to the correct guidance of Xi Jinping's thought of rule of law and the grand background of comprehensively governing the country according to law. Under this premise and background, efforts should be made in the whole process of legislation, law enforcement, judicature and even law-abiding, so as to strengthen the supply of good laws, standardize the law-enforcement system, enhance judicial guarantee, cultivate law-abiding civilization and effectively play the leading role of leading cadres.

Keywords: Xi Jinping's Thought of Rule of Law; Legalization; Business Environment

Contents

Ⅱ.7 Research on Standardization of Administrative Punishment
　　　 Law Enforcement in Henan Province　　　*Qi Xuerui* / 082

Abstract: Whether the administrative punishment law enforcement activities are standardized is an important indicator of the business environment. The new *Administrative Punishment Law* puts forward higher requirements for administrative punishment, and also sets a new goal for Henan to standardize the enforcement of administrative punishment. The main problems of administrative punishment in Henan Province are as follows: escrow with punishment, untimely punishment, inaction of punishment, etc.. To standardize administrative punishment, we should strengthen the legal thinking of policy makers and law enforcers, give full play to the function of supervision and error correction of reconsideration organs, and establish the linkage mechanism between government and hospital and the reward and punishment mechanism of administration according to law.

Keywords: Administrative Punishment; Standardization of Law Enforcement; Administrative Punishment Law

Ⅲ Practical Reports

Ⅱ.8 The Problems and Countermeasures of Major Administrative
　　　 Decision-Making Procedure Legislation in Henan Province
　　　　　　　　　　　　　　　　　　Wei Xiaoyu, Li Menglin / 097

Abstract: The legislation of major administrative decision-making procedures can improve the stability and predictability of the market environment, supervise administrative power, and develop the governance ability of market subjects through public participation. At present, the legislation of major administrative decision-making procedures in some areas of Henan Province is advanced, but the overall number of legislations is insufficient and the legislative hierarchy is low. By comparing the legislations of major administrative decision-making procedures throughout the country, we found that there are still some problems in Henan Province, which includes laws vary greatly and few detailed provisions, lack of feedback mechanism in the public participation procedure, and imperfect accountability basis. We should encourage and support local legislation and coordinate local decision-making standard system; broaden the ways of public participation and enhance the awareness of government feedback; improve the accountability mechanism for decision-making and refine the accountability standards, so as to make decision-making more scientific, democratic and legal.

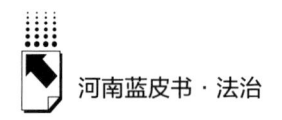

Keywords: Major Administrative Decision; Decision Making Procedures; Public Participation; Accountability

B.9 Practical Exploration of Constructing the Normalization Linkage Mechanism Between Government and Court in Jiaozuo City

Li Zhiqiang, Tang Yanfei / 114

Abstract: Establishing a normalized government-hospital linkage mechanism is conducive to giving full play to the organizational advantages of administrative organs and the professional advantages of courts, constantly optimizing the business environment, enhancing market vitality, and promoting social fairness and justice, thus further promoting the quality and efficiency of trial execution and further enhancing people's satisfaction. Since the beginning of this year, Jiaozuo City has gradually established the "12345" government-hospital linkage mechanism system, focusing on the construction of a government under the rule of law, resolving multiple contradictions, "basically solving the implementation difficulties", and cleaning up "zombie enterprises", thus realizing the benign interaction between administration and justice.

Keywords: Government-Court Linkage; Legal Business Environment; Government Under the Ruled of Law; Grass-Roots Governance

Contents

B.10 Practice and Exploration of Strengthening Intellectual Property Protection and Optimizing Business Environment in Henan Province

Li Danying, Tu Xianming and Li Jianwei / 125

Abstract: As an important indicator to measure the construction of a country and a region, intellectual property is an indispensable guarantee to promote the further orderly development of the business environment. It is of great significance to maintain the order of the market economy and improve the judicial administrative protection system. However, there are still a series of problems in the development of the business environment under the protection of intellectual property rights in our province, such as a large number of market subjects, lack of reasonable connection between administrative and judicial protection, lack of public opinion environment, and inadequate protection and application of intellectual property rights. These problems pose challenges to the healthy development of the business environment. Based on the analysis and comparison of the actual situation and relevant data in Henan Province, this paper deeply analyzed the causes of the formation of relevant problems, and through effective analysis, adjusted the working ideas and formulated relevant strategies, put forward ideas and directions for strengthening the practice of building a first-class business environment for intellectual property protection in Henan Province.

Keywords: Intellectual Property; Business Environment; Legalization

B.11 Research on the Legal Guarantee for the High-quality Development of Henan Private Economy

Zhou Xinyu / 141

Abstract: The rule of law in business environment is the premise and foundation of marketization and internationalization. Only by relying on the rule of law can the overall optimization of business environment be realized, and only the rule of law can bring more stable and predictable development prospects to private enterprises. In order to promote the optimization of an open, transparent and predictable business environment ruled by law, Henan is also constantly optimizing the legal guarantee measures for the high-quality development of private economy, and promoting the overall optimization of the business environment in the province with the legalization of business environment.

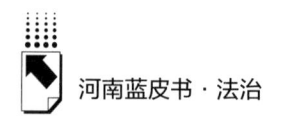

Keywords: Private Economy; Business Environment; Legalization

B.12 Experience Summary and Optimization Suggestions of Handling Bankruptcy Cases in Kaifeng City

Song Zixue, Zhang Yannan / 153

Abstract: In recent years, the trial of bankruptcy cases in Kaifeng City Court shows that the total number of bankruptcy cases is on the rise, and the main types of bankruptcy cases are single. Some difficulties encountered in practice have been solved by taking strict measures such as filing a case and perfecting the operational norms for trial of bankruptcy cases. Next, Kaifeng City Court will promote the continuous improvement of the quality and efficiency of bankruptcy trials by scientifically controlling the trial limit, shortening the trial period, strengthening the participation and support of financial institutions in bankruptcy proceedings, and providing judicial guarantee for the continuous optimization of the business environment ruled by law in this city.

Keywords: Handling Bankrupt; Business Environment; Kaifeng City

B.13 Judicial Practice and Exploration of Xinxiang Court's

Bankruptcy Trial / *Shang Zhidong, Wang Kang* / 163

Abstract: In recent years, the courts at two levels in Xinxiang City have carried out practice and innovation in improving the quality and efficiency of bankruptcy case trials and optimizing the business environment. This paper holds that the courts in Xinxiang City have positive significance in exploring the identification and response mechanism of bankruptcy cases, enhancing the "Recovery Rate" of bankruptcy cases, establishing a special bankruptcy court, strengthening the supervision and guidance of administrators, enhancing the participation of creditors and other aspects. This paper aims to introduce the exploration experience in the aforesaid bankruptcy trial, analyze the development trend of the bankruptcy trial, and put forward a series of suggestions on optimizing bankruptcy trial and improving the business environment.

Keywords: Business Environment; Bankruptcy Trial; Marketization; System Design

Ⅳ Special Reports

B.14 Report on Henan Court's Promotion of "Handling Bankruptcy" Index Efficiency to Boost Business Environment Optimization

Li Hongfen, Wang Wenke and Qin Quan / 178

Abstract: Since 2018, the courts in the whole province have comprehensively strengthened the bankruptcy trial work according to the index of "handling bankruptcy". Under the situation that bankruptcy cases are running at a high level, the bankruptcy disposal of state-owned zombie enterprises has achieved remarkable results, and the index of "handling bankruptcy" has been greatly improved. At the same time, there are some problems that need to be solved urgently in the work of court bankruptcy cases in the whole province, such as the internal problems of the court, such as the imperfect standard of the bankruptcy trial system, and the external problems of the court, such as the public's misunderstanding of enterprise bankruptcy.

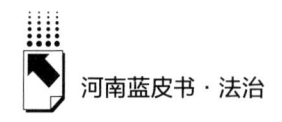

Keywords: "Handling Bankruptcy" Index; Business Environment; Henan Courts

B.15 Experience and Thinking on Index Construction of "Protecting Small and Medium Investors" in Zhengzhou City

Zhengzhou Intermediate People's Court Research Group on Optimizing Business Environment / 195

Abstract: Zhengzhou, as a national central city, has made great progress in the construction of protection indicators for small and medium-sized investors in recent years by strengthening the construction of specialized teams, improving the judicial protection level of the interests of small and medium-sized investors, resolving cases involving securities-related small and medium-sized investors, and strengthening legal publicity for the protection of small and medium-sized investors. Next, Zhengzhou will further improve the protection level of small and medium investors by solving existing problems.

Keywords: Business Environment; Protection of Small and Medium Investors; Diversification of Litigation

Contents

B.16 Experience Summary and Countermeasures of Zhengzhou
Court's "Handling Bankrupt" Index
*Zhengzhou Intermediate People's Court Research Group
on Optimizing Business Environment* / 206

Abstract: Among the eleven indexes of the World Bank's business environment evaluation, five point to the court, and the quality and effectiveness of the relevant trials directly affect the evaluation results of the relevant indexes. Only by doing every trial well according to the requirements of the evaluation indexes can we ensure that the court's trial work will not affect the business environment evaluation and the high-quality development of local economy and society. Since 2008, Zhengzhou two-tier courts have attached great importance to the construction of business environment, and have taken many new measures in bankruptcy affairs, and achieved certain results, but they have also encountered some difficulties, which need to be solved in the next step of exploration and enterprising.

Keywords: Handling Bankrupt; Legal Business Environment; Zhengzhou Courts

B.17 Comparative Analysis Report on the Present Situation of
China's Pre-reorganization System and Related Rules
Liu Ying / 216

Abstract: The pre-reorganization system is a kind of reorganization mode from extraterritorial law, which has the advantages of high efficiency, low cost and high success rate compared with out-of-court reorganization and bankruptcy reorganization. Although there is no provision of the pre-reorganization system in the current law of our country, the Supreme People's Court and the people's courts at all levels have made active explorations, there are many successful cases of pre-reorganization, and many local courts have formulated their own rules for pre-reorganization. Based on the pre-reorganization rules formulated by the Intermediate People's Courts of Zhengzhou, Luoyang and Nanyang, this paper analyzes the pre-reorganization mode, the applicable object of pre-reorganization, the conditions for the start of pre-reorganization, the generation of the pre-reorganization temporary administrator, the period of pre-reorganization, the debtor's obligations and the responsibilities of the temporary administrator, the suspension of execution, the effectiveness of the pre-reorganization scheme, and cooperation between the government and the court, and puts forward some suggestions to help better solve the problems in the practice of pre-reorganization.

Keywords: Pre-reorganization; Out-of-court Reorganization; Bankruptcy Reorganization; Rule Analysis

B.18 Innovative Measures and Practical Exploration of Zhengzhou Court's "Contract Execution" Index

Zhengzhou Intermediate People's Court Research Group

on Optimizing Business Environment / 231

Abstract: "Contract execution" is one of the important indexes to measure the business environment. Zhengzhou court attaches great importance to the work related to improving the index of "contract execution", and adopts a series of measures such as building a smart court, simplifying and diverting reform, standardizing and efficiently executing, etc., to improve the quality and efficiency of trial execution in civil and commercial cases. However, in the process of "executing the contract", some difficulties and problems have been found, such as the contradiction between people and cases is still outstanding, the judicial authentication takes a long time, and the application level of information needs to be improved. These problems should be answered in the future work, including optimizing the trial management mechanism, perfecting the system of entrusting external authentication, and strengthening the information construction.

Keywords: Contract Execution; Efficiency of Trial; Business Environment

B.19 Study on the Countermeasures to Improve the Intellectual Property Operation Service System Under the Background of Building a Strong Province *Zeng Xinyi* / 241

Abstract: Since the Central Committee of the Communist Party of China and the State Council issued the first Outline of National Intellectual Property Strategy in 2008, China's intellectual property development has entered a new era. In recent years, Henan's intellectual property market operation has achieved initial success, and the intellectual property service system has been initially established. However, compared with other intellectual property provinces, the intellectual property service industry in Henan started late and had a weak foundation, and faced great risks and challenges in the construction of intellectual property operation service system. Therefore, we must further deepen the reform of intellectual property service system, gradually cultivate high-quality provincial intellectual property operation service system, and promote the high-quality development of intellectual property.

Keywords: Strong Province Building; Intellectual Property; Operational Service System

V Comprehensive Reports

B.20 Study on the Optimization Path of Business Environment Under the Rule of Law in Henan *Li Haodong, Gao Yu* / 254

Abstract: The current economic development is increasingly dependent on a good business environment. A good business environment can attract investment, recruit talents, promote economic transformation, and achieve sustained and rapid development of the regional economy. The optimization of the business environment is inseparable from the rule of law, and a good business environment needs to be jointly guaranteed by legislation, law enforcement, and justice. In recent years, the Henan Provincial Party Committee and the Provincial Government have been working hard to create a better business environment, and have achieved good results at the legislative, judicial, and law enforcement levels. However, there are still imperfect legal systems, relevant legal documents have not been updated in time, and judicial protection. It is recommended to improve Henan's business environment legal system, strengthen judicial protection, improve judicial efficiency, and establish a "basic solution to difficulties in enforcement" due to weak strength, low efficiency, low level of law enforcement, irregular law enforcement, and imperfect credit system. Linkage mechanism to improve the level of law enforcement, standardize law enforcement behavior, and introduce third-party assessment agencies.

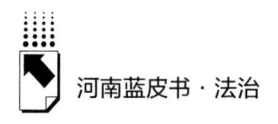

Keywords: Legalization; Business Environment; Optimized Path; Henan

B.21 Thoughts and Suggestions on Optimizing the Business Environment Ruled by Law from the Perspective of "Four Procuratorates" *Zhang Juntao* / 264

Abstract: The procuratorial organ is the legal supervisory organ of the State. The procuratorial organ is an important force to promote the modernization of national governance system and governance ability. The procuratorial organ achieves the balance of combating crime and protecting human rights through exercising criminal prosecution. Procuratorial organs safeguard civil and commercial activities according to law by exercising civil procuratorial work. Through the exercise of administrative supervision, the procuratorial organs urge the executive branch to administer according to law. The procuratorial organ protects the national interest and the dark gray public interest through the exercise of Public Interest Litigation. The procuratorial organ provides the safeguard through the exercise of four big procuratorial powers for the construction rule of law environment.

Keywords: Non-litigation Enforcement; False Litigation; Public Interest Litigation

B.22 Practice and Exploration of Optimizing Business Environment in Xinyang City *Li Hongwei* / 279

Abstract: The rule of law is the best business environment. Xinyang City has strengthened the goal-oriented and problem-oriented orientation, focused on strengthening the government's rule of law construction, providing high-quality and efficient public legal services, improving the fair and convenient dispute resolution mechanism, cultivating the rule of law culture ecology, and constantly enhancing the sense of gain and happiness of market players and the people. It has accumulated rich practical experience in continuously promoting the optimization of business environment, especially in creating a first-class business environment by using the rule of law thinking and the rule of law. However, the institutional system in the construction of business environment is not perfect, and the laws and regulations are not enough to restrict the government's power. Therefore, it is necessary to continuously optimize the business environment ruled by law from measures such as strengthening the value concept of serving the people wholeheartedly.

Keywords: Business Environment; Government Under the Ruled of Law; Guarantee of Rule of Law; Rule of Law Thinking

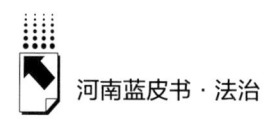

B.23 Practice and Exploration of Xinxiang Court Service Guarantee to Optimize Business Environment

Xinxiang Intermediate People's Court Research Group / 293

Abstract: The people's court plays an important role in building a law-based business environment. From the perspective of optimizing the business environment of the two-level court service guarantee in Xinxiang City, Henan Province, this paper summarizes and analyzes the specific measures and problems existing in the practice of the people's court service guarantee business environment from the judicial indicators of "enforcing contracts", "resolving insolvency" and "protecting minority investors". On this basis, from strengthening service optimization business environment consciousness, strengthening the entrepreneurs' personal rights and property rights, in accordance with law, maintain the market trading rules of fairness, promote the development of enterprise bankruptcy reorganization regeneration, timely implement entrepreneurs won rights and interests, improve the judge ability quality, form the aspects of the mechanism of the rule of law to do business. It also puts forward the path selection for the people's court on how to serve, safeguard and optimize the law-based business environment under the new situation.

Keywords: Business Environment; Judicial Service; Enforcing Contracts; Bankruptcy Reorganization

B.24 Thoughts and Suggestions on Optimizing the Business Environment Ruled by Law by Kaifeng People's Procuratorate

Wang Xiaoming, Zhang Hong / 305

Abstract: In recent years, Kaifeng People's Procuratorate has made great efforts to create a safe and stable social environment, a competitive and orderly market environment, a fair and just legal environment, and an ecological environment suitable for living and doing business, which has helped to optimize the legal business environment. Next, Kaifeng People's Procuratorate will strive to create a high-quality environment of "stable business", "safe business" and "warm business" by establishing a high-quality and efficient handling mechanism for enterprise-related cases, a communication mechanism with the Federation of Industry and Commerce, and a mechanism of frequently visiting and contacting enterprises.

Keywords: Legal; Business Environment; Private Enterprises; Enterprises-related Cases

B.25 Ten Hot Spots of Rule of Law in Henan in 2021
The Research Group of Henan Academy of Social Science / 314

Abstract: In 2020, the Central Committee held a comprehensive conference on rule of law, systematically expounded Xi Jinping's Thought of Rule of Law, and pointed out what the new era should do to govern the country in an all-round way and how to run the country according to law. In the new era, under the guidance of the central spirit, Henan has made steady progress in comprehensively governing the province according to law and achieved remarkable results. However, at present, the task of preventing and resolving various risks and contradictions according to law is still arduous, and it still needs to be further improved in scientific legislation, strict law enforcement, fair justice and law-abiding by the whole people. This paper analyzes and interprets the top 10 legal hot spots in Henan in 2021, so as to clarify the legal principle, promote fairness and justice, guide and drive the development of various undertakings in the province on the track of the rule of law, and provide a useful reference for promoting the construction of Henan under the rule of law and safe Henan.

Keywords: Governing the Province According to Law; Hot Spots of Rule of Law; Legal Reasoning

皮书网

（网址：www.pishu.cn）

发布皮书研创资讯，传播皮书精彩内容
引领皮书出版潮流，打造皮书服务平台

栏目设置

◆ **关于皮书**
何谓皮书、皮书分类、皮书大事记、
皮书荣誉、皮书出版第一人、皮书编辑部

◆ **最新资讯**
通知公告、新闻动态、媒体聚焦、
网站专题、视频直播、下载专区

◆ **皮书研创**
皮书规范、皮书选题、皮书出版、
皮书研究、研创团队

◆ **皮书评奖评价**
指标体系、皮书评价、皮书评奖

◆ **皮书研究院理事会**
理事会章程、理事单位、个人理事、高级
研究员、理事会秘书处、入会指南

所获荣誉

◆ 2008年、2011年、2014年，皮书网均
在全国新闻出版业网站荣誉评选中获得
"最具商业价值网站"称号；
◆ 2012年，获得"出版业网站百强"称号。

网库合一

2014年，皮书网与皮书数据库端口合
一，实现资源共享，搭建智库成果融合创
新平台。

皮书网　　"皮书说"微信公众号　　皮书微博

社会科学文献出版社

皮 书
智库成果出版与传播平台

❖ 皮书定义 ❖

皮书是对中国与世界发展状况和热点问题进行年度监测，以专业的角度、专家的视野和实证研究方法，针对某一领域或区域现状与发展态势展开分析和预测，具备前沿性、原创性、实证性、连续性、时效性等特点的公开出版物，由一系列权威研究报告组成。

❖ 皮书作者 ❖

皮书系列报告作者以国内外一流研究机构、知名高校等重点智库的研究人员为主，多为相关领域一流专家学者，他们的观点代表了当下学界对中国与世界的现实和未来最高水平的解读与分析。截至2021年底，皮书研创机构逾千家，报告作者累计超过10万人。

❖ 皮书荣誉 ❖

皮书作为中国社会科学院基础理论研究与应用对策研究融合发展的代表性成果，不仅是哲学社会科学工作者服务中国特色社会主义现代化建设的重要成果，更是助力中国特色新型智库建设、构建中国特色哲学社会科学"三大体系"的重要平台。皮书系列先后被列入"十二五""十三五"国家重点出版规划项目；2013~2022年，重点皮书列入中国社会科学院国家哲学社会科学创新工程项目。

权威报告・连续出版・独家资源

皮书数据库
ANNUAL REPORT(YEARBOOK) DATABASE

分析解读当下中国发展变迁的高端智库平台

所获荣誉

- 2020年，入选全国新闻出版深度融合发展创新案例
- 2019年，入选国家新闻出版署数字出版精品遴选推荐计划
- 2016年，入选"十三五"国家重点电子出版物出版规划骨干工程
- 2013年，荣获"中国出版政府奖・网络出版物奖"提名奖
- 连续多年荣获中国数字出版博览会"数字出版・优秀品牌"奖

皮书数据库

"社科数托邦"微信公众号

成为会员

登录网址www.pishu.com.cn访问皮书数据库网站或下载皮书数据库APP，通过手机号码验证或邮箱验证即可成为皮书数据库会员。

会员福利

- 已注册用户购书后可免费获赠100元皮书数据库充值卡。刮开充值卡涂层获取充值密码，登录并进入"会员中心"—"在线充值"—"充值卡充值"，充值成功即可购买和查看数据库内容。
- 会员福利最终解释权归社会科学文献出版社所有。

卡号：238675257367
密码：

数据库服务热线：400-008-6695
数据库服务QQ：2475522410
数据库服务邮箱：database@ssap.cn
图书销售热线：010-59367070/7028
图书服务QQ：1265056568
图书服务邮箱：duzhe@ssap.cn

S 基本子库
SUB DATABASE

中国社会发展数据库（下设12个专题子库）

紧扣人口、政治、外交、法律、教育、医疗卫生、资源环境等12个社会发展领域的前沿和热点，全面整合专业著作、智库报告、学术资讯、调研数据等类型资源，帮助用户追踪中国社会发展动态、研究社会发展战略与政策、了解社会热点问题、分析社会发展趋势。

中国经济发展数据库（下设12专题子库）

内容涵盖宏观经济、产业经济、工业经济、农业经济、财政金融、房地产经济、城市经济、商业贸易等12个重点经济领域，为把握经济运行态势、洞察经济发展规律、研判经济发展趋势、进行经济调控决策提供参考和依据。

中国行业发展数据库（下设17个专题子库）

以中国国民经济行业分类为依据，覆盖金融业、旅游业、交通运输业、能源矿产业、制造业等100多个行业，跟踪分析国民经济相关行业市场运行状况和政策导向，汇集行业发展前沿资讯，为投资、从业及各种经济决策提供理论支撑和实践指导。

中国区域发展数据库（下设4个专题子库）

对中国特定区域内的经济、社会、文化等领域现状与发展情况进行深度分析和预测，涉及省级行政区、城市群、城市、农村等不同维度，研究层级至县及县以下行政区，为学者研究地方经济社会宏观态势、经验模式、发展案例提供支撑，为地方政府决策提供参考。

中国文化传媒数据库（下设18个专题子库）

内容覆盖文化产业、新闻传播、电影娱乐、文学艺术、群众文化、图书情报等18个重点研究领域，聚焦文化传媒领域发展前沿、热点话题、行业实践，服务用户的教学科研、文化投资、企业规划等需要。

世界经济与国际关系数据库（下设6个专题子库）

整合世界经济、国际政治、世界文化与科技、全球性问题、国际组织与国际法、区域研究6大领域研究成果，对世界经济形势、国际形势进行连续性深度分析，对年度热点问题进行专题解读，为研判全球发展趋势提供事实和数据支持。

法律声明

"皮书系列"(含蓝皮书、绿皮书、黄皮书)之品牌由社会科学文献出版社最早使用并持续至今,现已被中国图书行业所熟知。"皮书系列"的相关商标已在国家商标管理部门商标局注册,包括但不限于LOGO( )、皮书、Pishu、经济蓝皮书、社会蓝皮书等。"皮书系列"图书的注册商标专用权及封面设计、版式设计的著作权均为社会科学文献出版社所有。未经社会科学文献出版社书面授权许可,任何使用与"皮书系列"图书注册商标、封面设计、版式设计相同或者近似的文字、图形或其组合的行为均系侵权行为。

经作者授权,本书的专有出版权及信息网络传播权等为社会科学文献出版社享有。未经社会科学文献出版社书面授权许可,任何就本书内容的复制、发行或以数字形式进行网络传播的行为均系侵权行为。

社会科学文献出版社将通过法律途径追究上述侵权行为的法律责任,维护自身合法权益。

欢迎社会各界人士对侵犯社会科学文献出版社上述权利的侵权行为进行举报。电话:010-59367121,电子邮箱:fawubu@ssap.cn。

社会科学文献出版社